ARISTOTLE

亚里士多德全集

第七卷

苗力田　主编

中国人民大学出版社
·北京·

《亚里士多德全集》编译组成员

苗力田　徐开来　秦典华

余纪元　颜　一　喻　阳

申　明　崔延强　李秋零

目　　录

论麦里梭、克塞诺芬和高尔吉亚

颜 一 译

* peri Ksenophanous 据《洛布古典丛书》希腊本文。

论麦里梭①

【1】 他说，要是没有任何事物能从无物之中生成的 974a 话，如果某物存在，它就会是永恒的。无论万物都已经生成还是并非已经全部生成，两种情况下它们都是永恒的。因为不然的话，它们就可能从无物中生成。在所有的生成物之先没有任何事物存在。假如有某些事物存在，而其他事物不断添加上去，存在就会变得更多更大。多的和大的那一部分，便可能从无物中生成。因为更多的部分不可能存在于较少之中，更大的部分也不可能存在于较小之中。永恒的存在又是无限的，它没有由之而生成的本原或始点，也没有生成在某一时间完成后所达到的终结点（因为它即是一个全体）。而无限的存在即是一，倘若它是二或者更多，它们彼此之间就会相互限制。单一的存在在一切方面都相类同，因为不相类同即是作为众多，就不能仍然是一，而是多。既永恒又无限而又在一切方面相类同，单一的存在是不运动的。因为不进

① Peri Melissou 据《洛布古典丛书》希腊本文。

入或达到某物就不可能运动，而它必然不是进入充实就是进入虚空。两者之中充实不可能再接纳，而虚空根本就不存在。存在就是这样，既感觉不到痛楚也不觉得感伤，健康无恙，既无位置上的变化也不在形式上变异，且不与他物混合。在所有这些情况下必然的结果是，一变成了多，不存在得以诞生而存在却被消灭了。但这都是不可能的。如果说一是出自多的某种混合物，而假如事物是众多的并且可以在运动中相互变换，那么其混合物或者是由众多事物在一之中组合而成的东西，或者是在变换中混合物各部分彼此交接；前一种情况下混合物的部分是彼此分离的，而后一种情况下由
974b 于彼此交接后各部分在摩擦中便可能显露出来，从而解消了最初的相互放置在一起的混合物；上述两种情况没有一种可能发生。通过这些方式，只有它们能是众多并能如其所是地向我们显现。由于并非如此，存在着的事物就不可能是众多，看来那样认为是不正确的。因为其他事物在感觉上全部表现为众多。但这并未毁掉这个道理，即存在物生成，存在不是众多，而是既永恒又无限又在一切方面相类同的一。

首先，不能接纳任何一切意见作为开始，而只能接纳最为确实者。故假若支持一切意见的做法并不正确，那么大致可以认为不应附和这一信条：事物不可能在某一时间里从无物中产生。因为这种意见也可能是不正确者之一，而在多数情况下所有人在感觉中都假定了它。但假如对我们来说并非一切现象都是假的，而其中有一些是真实的主张，或者是表

明这种性质的主张，或者是表明看来最为正确的主张，对这些就应该加以掌握。它们必定总是比那些须由其他论据来证明的意见或主张更为确实。若是两种意见相互抵触，如他认为的一样（他说，倘若存在是众多，就必须从不存在的东西中生成，而要是并非如此，存在物就不会是众多，因为存在是不可生成的，某物只要存在，就是无限的。只要这样，就是一），与此相似，假如我们对两者都赞同，也并没有证明它是一而不是多。假如其中之一更为确定，那么由它而来的结论将更能得到证明。我们碰巧有了这两种主张：没有事物能从无物中生成，以及存在着的事物作为众多并处于运动之中，而且后一种观点即存在物运动着更加可信，所有人都会首先想到摈弃前一种观点而不是后一种。因而，假如这些说法果 975a
真是相互反对的，即事物不可能从不存在中生成以及事物不是众多的，那么它们就会彼此反驳。但是为什么会是这样呢？大概有人能说出与之相反的观点来。因为他没有证明他由之开始的意见是正确的，也没有证明它比他正在讨论的东西更加确实。认为能够从不存在中生成或存在不是众多反而更有可能。而人们通常说不存在的东西从它们中生成了，而且从不存在的东西中生成了众多事物；他们并非一些盲目莽撞之辈，就是某些极有智慧的人也这样说过。故赫西俄德说道：

混沌在万物中首先生成，
接着就是宽阔胸怀的大地，
它永远是万物牢靠的根基，

在众不朽之物最前面的则是爱情。

他说其他事物都从这些东西中生成，但这些却是从无物中生成的。另外很多人则说没有什么东西存在，一切事物都在生成，同时说生成的事物并不从存在物中生成。因为那样的话所有事物就不会生成。从而这点就明确了，至少有一些人认为事物可以从不存在的东西中生成。

【2】 暂且撇开他所说的究竟可能还是不可能的问题吧。讨论下面这些就足够了：他的这些结论是否来自他所持的前提，或者是否没有什么妨碍从中得出另外的结论；后者或许是与前者不相同的问题。首先假定他所持的前提成立，即没有事物能够从不存在中生成，那么是不是一切事物必然就并非生成的呢？或者没有什么妨碍一事物从另一事物中生成，从而形成无穷后退呢？或者是否可以连成一个圆圈，从而一事物从另一事物中生成？总有某种事物这样存在，每一事物从其他事物中生成，形成无限的系列，所以没有什么妨碍一切事物的生成，即使仍然假定没有事物能从不存在中生成也一样。并且在那些就一而言的名称中没有什么能妨碍人们把无限的存在加之于它。因为人们说一切事物作为无限而存在，而他也赞同这一点。即使存在物不是无限的，也没有什么妨碍它们以圆圈的方式生成。此外，如若万物都是生成的，却像有些人所说的一样没有什么东西存在，那么它们怎么可能是永恒的呢？然而他是把某种存在物当作存在着和设

定了的东西来讨论的。他说，倘若事物不经生成却存在着，由于存在必定寓于事物之中，它就会是永恒的。另外，假如 975b
不存在最不可能生成，而存在最不可能消灭，尽管如此，就如恩培多克勒所说，有什么阻碍它们中一些是生成的，而另一些是永恒的呢？因为他对这一切都予以承认，譬如“不能从不存在中生成，而存在被消灭掉是不可思议和行不通的，因为存在永远居留在人们安放它的地方”。尽管如此他说存在着的事物中有些是永恒的，例如火、水、土、气，其他事物则从这些东西中生成或已经生成出来。对于存在物来说，他认为不存在任何一种另外的生成，“而只有混合物的混合与分离，人们把它们叫做自然或本性”。他说对于永恒的存在物没有实体方面的生成，并认为那是不可能的事。因为他说：“对于存在全体怎么可能增添某种东西，它能从何而来呢？”而他认为由于把火以及与火相通的其他元素混合放置在一起，才生成了众多的事物，在分离和瓦解中它们又被消灭，众多事物由于不时的混合与分离而存在，在众原因之外只有四种本性，或者是一种。若是事物由于其混合而生成，由于其分离而消灭的这些东西直接便是永恒的，就像在某些追随阿那克萨戈拉主张的人那里一样，生成物的生成出自于永远存在而又无限的事物；这样的话，就不会所有事物都是永恒的，而是某些事物从存在物中生成或已经生成，并在消灭中转入其他某种实体。并且，没有什么东西阻碍存在全体只有某一种形式，如阿那克西曼德和阿那克西美尼所说的那样，一个说全体事物是水，另一个即阿那克西美尼则说是气，以及所有其他的人，都这样认为存在全体是一，它在外形上已有多和少的差别，在生成上有稀疏和浓聚的差别，存在物和生成的事物众多而且无限，从而产生了存在的整体。而德谟克里特则说，水和气以及众多事物的每一个都是相同的存在，只是在节奏上有差别。有什么东西能阻止众多事物这样生成和被消灭，并且按照已经说过的一的差别，从存在不断变化到存在，而整体并不增多和减少呢？又如有什么东西能够阻止物体在某些时候从其他东西中生成后被消灭再进入新的物体，在这样的消灭中按同样分寸得以生成，然后再次被消灭呢？假如赞同了这些，那么某种事物存在却不经生成，凭什么就更能被证明为无限呢？他说，倘若存在却尚未生成便是无限的。因为生成的始点和终点即是界限。可是根据先前所说，有什么东西妨碍不经生成的事物具有界限呢？他认为，如果曾经生成，就有一个生成由之开始的本原或始
976a 点。但究竟是什么东西阻止假设未经生成的东西具有本原或始点呢？不是由于事物由之而生成的东西，而是由于别的东西，它们相互限制，存在物才是永恒的吗？另外，有什么能阻碍一方面整体不经生成并且无限，另一方面在它内部却有生成，并由于具有生成的始点和终点而受限制呢？如巴门尼德说过的那样，有什么能阻止存在全体为一并且不经生成，但仍然受到限制，并且“存在处处都像一个表面平滑的圆球，圆周上的每一点都与中心距离相等，因为没有某种我们

用来度量的东西在这个或那个方向上会长些或短些”。具有了中心和边沿，未经生成的存在也就有了界限。假若存在全体是无限的，并如他所说的那样为一，是一个形体，具有自身的不同部分，全部部分都与它自身相似（因为他讲全体就这样自身相似，而不是作为一种东西对另一种东西，可以看出那样就会有限制，他争辩道，假如无限是某种相似之物——相似是对另一事物的相似，结果作为二或更多的存在它就既不可能为一，也不可能无限——那么他大致上是说与自身相似，他说存在全体就与自身相似，其部分是相似的，所有部分或为水或为土以及其他某种这类的东西；显而易见，他这样认为它是一），而每一部分身为有形物体不能是无限的（因为整体是无限的），于是它们之间相互限制，并且不经生成。此外，假如它永恒而又无限，身为有形物体怎么可能是一呢？如果它的部分是不相似的，这样他就会承认它是众多。而假如一切是水或土或某种这类东西，它就会有众多的部分，就是芝诺也曾试图证明这样的存在是一。如果它的部分众多，就会有一些较少，另一些较小，以至它在所有方面都与一相异，同时没有任何物体增加或减少。而如果它不是物体，不是宽度也不是长度，它怎么可能是无限的呢？有什么东西阻碍它是众多和不可数的呢？有什么能阻碍多于一的事物在大小上是无限的呢？正如克塞诺芬所说，土和气的深度是无限的。恩培多克勒通过批评一些人的这类说法表明，像这样这些东西就不可能聚集在一起，“如果土的深度无限

而气也弥漫无际，就像从人们口中滔滔不绝倾泻出来的废话
976b 一样，那么他们对万物的了解是微乎其微的”。而且，假如为一的存在并不在所有方面相似，那也没什么好奇怪的。因为假如万物是水或火或竟然是其他某种这类东西，也没有什么能阻止人们说为一的存在有多种形式，而且每一种形式都是特有的，只与自身相似。同样，没有什么妨碍一些稀疏，另一些浓聚，只要在稀疏中没有空虚的空间存在；因为在稀疏中并不存在把某些部分隔开的虚空。所以整体中一部分是浓聚（这就已经有了稀疏了，全体存在就这样形成），而万物都同样是充实，只不过同样情况下有的不及浓聚充实。若它又是不经生成的，并由此被赋予无限的存在，而不允许一事物和另一事物都是无限，由此便已经把一的存在加于它了，而这是不可能的。因为如果没有虚空那样的存在，整体怎么可能是不运动的呢？他说没有虚空的存在就不能运动，因为一切事物的运动都是地点的改变。首先，许多人并不同意这点，而认为有某种虚空存在，当然这不是某种有形物，而是像赫西俄德在论生成中所说，混沌首先生成，因为必须在众存在物之间存在开阔的空间，这东西就是某种虚空，它宛如一只容器，我们在其中心四处探望 。而如果没有虚空，什么东西能够运动呢？阿那克萨戈拉专门研究了这一问题，对于它仅仅满足于证明其不存在，尽管如此他仍说存在着的事物在运动，即便是没有虚空。与此相似，恩培多克勒也说所有的存在物永远运动着并混合着，但虚空则完全不存在，

他说，“万物中没有什么虚空，它能从何而来呢?”当事物聚合成单一的形状，从而为一的时候，他说，既没有什么虚空也没有什么充溢。因为有什么能阻碍事物被带进彼此之中并同时从一个地方转移到另一个地方，再转入另外的地方，而又在另外的变化中转入原先的地方，周而复始地进行下去呢?另外，停留在同一地方的事物在形式上的变化——他把其他的称为改变——在从白变成黑或从甜变成苦的时候，根据我们先前所说，没有什么东西阻止事物被运动。因为虚空不存在或者充实不能再接受都不能阻止这样的改变。所以，全部事物并非必然是永恒的或是一或是无限的，而只是许多事物永恒。一并不是自身相似的也不是不运动的，一不是这样，某些众多也不是这样。赞同了这些，在他说过的话中，就没有什么可以阻止存在物变化或变异了；只要全部存在是一并 977a
且在运动着，只在多和少上有差别，而物体在相互变化中没有什么增加或减少，并且假如众事物由于相互连结或分散而存在的话。因为混合物不可能像他所说的那样在于这种增加或组合，从而立即又是分离的，或者在摩擦掉一部分后，另外的部分便显现出与彼此分离的部分的不同来；而混合物在构成上是这样安排的，混合物的部分成为与其相混合的东西的部分，如此就不是由堆砌或这类的部分构成而是已经混合了。于是就没有什么最小的物体了，所有的部分与所有的部分相混合，整体也是一样。

论克塞诺芬[1]

【3】 他说，如果某物存在，它就不可能经过生成，对于神也可以这么说。因为已经生成的东西必然或者出自相似，或者出自不相似。没有一种情况是可能的。因为相似被相似产生并不比相似产生相似更加说得过去（因为一切相同都存在于相等之中并且彼此相似），而不相似从不相似中生成同样不可能。如果说强壮从孱弱中、较大从较小中、较好从较差中或者反过来较差从较好中生成，那么不存在就能从存在中（或存在从不存在中）生成；但这是不可能的事。由此，神乃是永恒存在的。他讲道，如果神是万物中最强大的，以常情而论他应该是唯一的。因为假如是两个甚至更多，他就不可能仍然是万物中最强大和最优越的了。因为众多的神中每一个都会是这样。因为神和神的力量是强制而不是被强制，是万物中最为强大的，因而就不作为最强大者这一点而论，他就不是神。假设存在着众多的神，其中一些比

① peri Ksenophanous 据《洛布古典丛书》希腊本文。

另一些更加强大，而另一些略逊一等，它们就不可能是神了，因为神的本性即是不能被强制。假设众神彼此不分伯仲，同样不能具有神的本性，（因为神的本性）必须是最强大的，相等就分不出其中的好坏来。所以要是神存在且这样存在，神就只能是唯一的。不然他就不能做一切他想做的事。有了众多的神他就不能做到了，所以只能有一个。既唯一而又在所有方向上相似，全视并且全听，还拥有全方位的其他感觉。如若不然，神的各个部分就会彼此强制和被强制，而这样的事情是不可能的。在所有方向上相似，就应呈 977b 圆球形状，因为他不能在一个方向上这样，在另一个方向上又不这样，而要在所有的方向上相似。既永恒又唯一又呈圆球形状，他既非无限的又不受限制。因为不存在是无限的，它既无中心亦无本原和目的，不具有任何彼此不同的部分，无限就是这样。而存在不能像不存在一样存在。假若多于一个，就会彼此限制。一则不与不存在或与众多相似，因为一没有某种可以达到的限制。他说，一就是这样，跟神一样既非运动，也非不运动的。因为不存在是不运动的；另外的事物不能进入它而它也不能进入其他事物。从一事物进入另一事物必须要经过运动。没有什么事物能运动入不存在之中，因为不存在没有可供栖息之地。如果变化并进入彼此之中，一就会多于一了。由此运动是在二或者多于一的事物之间，而静止与不运动则在无物之间。一既不静止也不运动，因为它既不与不存在也不与众多相似。总起来看，神即是如此，永恒而又唯一，相似而又呈圆球形，既非无限而又不受限制，既非静止又不复是运动。

【4】 同麦里梭一样，他首先主张生成的东西出自存在。即使这样，有什么东西阻止生成的事物既不出于相似（也不出于不相似）而从不存在中生成呢？而且假如一切事物都已经从相似或从不相似中生成了，神就丝毫不比所有其他事物更加是不经生成的，但这种事是不可能的。因而，或者在神之外没有事物存在，或者所有其他事物都是永恒的。另外，他还主张神是最强大的，称之为最有力量和最优越者。看来这不合乎通常的说法，即在许多方面众神中的一些比另外一些更加尊贵。故他并未从流行的意见中认同关于神的这种观点。认为神是最强大的，并非能够以神的本性与某种其他这类东西相比较，而只能与神自身的处置相比较；由于与他物相关可能就无法阻止不是靠自身的卓越和力量而超越，而是依靠其他事物的弱小。但谁也不想这样来描述神的无比强大，只会说他身为至善，在其优美之中无遗无缺，能步其后尘者大致上也能具有这些性质。没有什么东西能阻止许许 978a 多多的存在处于这种境地，它们全部处于最善的位置，比其他事物但不比自身更加强大。人们会认为，还存在着一些其他的东西。因为他说神是最强大的，这必然是对某些事物而言的。作为一而存在，全视全听并无必要，因为假若在某个方向上没看见，并不是在这个方向上看得差些，而只是没有

看见。至于全方位的感知，他想指的大概是可能有的最佳状态，在一切方向上相似。如果它是这样的东西，全听并在全部方向上强大，为什么会是圆球形而不具有另外某种形式呢？正如当我们说白头即是处处皆白时，指的不过是它的每一部分均染上了白色；有什么东西能阻止所谓的全视全听和在全部方向上强大也跟这一样，即一个人无论找到它哪个部分，它都具有这种属性呢？照此，无论是白头还是神，由于这一点都不必然是圆球形状。此外，既是有形物体又有大小，神如何可能既非无限又不受限制呢？假如无限者即是那种能够接受界限却又不具有界限的东西，而界限则在于大小和多少以及所有的数量，所以倘若既是大小又不具有界限，那么它就是无限的。并且，呈圆球形就必然具有界限。因为它具有边沿点，要是也具有中点的话，边沿点就是离它最远的点。而作为圆球形它是有中点的，因为圆球形就是那种自中心出发至各边沿点都同样远的东西。物体也具有端点或界限，这没有什么两样。假若不存在是无限的，存在为什么就不能是无限的呢？有什么能阻碍对于存在和不存在说一些相同的话呢？因为此时没有谁感觉到了不存在，但此时也有人没有感觉到存在，两种情况都是可以言说思想的。不存在不是白的，为了不使我们表达存在和不存在中某种相同的东西，就得因此让所有的存在物全都是白的，而在我看来，没有什么妨碍存在物中有某个不是白的。如此它们也可以接受另一项否定，即无限，假如无限照早先所说不过在于具有或不具有某种东西的话。故存在或者是无限的，或者具有界限。把无限加之于不存在或许是荒唐的。因为我们并不把所有假若不具有界限的东西称为无限，正如我们不把不相等称为不存在一样。另外，为一的神为什么就不可以具有并非相
978b 对于神的界限？如果神只有一个，神和他的各部分都会只有一个。而如果众多事物彼此限制，由此一则不具有界限也几乎一样荒谬。因为很多相同的东西既依存于众多事物也依存于一，存在对于它们也是共同的。同样荒谬的是，假如众多存在，由此我们就不可以说神存在，以避免二者在这一点上相似。此外，有什么东西阻止为一的神具有界限并受到限制呢？如巴门尼德就说存在是一，它“处处都像一个表面平滑的圆球，圆周上的每一点都与中心距离相等”。几乎必然有某种界限存在，当然不是相对于某物，具有界限并不必然相对于某物而有界限，比如在无限的系列中受到限制，但受到限制就必然具有终点，不过也不必然相对于某物而有终点。有些事物能够兼顾，既受到限制而又依附于某物，另一些事物受到限制，却不相对于某物而受限制。关于存在和一的不能不运动，是因为不存在不运动，这与前面的情形几乎同样荒谬。而且一个人不能认为不被运动与非运动是一回事，其中一个是运动的否定，就同不相等一样，可用以真实地描述不存在；而非运动则已经有几分肯定，就同非相等一样，指的是运动的对立方即静止，基本上同那些由前缀 alpha 所表示的否定一样，指的是相反的事物。而不被运动真正所指的

是不存在，但是静止并不属于不存在。相类似地，它也不能是非运动的，这指的是同一回事。然而他说不存在是静止的，把静止加之于它，因为它没有变化。如果说我们把某种东西加之于不存在就不能用它来真实地描述存在，除非所说的是一个否定，比如没有运动和没有变化，根据上面我们说过的，这同样十分荒唐。因为这将去掉对存在物的许多表述，同说过的一样。因为将不能真实地说众多不是一，假如不存在不是一的话。在有些情况下，对立物似乎从同一些否定中得出，例如只要某物作为多少或大小，就必然要么相等，要么不相等；只要作为数目，就必然要么为奇要么为偶。大致相同的是，只要作为有形物体，某物必然要么静[979a]止，要么运动。由此，如果为一的神不运动是因为众多的事物通过进入彼此之中而运动，那么，有什么东西阻碍神运动入其他事物呢？因为他没有说只有一存在，而是说只有一个神存在。果真如此的话，有什么能阻止神的各个部分在一个圆圈内循环运动并进入彼此之中，从而把神带动起来呢？就像芝诺一样，他不会说这样一种一乃是多。因为他说神是有形体的，不论全体是这样或者把它说成别的什么东西。要是没有形体，神怎么可能呈圆球形呢？此外，像这样既不运动也不静止，只有当神哪儿也不在的时候才有可能。既然是有形体的，像说过的一样，有什么东西能够阻止它运动呢？

论高尔吉亚[1]

【5】 他说，无物存在；如果说有什么存在，它也是不可认识的；如果既存在又是可以认识的，也无法向其他人讲明。之所以无物存在，他结合了别人的说法，所有这些人关于存在有着相反的说法，并如人们看到的那样，陷入自相矛盾之中；有的人说存在是一而不是多，另外的人则说存在是多而不是一，还有些人说存在不经生成，另外的人则说存在经历过生成；他力图从两方面总结这些说法。他认为，如果某物存在，就必然（或者是一或者是多，或者不经生成或者经过生成。如果竟然）既不是一也不是多，既不是不经生成也不是经过了生成，就没有什么东西能够存在。因为如果有某种东西存在，它就应在这些可能中择其一种。他在其独特的第一个论证中说既没有存在也没有不存在，随后他说既没有一也没有多，既没有不经生成之物也没有生成之物，其中一部分如麦里梭所说，另一部分如芝诺曾试图加以证明的一

① peri Gorgias 据《洛布古典丛书》希腊本文。

样。如果不存在"是"不存在，那么"不是"并不比"是"低一等。因为不是"是"不是，而是也"是"是，故事物存在并不胜过不存在。如果不存在居然也"是"或存在，他说，与之相对立的存在就不存在了。假如不存在存在，不存在就加于存在之上了。他说，假如不是这样，就没有什么东西能够存在，除非是存在与不存在是一回事。若是二者相同，照此还是没有什么东西能够存在，因为既然存在与不存在相同，若不存在不存在，那么存在也不存在。这就是他的论证。

【6】 然而从他的所说中，并不能得出无物存在的结论。可以这样来反驳他的证明。如果不存在存在，那么它或者是在单纯的意义上存在，或者是作为不存在的不存在而存在。这样的事既非明白无误亦非必然，而就像有两种东西存在，一种是，另一种看起来似乎是，一种存在，另一种则并 979b
不真实，因为它即是不存在。为什么既没有存在也没有不存在呢？并且是两者而不是其中之一不存在。他说，不存在并不比存在低一等，假若不存在也是某种东西的话，而与此同时没有人说不存在在什么地方存在。即便不存在"是"不存在，如此不存在也不可能与存在同样，因为一者是不存在，另一者依然是存在。即或是可以真实地在单纯的意义上这么说，不存在居然可以是存在毕竟也是惊人之谈。果真那样的话，把万物归于不存在是否就胜过把万物归于存在呢？这样看来，相反的事物就可以变成同一个东西了。假如不存在是

存在而存在也是存在，那么万事万物都是存在。存在着的事物与不存在者一并存在。可是假若不存在存在，并不必然意味着存在就不存在。如果有人赞成不存在存在而存在不存在，即便如此，有某种东西存在这一点也不会有所改变，因为按他的论证不存在也是存在。如果说存在与不存在是一回事，如此某物不存在并不胜于存在，因为他说一旦不存在与存在相同，存在就跟不存在一样不存在，从而无物存在，反过来同样可以说一切事物都存在。因为不存在与存在一样存在，所以一切事物都存在。在这个论证之后他说，假如有什么存在的话，它就要么不经生成，要么经过生成。若是不经生成，根据麦里梭的主张他认为它应是无限的，而无限不可能在某处存在。它既不能在自身中也不能在其他地方，因为那样就会有两个无限，一个在某物中一个在它所以是无限的东西中；而根据芝诺关于空间的论证，无物在任何地方都不在。因此，它不能是不经生成的，也不是经过生成的。没有什么东西能够既不从存在中也不从不存在中生成。假如从存在中生成，它就可能发生变化，而这是不可能的，因为若是存在变化了，它就不可能依然是同一存在；正如要是不存在生成了，它就不可能依然是不存在。可是不从存在中生成也不行。因为假若不存在是不存在的，就没有事物能从无物中生成；而假若不存在存在，由于与它不能出自存在一样的原因，它也不能从不存在中生成。故只要某物存在，它就要么是不经生成的，要么经过生成，这些不可能，就不可能有某物存在。另外，他说只要某物存在，它就要么为一要么为多；若是既不为一也不为多，它就什么也不是。它不可能是一，因为真正的一是没有形体的，芝诺的论证取消了一的大小。不是一就不能是任何东西，因为不是一 980a
也就不是多。既不是一也不是多，就什么也不是了。他说，没有事物能够被运动。因为要是被运动了，就无法仍然保持其原样，存在将不复是存在，不存在将得以生成。并且，如果被运动了，在运动中发生了变化，不是连续而是被间隔[1]，存在在作为间隔的地方就将不存在；故若是在一切方向上运动，就在一切方向上是有间隔的。这样的话，在一切方向上都将不存在。他说，因为在有间隔的地方缺少存在，他用间隔取代了那些据说是留基波的论证中使用过的虚空。

无物存在，对此他做了这些证明（在这些证明之后，他说，如果有什么存在，也是不可认识的）。因为一切被思想的事物都应当存在，而不存在既然并不存在，就不能被思想。如此一来，就没有谁能说任何假话了，甚至包括说众多战车在海面上飞奔追逐。因为任何事物都可以像所说的那样存在。由于这个缘故被看见和被听见的事物也将存在，因为它们中每一个都被思想；假如不是由于这个缘故，而我们看见的东西并不由于我们看见了它就更是存在，这样我们看见

① dieiretai。

的东西也不会由于被我们思想而更是存在（正如前一种情况下很多人会看见它们，后一种情况下很多人会思想它们），假若它是这样一种东西，为什么就会更加清楚呢？究竟哪一种为真，是很难弄明白的。故如果事物存在，也不可能为我们所认识。他说，如果是可以认识的，一个人如何可能向其他人讲明呢？或一个人如何可能把自己看到的东西用言语表达出来呢？一个听见了却没有看见那东西的人如何可能清楚
980b 它呢？正如视觉不能认识声音，同样，听觉不能听见颜色，而只能是声音，一个人说话，但说的不是颜色或事物。一个人没有想到的东西，怎么可能从其他人的言辞或与该事物不同的某种标记中想到它呢？除非是颜色就看见颜色，是声音就听见声音。根本点在于，一个人说的不是声音也不是颜色，而是语词。所以，颜色不是被思想，而是要去看见；声音不是被思想，而是要去听见。即或是语词可以被认识并且被宣讲，听的人怎么可能想到同一个东西呢？因为好像同一个东西不能同时存在于众多而又彼此分离的人之中一样，那样一就会是二了。他说，如果同一个东西在若干人之中，就没有什么能阻碍它对他们不尽相同，他们自己并不在所有方面相像，也不在同一个人之中。假若有这种东西，那就会是一人，而不是两人。就是他在同一时间里感觉到的东西对他自己也显得不尽相同，而是对听觉跟对视觉显现得不同，并且在此时跟在许久以前有差别，所以一个人很难处处与别人感觉得相同。这样，如果某种东西存在的话，它也是不可认

识的(如果可以被认识),也没有谁能将它向其他人讲明,因为事物不是言辞,并且没有人同别人想得相同。包括他在内的所有人所讲的正是另外一些先贤们曾提出过的难题,所以评判他们的观点时也有必要对这些人加以考察。

形而上学

苗力田 译

* ta Meta ta phusika　据《洛布古典丛书》希腊本文，译文部分参考了 W. D. Ross 的《亚里士多德形而上学》

第 一 卷

【1】 求知是所有人的本性。对感觉的喜爱就是证明。 980a22
人们甚至离开实用而喜爱感觉本身，喜爱视觉尤胜于其他。
不仅是在实际活动中，就在并不打算做什么的时候，正如人 25
们所说，和其他相比，我们也更愿意观看。这是由于，在一
切感觉中它最能使我们识知事物，并揭示各种各样的区别。

动物生来自然具有感觉，它们中有一些从感觉得到了记 980b
忆，有些则没有。由于这个缘故，那些有记忆的动物就比不 22
能记忆的动物更聪明，更善于学习。那些听不到音响的动
物，虽然聪明但不能学习，例如蜜蜂，以及这类的其他动
物。只有那些不但有记忆而且有这种感觉的动物才能学习。 25

那些靠表象和记忆生活的动物，很少分有经验，唯有人
类才凭技术和推理生活。人们从记忆得到经验，同一事物
的众多记忆导致单一的经验。看来经验大致类似科学和技 981a
术，人们通过经验得到了科学和技术。包洛斯（Polos）说
得好，经验造成技术，无经验诉诸偶然。当一个对同类事物 5
的普遍判断从经验的众多观念生成的时候，技术也就出现了。

例如，判断某物对患着某种疾病的卡里亚有效，对苏格拉底以及其他许多这样个别的人有效，这是经验的。而判断对按类来划分的患着某种病的人，例如对患痴呆症的人，患胆囊炎的人和发烧的人全都有效，那就属于技术。

对实际活动说来，经验和技术似乎并无差别，而我们看到，那些有经验的人比那些只懂道理而没有经验的人有更多的成功机会。其原因在于经验只知道特殊，技术才知道普遍。一切实际活动，一切生成都与个别相关，除非是在巧合的意义上，医生所治疗的并不是人，他或者是卡里亚，或者是苏格拉底，或者是如此称谓的其他人，他恰巧是个人。如若一个医生只懂道理，而没有经验，只知道普遍而不知其中的个别，行医时就要屡遭失败。治疗更主要地是治疗个人。尽管如此，我们认为认识和技能更多地属于技术而不是经验，有技术的人比有经验的人更加智慧，因为智慧总是伴随着认识。其所以如此，是因为有技术的人知道原因，有经验的人却不知道。有经验的人只知道其然，而不知道其所以然；有技术的人则知道其所以然，知道原因。所以我们说，
981b 各行各业的技师比工匠更受尊重，懂得更多，更加智慧，他们知道所做事情的原因（工匠们像某些无灵魂的东西，他们做事情，但不知道其所做的事情，例如火的燃烧；不过无灵魂的东西按照某种本性来做着每件事情，工匠们则通过习惯）。技师之所以更加智慧，并不在于实际做事情，而由于懂得道理，知道原因。

总而言之，知与不知的标志是能否传授。所以，我们主张技术比经验更接近科学，技术能够传授而经验不能传授。所以，我们断言感觉不是智慧，尽管要知道个别事物主要通过感觉，但它们不告诉关于任何事物的为什么，例如火为什么热，而只知火是热的。

那超越人所共有的感觉而最初发现了技术的人之所以使人们感到惊奇，不仅由于某一发现之实用，而且由于其智慧与众不同。在被发现的越来越多的技术中，有的为生活必需，有的供消磨时间。与前者相比较，后者总被当作更加智慧的，因为这些技术的知识，并不是为了实用。只有在全部生活必需都已具备的时候，在那些人们有了闲暇的地方，那些既不提供快乐，也不以满足必需为目的的科学才首先被发现。由此，在埃及地区，数学技术首先形成，在那里僧侣等级被允许有闲暇。

在伦理学中谈到过技术和科学，以及和其他诸如此类东西的区别。我们现在要讲的这些道理原因在于，所有的人都主张，研究最初原因和本原才可称为智慧。前面已经说过，有经验的人比具有某些感觉的人更有智慧，有技术的与 982a
有经验的相比，技师和工匠相比，思辨科学与创制科学①相比均是如此。所以，很清楚，智慧是关于某些本原和原因的科学。

① hai de theoreti kai ton poietikon。

【2】 由于我们所探求的是这种科学，就须解决这样的问题：关于什么原因、什么本原的科学才是智慧。如若有人接受我们对智慧所作的判断，事情也许会由此变得更明显些。首先我们主张，一个有智慧的人要尽可能地通晓一切，且不是就个别而言的知识；其次，有智慧的人还要能够知道那些困难的、不易为人所知的事情（感觉是人皆尽有的，从而是容易的，算不得智慧）。在全部科学中，那更善于确切地传授各种原因的人，有更大的智慧。在各门科学中，那为着自身，为知识而求取的科学比那为后果而求取的科学，更加是智慧。一个有智慧的人，应该发命令而不被命令，不是这个有智慧的人服从别人，而是智慧低下的人服从于他。

以上就是我们关于智慧和有智慧的人所作的那些种和那些个判断。在这里，只有具有最高层次的普遍知识的人，才必然通晓一切。因为，他以某种方式知道了事物背后的全部依据。最普遍的东西也是最难知的，因为它离感觉最远。在最初因的知识中，最原始的就是最确切的。因为内容简练比语言繁杂更为确切，例如算数比几何学确切。而对原因的思辨科学当然更便于传授，因为传授就是对个别事物的原因的谈论。只有那种以最可通晓的东西为对象的科学才最是为自
982b 身而选择，而通晓。为知识自身而求取知识的人，以其最大的努力求取最高的科学。这种科学就是最可通晓的科学。最初原因是最可通晓的，其他事物都是通过它们或由于它们而

被知道，而不是它们通过那些作为载体的东西。那种懂得个别事情应该为什么而做的科学，是诸科学中占最主导地位的，和从属的科学相比，它起着更大的指导作用。它是个别事情的善，总而言之，在整个自然中它是最高贵的。

由此可见，那所寻求的名称正是这种知识。它应该是对最初本原和原因的思辨科学，因为善以及何所为或目的是原因的一种。

很显然，这种知识一开始就不是创制科学。不论现在，还是最初，人都是由于好奇而开始哲学思考，开始是对身边所不懂的东西感到惊异，继而逐步前进，而对更重大的事情发生疑问，例如关于月象的变化，关于太阳和星辰的变化，以及关于万物的生成。一个感到疑难和好奇的人，便觉得自己无知（所以，在某种意义上，一个爱智慧的人也就是爱奥秘的人，奥秘由惊奇构成）。如若人们为了摆脱无知而进行哲学思考，那么，很显然他们是为了知而追求知识，并不以某种实用为目的。当前的事情自身就可作证，可以说，只有在生活必需品全部齐备之后，人们为了娱乐消遣才开始进行这样的思考。显然，我们追求它并不是为了其他效用，正如我们把一个为自己、并不为他人而存在的人称为自由人一样，在各种科学中唯有这种科学才是自由的，只有它才仅是为了自身而存在。

基于这样的理由，说它非人力能致，是公正的。人的本性在许多方面是奴性的。按照西蒙尼德的说法，唯神才有这

样的特权，人没有资格去求取就自身而言的科学。如诗人们
983[a] 说什么神性生来是忌妒的，在这里似乎尤其如此，一切才智过人的人总是厄运重重。然而神性是不可能忌妒的，俗谚云，诗人多谎。切莫相信还有比此更高尚的科学了，它就是最神圣、最高尚的。神圣只有两层含义：或者它为神所有；或者某种对神圣东西的知识。只有这一科学才符合以上两个条件。众所周知，神是宇宙万物各种原因的始点，唯有神才最大限度地具有这种知识。一切科学都比它更为必要，但却没有一种科学比它更为高尚。

这种知识的掌握，似乎要走到开始时所探索的反面。正如我们所说过的，一切人都由对事物何以如此的好奇开始，例如对奇巧的机关，或者对太阳的回归，以及对对角线何以不可约分等等。对于从不思考原因的人来说，如果一件东西不能被最小单位所约分是奇怪的。但正如俗语所说，再思更好。如果人们对此有所理解，定会导致相反的但更好的结果。如若对角线竟然被约分了，一个懂几何学的人反而会感到无比奇怪了。

以上说的是，所追求的科学的本性是什么，以及研究的目标和整个进程。

【3】 而所谓科学显然应该是对开始原因的知识的取得，当我们认为认知了最初原因的时候，就说是知道了个别事物。原因有四种意义，其中的一个原因我们说是实体和

所以是的是[①]（因为把为什么归结为终极原因时，那最初的为什么就是原因和本原）；另一个原因就是质料和载体；第三个是运动由以发生之点；第四个原因则与此相反，它是何所为或善，因为善是生成和全部这类运动的目的。关于这些 983b
我们在物理学中已作过充分的展示，然而我们还要吸取在我们之前那些对存在进行研究，对真理作过哲学思考的人的观点。那些人显然也谈到了某些本原和原因，接触一下这些观点对当前的探究将是有益的。因为这样我们或者将找到某种其他的原因，或者对现在所说的这些原因更加深信不疑。

在那些最初进行哲学思考的人们中，大多数都认为万物的本原是以质料为形式，一切存在着的东西都由它而存在，

① 亚里士多德哲学中有个词组形式的词汇 to on hei on（作为存在的存在）早已为人所共识，但还有另外一个同样的词汇，由于简单化、现代化的翻译，至今鲜为人知。这就是 to ti en einai，这一词汇亚里士多德经常和 ousia（实体）相通用。此处很显然不是指质料和载体意义下的实体，而是指形式或本质意义下的实体。一旦被简单化、现代化为一个单词（本质），就失去了亚里士多德原来用法的古朴风采和深邃内涵。这一词组是从日常生活而来，它就是要回答：何以事物是如此如此的样子。能使事物成为如此如此样子的原因，当然只能是实体。这里的内容不难索解，问题出在文法上，因为词组具有人称和时态的变化，不用现在时态，而用表示过去了的已往时态 en。研究亚里士多德的学者们多方查证了词类的用法，他们以不同的论证，认为这一未完成体所表示的是先于，甚至把它作为形式先于质料的佐证。为了更深入细致地了解古典西方哲学，本书中我们试将它还原为词组形式：“所以是的是”。遗憾的是汉语中没有时态变化，这里也万难对未完成体和不定式作出区别。“作为存在的存在”表现存在的普遍性，“所以是的是”则显示实体的先在性，两者都是亚里士多德哲学精髓的结晶。

最初由它生成，在最终消灭时又回归于它。实体则处于底层，只是表面承受各种作用而变化，人们说这就是存在着东西的元素和本原。正是因为这个缘故，他们认为既没有任何东西生成，也没有任何东西消灭，因为同一本性永远持续着。正如当苏格拉底变得善良和文雅时，我们并不说他绝对地生成了，当这些品质失掉时，也不说他消灭了，因为载体即苏格拉底自身持续存在着。其他的东西也是这样，因为某种本性或自然永远存在着，或者是一种，或者多于一种，其他东西都由它们生成，而本性却持续不变。至于这种本原的形式和数量，所有的说法并不相同。这派哲学创始人泰利士说是水（因此他认为大地浮在水上），他之所以作出这样的论断，也许是由于看到万物都由潮湿的东西来滋养，就是热自身也由此生成，并以它来维持其生存（事物所由之生成的东西，就是万物的本原）。这样的推断还由此形成，由于一切事物的种子本性上都有水分，而水是那些潮湿东西的本性的本原。

有些人认为，那些距今很久以前的远古时代的人们，在他们最初思考神的问题时，对于本性或自然也持同样的观点。他们把奥克安诺和泰宗当作生成的父亲，众神都指水（也就是他们所谓的斯图加）为誓。最古老的东西最受尊敬，
984a 指以为誓的东西是最受尊敬的。关于自然的这种意见是否是最初的和古老的，可以说并不清楚，不过据说泰利士在关于最初原因问题上是这样表示的。希波由于自己的思想平

庸，不足以与这些人为伍。

阿那克西美尼和第欧根尼则认为气先于水，在一切物体中它是最高的本原，迈特庞图的希波索斯和爱非斯的赫拉克利特则认为是火，恩培多克勒则提出四根，在以上所说之外他又增加了土作为第四种，这些东西永远持续存在，并不生成，只不过在数量上或多或少，在合并时成为一，分散时则成为多。

克拉佐门的阿那克萨戈拉在年龄上长于恩培多克勒，在事业上却后于他，他说本原是无限的，几乎所有的东西，都有相同的部分构成，是同素体（ta homoiomere），正如水或火一样。生成和消灭的意义就是合并和分离，除此之外就既无生成，又无消灭，而是永恒地持续存在。

从以上所说看来，似乎只有在质料形式下的原因才可称为原因。然而如若像这样继续进行下去，事情自身就会广阔起来，强制人们探索下去。如若生成和消灭果然只出于某一种或多种本原，那么事情怎么会这样出现，原因是什么呢？因为决不是载体自身造成自身的变化。我说的意思是，例如不论木料还是青铜都不能成为自身变化的原因，木料不能自成床榻，青铜不能自成雕像，而某种其他东西才是变化的原因。这样的一种探索就是去探索另一种本原或始点，如像我们所说，运动由之开始之点。

那些最早地接触这一课题的人说载体是一，并没有使自己遇到麻烦，但在讲一的人中有一些似乎是由于这种探索自

身而困难重重。他们说一静止不动，整个自然不但没有生成
984b 和消灭（这一点是自古以来人所共认的），而且没有其他所有变化。他们的这种观点是独特的。

在那些主张宇宙全体为一的人中，没有一个找到这里谈到的原因。也许巴门尼德是个例外，就这一方面而论，他不仅设定一，并且设定两个原因存在。那些主张多数本原的人可能理由更充分一些，例如那些主张热和冷、火和土的人。他们让火具有能动的本性，而水、土以及诸如此类的东西则与其相反。

既然这些人和这些本原都不能充分地说明存在物的本性的生成，所以这同一真理，如我们所说，就逼迫着人们去探求下一种本原。不论是火，还是土，或是其他诸如此类的东西，看来都不会是存在物具有或生成为善良和美好的原因，而那些人也并没有这样的想法。同时把这样重大的事情归于自发和机遇也是不恰当的。所以当某个人说，在自然中也像在动物中那样，有着理智或心灵作为一切规则和秩序的原因，相对于先辈们的混乱的说法，他就像是一个清醒的人。我们清楚地知道阿那克萨戈拉接受了这个理论，而克拉佐门的赫尔迈提谟被认为是有论在先。作出这样主张的那些人，同时也设定，使事物美好的原因也是存在物的本原，运动正是由此而赋予存在着的东西。

【4】 有人推测赫西俄德是第一个在这方面作探讨的

人，但也有其他的人把爱情和欲望当作存在物的本原，例如，巴门尼德在设计万物生成的时候，就说：

全部神中爱情产生了第一个神。

赫西俄德则说：

混沌在万物中首先生成，
接着就是宽阔胸怀的大地……
在众不朽之物最前面的则是爱情。

即是说，在万物之中应该存在着某种原因，把事情运动起来，把它们连结起来。

把这些人加以区分，应该把哪一个安排到最先，这是以后的事情。既然在自然中显然存在着与善相对立的东西，不仅存在秩序和善良，同时也存在着无秩序和丑恶，并且丑恶 985a
多于善良，平庸多于美好，这样有人就提出了友爱和争吵来作它们每一个的原因，如若有人按照恩培多克勒的寓意而不是按照含糊的言辞来把握其思想，那么友爱就是各种善良事物的原因，而争吵则是各种邪恶事物的原因。所以，如果有人说，恩培多克勒第一个说出了善和恶是本原，可能他说得不错。因为，如若一个原因果然是一切善的原因，那它也就是善自身。

这些人，正如我们所说，似乎只把握到我们在物理学中所区别的那些原因中的两种，即质料因和运动所由以开始的原因，而且还含混不清。他们所做的像那些未经训练的士兵，他们在战斗中横冲乱撞，也曾多次冲锋陷阵，命中要害，但缺乏科学头脑。他们似乎也并不知道自己说的是什么，因为，可以说他们几乎不或者很少使用这些原理。阿那克萨戈拉在困惑不解是什么原因出于必然时，就机械地使用了理智或心灵来制造规律，而在其他情况下却以其他而不是理智为原因来说明一切事情的发生。与阿那克萨戈拉相比，恩培多克勒对原因有更多的利用，然而不但不充分，而且在这些里面也找不出一致的东西。因为在他那里实际上友爱经常造成分离，而争吵造成结合。因为，当宇宙万物被争吵分离为元素时，火和其他各种元素就合而为一，相反当它们被友爱结合为一时，那么构成每一事物的部分就要再度分离。

恩培多克勒与先辈们不同，他第一个把二分法带进了这一原因，他不把运动的本原当作是一个，而是彼此相对立的两个。其次，他是第一个说质料形式的元素有四种的人，不
985b 过他只是把它们作为两种而不是作为四种来使用。他把火自身作为一方，而把那些与之相对的元素如土、气、水等当作本性相同的另一方。这一点从他的一些言论中就可以看得出来，这位哲学家的观点，如我们所说，就是如此，他就是如此说明本原以及有几个本原。

留基波和他的追随者德谟克里特说元素是充实和虚空，这意思就是一个是存在而另一个是非存在，在这里那个充实的坚固的就是存在，那个虚空的疏松的就是非存在。（因此他们说，存在比非存在并不更多存在，因为物体并不比虚空更多存在。）这两者作为质料成为存在着的事物的原因。正

如那些存在把处于底层的实体当作一个，而通过其自身所承受的作用而生成其他的东西。他们设定所受作用的本原就是凝聚和疏散。这些人也以同样的方式说，差别就是其他各种事物的原因。他们说，这种差别共有三种：形状、次序和位置。因为，他们说，存在仅在节奏、接触和姿态上有差别，在这里节奏就是形状，接触就是次序，姿态就是位置。例如，在形状上 A 和 N 不同，在次序上 AN 和 NA 不同，在位置上 I 和 H 不同。关于运动问题，它在事物之中从何处又是怎样开始的，他们和其他的人一样都是避而不谈。关于两种原因，正如我们所说，先辈们的探索似乎仅止于此。

【5】 在这些人之中，或在他们之前，有一些被称为毕达戈拉斯派的人们投身于数学研究，并最先推进了这门科学。经过一番研究，他们认为，数学上的本原也就是一切存在的本原，既然在各种本原中，数目自然就是最初的，他们认为，在数目中要观察到比火、土、水中更多的与存在着和生成着东西的相似之点。像公正、灵魂和理智等等都不过是数目的某种属性，机遇是另一种属性，他们说其他的事物都与此相似。此外，由于他们看到和声的比例和属性是在数目 986a
之中，所以就认为，其他的那些东西的全部本性也是由数目塑造出来的。他们认为在整个自然中数目是最初的，数目的元素也就是所有存在物的元素。整个的天是和谐的，是数目。他们讲，天内的各种现象、各个部分以及整个的有规律

的运动，在数目中，在和声中都有一致之处，并把这些情况收集联系在一起，倘使在某处出现了缝隙，他们就赶快弥合起来以保持其全部说法的相互一致。我举个例子来说，十这个数目似乎是完满的，它包括了各个数目的全部本性。他们就说在天上运行的星体也是十个。但人皆所见运转的星体实际上只有九个，如此他们就制造出第十个星体即对地[①]来。关于这些问题我们在别处已充分地讨论过了，在这里我们所涉及的只有一点，这就是找出这些人把什么当作本原，它们同我们讲的那些原因有怎样的联系。这些人显然把数目看作是存在着的事物的本原，看作事物的质料，或事物的属性，或事物的状况。在他们看来数目的元素是偶和奇，其中偶数是受限制的，奇数是不受限制的。而一是由两者构成的（它既是奇也是偶），数目都出于一，而如我们所说，全部的天都出于数目。

在这些人中有另外一些，他们说本原有十对，并且按顺序排列出来：有限与无限，奇数与偶数，单一与众多，右方与左方，雄性与雌性，静止与运动，直线与曲线，光明与黑暗，善良与邪恶，正方与长方。克罗图的阿尔克迈翁似乎就是以这种方式想问题的，不是他从他们那里，就是他们从他那里，得到这种理论。阿尔克迈翁在年代上与老年毕达戈拉斯相当，他的主张也与这些人相近，他说在人类世界中许多

① antikhthon。

东西都是成双成对的，但他所说的相反并不这样严格，而是顺手拈来的，例如白和黑、甜和苦、善和恶、大和小，这样 986b
看来，阿尔克迈翁这个人只是含糊地摸索到其余的对立面，而毕达戈拉斯派的人才宣布了这些相反者是什么和有多少。从这两者我们所得到的就是这些，这就是存在物的本原是互相反对的，而从前者我们知道了它们有多少种，到底是什么。至于这些东西怎么同我们所说的原因相关，并不能从他们得到清楚的说明。不过看来属于质料形式的元素，因为他们说，这些东西寓于实体之中，组成、塑造着实体。

关于古老的自然元素是众多的说法从这里可以充分领会了。还有一些人，把宇宙万物看作单一的本性，他们的说法并不全部一致，有的说法牵强，有的与自然相脱节。在当前对原因的研究中来谈论他们似乎不太协调。他们有些人主张的虽然是一，但不像那些自然哲学家那样，让存在从一这种质料中生成出来。这些人所持的是另一种说法。自然哲学家们增加上运动，以便宇宙万物得以生成，这些人却主张存在是不运动的。这正是当前所要研究的问题。似乎巴门尼德是在探讨原理的一，而麦里梭是在探讨质料的一。（因为一个人说这东西是有限的，另一个人则说是无限的。）在这些人之中克塞诺芬是第一个提出了一的人（有人说巴门尼德是他的学生），但是他的阐述不清，似乎也没有触及这两种本性，他凝视整个的天，说一就是神。正如我们所说过的那样，对于当前的探索，他们中有些人是可以不去顾及的。其中的两人，克塞诺芬和麦里梭，无关紧要，就略去罢了。巴门尼德的话倒似乎颇有见地。既然与存在相比非存在微不足道，从而他必然要认为存在就是一，此外再无他物。在物理学中关于这个问题我们讲得比较充分了。他被迫着追随现
987a 象[1]，于是就主张在原理上它是一，在感觉上它是多。此外他还设定两种原因、两个本原，即热和冷，或者说火和土。在这两者之中，他又把热列入存在，把另一个列为非存在。

从以上所说的那些之中，从关于那些有智慧的人的讨论中，我们得到了以下的结论，从最初起本原就是有形体的东西（因为水和火以及诸如此类的东西都是有形体的）。其中有些人主张本原是一个，有些人则主张是多个有形体的东西，不过大家都把这些本原设定为质料形式。一些人在设定这种原因之外，又增加了一个运动由以出发的原因。这种原因有些人主张是一种，有些人主张是两种。正如我们所说，在意大利学派前以及在意大利学派之外，其他的人对这些问题都是含糊的。不过有时候他们也讲到两种原因，其中另一个原因，即运动从何而来，他们有些主张是一个，有些主张是两个。毕达戈拉斯派不仅以同样的方式谈论两种原因，还有他们所特有的创新。他们认为有限和无限并不是另外的本性，如火、土以及诸如此类的其他东西，而无限自身和一自身就是它们所陈述的事物的实体。由此数目就是万物的实

---

① akolouthein tois phainomenois。

体。关于这些问题他们就是以这样的方式来宣布的，他们也开始探讨是什么的问题，并加以规定，不过他们把事情讲得太笼统了。他们只是在表面上作规定，他们认为所提出的定义中使用的最初的词项，就是事物的实体，正像有人相信二倍和二是相同的，由于二倍最初是用二来表现的，然而作为二倍而是或存在和作为二而是或存在恐怕并不相同。若不然，一就将是多，这就是由那些前提所导出的结论。从前辈们和其他的人们那里所得到的就是这么多。

【6】　在所说的各派哲学之后，柏拉图的方案出现了，它在许多方面追随着这些哲学，但也有和意大利派哲学不同的自己的特点。在青年时代，柏拉图开始是克拉图鲁①的同路人，也赞同赫拉克利特派的意见。一切可感觉的东西不断流变，关于它们，知识是不存在的。他在晚年仍然持这样的观点。苏格拉底致力于伦理学，对整个自然则漠不关心。并 987b
且在这些问题中寻求普遍，他第一个集中注意于定义。柏拉图接受了这种观点，不过他认为定义是关于非感性事物的，而不是那些感性事物的。正是由于感性事物不断变化，所以不能有一个共同定义。他一方面把这些非感性的东西称为理念，另一方面感性的东西全都处于它们之外，并靠它们来说

① 克拉图鲁(Kratulos)，赫拉克利特的学生。旧译克拉底鲁，系根据英译 Cratylus，但其中元音“y”应发“u”音。

明。由于分有，众多和理念同名的事物才得以存在。（分有只不过是名称的改变。因为毕达戈拉斯派的人们也说，存在物模仿数目而存在。柏拉图的分有，仅是名词的改变。至于分有或者模仿到底是什么，还是让大家讨论去罢。）

他还说，数学对象处于感性事物和形式之外，是一些居间者，它们以其永恒和不运动与感性事物相区别，另一方面又区别于形式。数学对象相互类似数目众多，而每一形式则仅是单一的。

既然形式是其他事物的原因，于是他认为构成形式的元素也就是所有存在物的元素。作为质料以大和小为本原，作为实体则是一。各种数目都分有一，由大和小构成。一当然是实体而不述说其他的存在，他所说的与那些毕达戈拉斯派的人相接近。他和毕达戈拉斯派一样，把数目看作是其他事物的实体的原因。柏拉图的独特之处在于他认为无限不是单一的，而是提出一个双数，让无限由大和小来构成。此外，柏拉图主张数目在感性事物之外，毕达戈拉斯派则主张数目和事物是一回事，并且不把数学对象当作它们的居间者。和毕达戈拉斯派不同，他把一和数目放在事物之外，并且由于在原理中进行探索，他引进了形式（在他之前没有人接触过
988a 辩证法）。他把双数当作另一种实体，因为除了最初的单元，各种数目可以轻而易举地从双数生成，仿佛出于某种模式[1]一样。不过事情恰恰相反，这种说法并不足以服人。柏拉图派从单一的质料多次制作出产品，而形式的生产却是一次

① ekmageion。

完成的。可是人尽皆知，从一块质料只生成一张桌子，而运用形式则制造出众多的桌子来。这和雄性雌性的关系相似，雌性一次交配即受孕，雄性却能多次授精。这种状况也适用于其他的本原。

关于所探讨的问题，柏拉图就是这样解决的。从以上所说，很显然，他只使用了两种原因：在事物是什么方面的原因和在质料方面的原因（对于其他事物来说，形式是事物是什么的原因，一又是形式的原因）。质料是某种载体，以它为依托，形式对感性事物加以述说。一对形式加以述说，在这里双数就是大和小。他还把两种元素当作善和恶的原因。正如我们所说，在以前某些哲学家就作过尝试，例如恩培多克勒和阿那克萨戈拉。

【7】 以上我们只是简单扼要地阐述是些什么人以及他们怎样各自说明本原和真理的意见，从这些叙述中我知道了在关于本原和原因的各种说法中，还没有超出我们在物理学中的讨论而说出什么新东西。而所有的人，看起来都是对那些意见进行模糊的推断，有些人把本原说成是质料，或者主张一种，或者主张多个，他们主张它是有形体的，或是无形体的，例如柏拉图讲的大和小，意大利学派的无限，恩培多克勒的火、土、水和气以及阿那克萨戈拉的同素体的无限。所有这些人都讲到这一种原因，还有一些主张或者是气，或者是火，或者是水，或者是密于火而疏于气的东西。（有些

人就是把最初的元素说成是这样的。）这些人只摸索到了这样的一种原因，另外一些人则提出了运动从何而来（例如有些人就把友爱和争吵、理智和情欲当作本原）。从来就没有人明确地提出过所以是的是的问题。但那些设定形式的人说得极其重要。（因为他们并不把形式当成感性事物的质料，把一当作形式的质料，也不把形式当成运动由以生成的始点，他们说形式更多地是不运动的原因，是静止的原因，他们把形式当作其他每个事物的所以是的是，把一当作那些形式的所以是的是。）对那种行为、变化、运动之所为的东西，他们也以某种方式说这是原因，但他们所说的却不是这样自然而然。有些人讲到理智和友爱，并把这些原因当作是善，但是存在着的东西却不是为了它们而存在和生成，只不过是说运动由它们而来罢了。有些人也像这样，把一和存在说成是这样的本性、自然，说它是实体的原因，但事物并不为了它而存在或生成。这样似乎引申出一个结论，他们既承认又不承认善是原因，因为他们不是绝对地说，而是在偶性上说。这样看来，我们在数目上和性质上对原因的分类是正确的，似乎所有这些人都给我们提供了证据，因为除了这些之外他们找不出其他原因来。同时也清楚地表明，对本原的探索或是全部这样或是某种诸如此类的方式。

在此之后我们还要进一步讨论，这些人中的每一个是怎样说的，他们对这些本原持什么样的态度，以及从中可能产生的难题。

【8】 那些把一和宇宙全体当作某种质料的自然，具有形体和大小的人，显然是大错特错了。他们只承认有形体东西的元素，却不承认无形体东西的元素。然而无形体的东西同样存在着。他们着手研究生成和消灭，并试图说明其原因，他们对一切事物的本性都加以理论，唯独忽视了运动的原因。同时，他们没有把实体当作任何事物的原因，对是什么也一样，除此之外，由于还轻易地把土以外的各种单纯物体都叫做本原，却不去研究它们的相互生成如何可能。我说的是火、水、土和气。这些东西有的由于合并，有的由于分离而相互生成，这一点对决定它们的先和后有很大的关系。有时候人们认为，事物是由最微小的元素通过合并而生成 989a
的。凡是这样的东西都是最精微的、由最细小的部分构成的物体。因此那些主张火是本原的人，最可能与这种道理一致，就是其他的人也都同意物体的元素是这样的。没有一个一元论者认为土值得作为元素，显然是由于它的颗粒过大，在其他三种元素中，每一种都得到了拥护者，有些人说是火，有些人说是水，有些人说是气（这些人为什么不像许多人那样说土是元素呢？有人说万物都是土，赫西俄德说，在一切物体中地最先生成。这样看来，这种论断最为古老，也最为大众化）。按照这种理论，除了火之外，不论谁设定什么东西，不论这东西比气更浓、比水更稀，所说都将是错误的。有的东西可能是按生成在后，而按本性却在先，渐成的

东西和复合的东西生成上就在后。那么反过来便会是，水先于气，土先于水。对于主张只有一种原因的人，我们只说这么多。

如若有人主张原因有多种，事情也没什么两样，例如恩培多克勒就主张有四种物体作为质料，他必然遇到或者是相同的或者是特殊的反驳。我们看得见，事物处在相互生成之中，作为物体火就不能永远保持为火、土就不能永远保持为土（关于这些问题在讨论自然的著作中已经说过了）。至于说到事物活动的原因，不论设定一个，还是设定两个，都不应认为这话是对的，或者是有道理的。总而言之，持这种主张的人必然是要取消本质的变化，冷既不能来自热，热也不能来自冷，这须同一事物承担相反的性质，这就要有某一种本性既能为火又能为水，这是恩培多克勒不愿说的话。

如若有人认为阿那克萨戈拉主张两个元素，那么他的这种看法是合乎道理的，即使阿那克萨戈拉本人没有言明，但他必然会接受对它归纳而出的结论。不论从哪一方面说万物在开始混合在一起都是荒唐的，因为，不论什么东西随便地相混合不合乎事物的自然本性。此外，属性是能分离的。如若有人信服这种理论并且剖析其寓意，也能找到些时新的东西。因为，如果不加以清楚的区分，对于那种实体显然也不会有真实的说明。我是说，它不是白、黑、灰或者其他什么颜色，而必然是无色的，若不然就要具有这些颜色中的某一种，按照同一道理，它也没有味道以及诸如此类的东西。因为它既没有性质，也没有数量，也不是个什么。若不然它就要带着某一种形式了，但在一切都混合在一起时这是不可能的。如若可能那就要区别开来，可是他说除了理智或心灵外，一切都是混合的，只有理智纯粹而不混合。从以上所说看来，他主张本原是一（单纯而未经混合）和别的东西，就同我们所设定的无规定者在被规定和分有某种形式之前一样。所以他的话既不正确，也不清楚，不过倒很接近后来的说法，与目前更加清楚了的观点一致。

这些人所讨论的只限于生成、消灭以及运动（几乎可以说他们所探索的本原和原因仅在于实体的这个方面），那些考察全部存在的人，设定有些存在着的东西是可感觉的，有些则是不可感觉的，他们所做的研究显然是以这两种为对象的。所以对于这些人要多费一点时间，对于摆在我们面前的研究课题，剖析他们所说的哪些是合适的、哪些不合适。

所谓的毕达戈拉斯派使用的本原和元素，与那些自然哲学家十分不同（其理由在于这些东西并不是由感性事物取得的，在存在的东西中数学对象是没有运动的，除非它与天文学有关），而他所探讨和考察的全都有关自然。他们探询有关天的生成，观察其部分、现象和活动的情况，他们把各种本原和原因全部用在这里，似乎和那些自然哲学家相一致，存在的东西都是可感觉的，而且包含在所谓的天里面。他们所说的原因和本原，正如我们所说，足以引向更高层的存在，对此比对关于自然的理论更加适合。他们没有谈到，如若只设置了有限和无限、奇数和偶数，那么运动从哪里来呢？再者，没有运动和变化，生成和消灭怎样可能？在天上诸天体的运转怎样可能？此外，即便如他们所说，大小是由这些东西构成，而这一点也被证明了，何以可能有的物体轻、有的物体重呢？从他们所设定的以及所说的来看，数学的物体和可感觉的物体并没有什么两样。这就是为什么他们对火和土以及其他这类物体一点也不提起。我想，关于可感的物体他们没有什么特别可说的。此外，不论在开始，还是在现在，数目和数目的属性都理解为天界各种事物存在和生成的原因，那么为何在构成宇宙秩序的数目之外并不存在另外的数目呢？对于他们某个部位上是意见和机会，再上一点或下一点就成为不公正、分化和混合。他们证明这些部位每一处都是数目，而所在的这个地点，却又已经有一个由数目构成的具有大小的复合体，既然，数目的属性与每一个地点都是相对应的。那么应该把这种数目看作与每一个普天之内的数目相同呢，还是它有另外的数目？柏拉图便说存在着其他的数目，并且认为数目既是大小，又是大小的原因，不过其中理性的数目是原因，而另一些数目则是可感觉的。

【9】 现在我们且不谈毕达戈拉斯派，对他们指出这样
990b 多也足够了。那些把理念当作原因的人，首先设法把和存在物数目相等的另外的东西当作它们的原因。正如一个想要计数的人，对较少的东西不能核计，便把它们加多了来核计

一样。因为形式与事物在数目上相等，至少并不少于，正是在寻求这些事物的原因时，他们才找到形式的。它们每一个都是某种同名者并和实体相并行。换句话说，就是众多之上的单一，或者在众多日常东西之上，或是在众多永恒东西之上。

其次，我们用来证明形式存在的那些办法，显然没有一个是顶用的。一些推论并无必然性，另一些我们认为没有形式的东西却又有。按照从科学所推出的原理，那么一切成为科学对象的东西，将全部具有形式。按照单一在众多之上的论证，那么否定了的东西也将具有理念。按照消灭了的东西也可以思想的道理，那么消灭了的东西也有理念，因为对这些东西也有某种意象。再次，最严密的道理中，有些把关系说成是有理念的，但我们说它们自身并不是一个种，有些则讲到了第三者。总的说来，关于形式的那些道理，毁掉了那些我们愿意其存在比理念更为重要的东西。因为由此得出，不是双数而是数目最为原始，与某物相关比在其自身更为原始。而某些附和关于理念意见的人，全部观点都是和根本原则相对立的。

再次，按照我们据以肯定理念存在的判断，不仅实体有形式，其他许多非实体的东西也有形式（因为不仅有关于实体的单一概念，关于其他东西也同样有，不仅有关于实体的知识，关于其他东西也同样有。这样的结论真是成千上万）。按照必然性以及与此相关的意见，如若形式是可分有的，必然仅只实体才有形式，因为分有不是偶然的，每个形式只有在不述说主体的条件下，才可以被分有。例如，我说 991a 某种东西分有了倍自身，也就分有了永恒，不过以偶然的方式分有，因为倍数偶然是永恒的。既然形式就是实体，那么此间的实体和彼处的实体就标志着同一实体[①]，若不然，说与此物并行的某物和众多之上的单一还有什么意义呢？如若理念的形式和分有物的形式是一回事情，那么两者之间将有共同之点。若不然为什么双数在可消灭的二以及众多但永恒的二中，都标志着单一和自身等同，而在双数自身和某一个双数身上却不行呢？如果两者没有相同的形式，那就只是名称相同，正如把卡里亚和一段木头都称为人，而不注意他们的共同之点。

比一切都重要的是，人们不禁要问，对可感觉的永恒东西，或对生成和消灭着的东西，形式到底有什么用处，它既不是运动的原因，也不是变化的原因。它对于其他事物的认识也毫无帮助（因为它并不是这些现象的实体，如不然就在它们之中了），同样也无助于它们的存在，它并不存在于分有形式的东西之中。也许可以这样认为，形式之所以是原因，正如白的东西是由白色混合而成的吧，不过这种道理太站不住脚了。它最先由阿那克萨戈拉提出，后来又由优多克

① tauta de entautha ousian semainei kakei，这里此间的实体即指感性世界，现实的实体，彼处的实体即指理念世界的实体。

索斯以及另外一些人提出来，但其中很容易找到许多说不通的地方。实在找不到任何足以服人的方式来说明其他的事物是来自形式的。说形式作为模式而存在，其他的东西分有它们是一句空话，是一种诗的比喻。对理念进行模仿，是怎么一回事情呢？用不着去模仿另外的东西，相似的事物照样可以存在和生成。例如，不论苏格拉底存在还是不存在，同苏格拉底相像的人都可以生成，即使有一个永恒的苏格拉底也一样。同一事物有多个模式，形式也是这样，正如人的形式，除人自身之外，同时还有动物和两足。此外，形式不仅是感性东西的模式，还是自身的模式，例如，种是属的种。所以模式和模仿品是同一的。这样看来，实体不能离开以它为实体的东西而存在。倘若离开了，理念怎么成为那些东西的实体呢？《斐多》里说，形式是存在和生成的原因。尽管有多种形式存在，如果没有个发动者，分有者还是不能生成。许多别的东西生成了，如房屋、戒指，我们说这些东西不存在形式。显然也会有其他东西，以我们方才所说的原因而存在和生成。

再次，如若形式是数目，那么它们怎么会成为原因呢？因为事物是不同的数吗？例如，某个数是人，某个数是苏格拉底，某个数是卡里亚。为什么那些数目是这些存在着的东西的原因呢？那么，永恒的东西和不永恒的就没有差别了。如若因为此间的东西是数目的比例，如像和谐一样，那么，当然要有一种数目以其为比例的东西。倘若这是质料，很显然数目自身将是某种此物对彼物的比例。例如，我说卡里亚是火、土、水、气在数目上的比例，那么理念也将是其他各种载体的数目。不论人自身是不是个数目，都将是某些东西在数目上的比例，而不单纯是数目。于是，将不会有任何理念是数目。

再次，一个数目由几个数目构成，一个形式怎样由几个形式构成呢？若是不由数目构成而是由构成数目的单元构成，如像一万那样，那么，这些单元之间的联系是什么呢？如若它们是同类的，就会引出许多荒唐的结论；如若不是同类的，那就或者是在同一数目中的单元互不相同，或者是在不同数中的单元完全不相同。因为它们既然没有规定性，怎样进行区别呢？这些道理不足以服人，又和关于单元的想法不一致。

再次，还必须准备另一种用来计算的数，有些人把它们统称为居间者，那么这些居间者又是由什么本原怎样构成的呢？它们为什么是此间的东西和理念的数的居间者呢？此外，在双数中的单元每一个都要有先在的双数，而这是不可能的。

再次，为什么数目合在一起会成为一呢？对上面所说的话，再附加一点，如若单元果然是有差异的，那么就应当像人们所说的四种元素或两种元素那样，他们每人都不把共同的元素——例如物体——称为元素，而是把火和土称为元素，而不管是否有共同元素，如物体的存在。现在有人说，一是同素体，如像火和水那样。果真如此，那么数目将不再是实体了。而不用多说，如若真有某个作为本原的一自身，那么一的意义就是多种的，别无其他可能。

如想要把实体归结为本原，我们主张线出于短和长，出于某种小和大，面出于宽和窄，体出于高和低。然而，平面怎样包含着线，立体又怎样包含着线和面呢？因为宽、窄与高、低是不同的种，正如数目之不属于它们一样，因为多和少的种和它们的又不相同，更不用说，较高的种同样不属于较低的种。而宽的种不包含高，如若这样，平面就是某种立体了。此外，出于什么理由，点要寓于线段之中呢？柏拉图否认有这样一个种，认为这是一种几何学的独断，不过他承认线段有一个开始之点（他多次提到这种不可分割的线段）。而这些线段必然有着界限，不过按照线存在的道理，点当然也得存在。

总而言之，我们忽略了智慧在于寻求日常所见事物的原因（我们从来不谈变化的原因，不谈变化从哪里开始），我们提出实体，但所说的却是与此不同的另外一种实体。为什么那些实体会成为这些东西的实体，我们只说了一些不着边际的话。所谓的分有，正如我们前面所说，是毫无价值的。
我们看到了科学的原因，全部理智和全部自然通过这一原因 992b
而运作，我们所说的原因却没有一个是本原，是开始之点。形式与此毫不相干，对于现在某些人，哲学变成了数学，尽管他们说数学本应准备来作其他用处的。

其次，有人认为作为载体的实体，是种太数学化的质料，与其说它是质料，还不如说是实体或质料的一些范畴和属差。例如大和小，正如自然哲学家所说的疏和密，被认为是载体的原始差别；因为这些差别也就是某种过多和过少。至于说到运动，如若这些东西在运动，那么毋需证明，形式也在运动。若不然，运动又是从何而来呢？总而言之，关于自然所作的考察被毁掉了。证明宇宙万物是一，看起来容易，做起来却难。尽管把全部前提都摆出来，也得不出宇宙万物是一的结论，而只能证明存在着某个一自身。如若不承认普遍是个种，连这个结论也得不出来。而这在一些方面是不可能的。对随着数目而来的线、面、体也说不出个道理来，说不出它们现在怎样存在，将来怎样存在，对什么起作用。这些东西，并不是形式（因为它们不是数目），也不是居间者（因为那是数学对象），也不是些可消灭的东西，显然它们又是第四个种。

总而言之，不对多种意义进行区别，就不可能找到存在着的东西的元素，用这种方式来寻找构成事物的元素是徒劳的。这样找不到能动和被动，或者直是由什么构成的，而只有承认实体存在，才能对此作出说明。所以，自诩找到了所有存在着的东西的元素，是不真实的。无论什么样的一个人，怎能得知宇宙万物的元素呢？用不着说，并没有什么先前就有的前在知识。正如对学习几何学的人来说，容许他对事物有前在的认识，但对想要学习的这门科学却没有前在的知识，对其他的科学也是这样。即使像某些人所说，存在着对宇宙万物的科学，学习它的人也不会有前在的知识。不过学习却要部分地或全部地以前在的知识为手段，或者通过证明，或者通过定义，因为定义的一部分总是前知的或是已知的。这对归纳也是一样。如若说知识也许是与生俱来的，那么具有最强有力的科学却毫不知晓那就奇怪了。此外，人们怎样知道事物是由什么构成的呢？怎样才使人明白呢？这是一个难题。正如某些音节那样，例如：za，有人说它由 s、d、a 组成，有人说这是没人知道的另一个音。

其次，再说那些感性对象，如果一个人没有那种感觉，怎能知道那些感性对象是什么呢？只有在宇宙万物由相同元素构成，如像复合的声音由其固有的成分组成那样，这才是可能的。

【10】　即使从我们先前所说也可以看得清楚，所有的人都在寻求我们曾在《物理学》中讲到过的那些原因，并且在此之外，我们不可能说出任何其他的原因。但他们仅仅是在不明确地寻求，在某种意义上这些原因他们全都说过了。而在另一种意义上他们干脆什么也没说到。因为最初的哲学由于幼稚和刚刚起步对一切都含糊其辞。就是恩培多克勒也说骨头由于其比例而存在，说这即是事物的所以是的是和实体。同样，肌肉或其他各个事物都必定是比例，或没有事物是比例。因为肌肉骨骼以及其他各个事物是由于它而不是由

于质料而存在，他把质料叫做火、土、水和气。若是别的人指出这一点，他必然会同意，但他本人听说并不清楚。

关于这些先前已经讲明白了。让我们再回到有人可能会发生疑问的这同一些难题上来，因为从它们中或许能发现某些对解决后面的困难有好处的东西。

第 二 卷

【1】 对真理的考察，既困难，又容易，从没有一个人能够把握到它本身，也没一个人毫无所得这一点上就可以看出来。每个人都在说自然，作为一个个人对真理可能全无或很少贡献，但总起来说就产生了巨大的效果。正像俗话所说的那样，进门并不难。从这方面说真理考察是容易的，它的困难在于有了关于一般、整体的知识，却还是弄不清楚其部分。并且困难的存在有两个方式，其原因不在事情本身而在我们自己，因为我们灵魂的理智对于一切本性上最明白的事物，正如蝙蝠的眼睛对于白昼的光亮一样。

感谢那些其意见与我们有共同之点的人乃是理所当然的，但也应感谢那些表面的说法，因为他们预先给我们准备了思想的品质。假如没有提摩塞俄，我们也就失去了很多叙事诗，假如没有弗吕尼斯，也就生不出提摩塞俄。这一情况也适用于对真理的各种阐释。从某些人我们接受了某种意见，另一些则是这些人得以生成的原因。

把哲学称为真理的知识是正确的。思辨知识以真理为目的，实践知识以行动为目的。尽管实践着的人也思考事物是个什么样子，但他们不在永恒方面进行思辨，只想到关系和此时。我们知道真理是离不开原因的。一个东西能按其自身而赋予其他事物以相似性，那么它就是各种东西中自身最高的，例如火是最热的，因为它是其他东西热的原因。使后来的事物成为真的原因就是最高一级的真。这样看来，永恒事物的本原就必然永远是最真的本原。因为它们并非一时的真，没有东西是它们存在的原因，而它们是其他东西的是或存在之原因，从而每一事物就其是或存在而言，即是就真理而言。

994[a] **【2】** 用不着证明，确乎存在着某种本原，它不是没有限制的，既不能在直接后果方面无限制，也不能在种类方面无限制。作为质料不能是无限制的，一个东西出于另一东西，不能无限制地一直下去以至无穷，例如肌肉出于土，土出于气，气出于火，这样无休无止；作为运动的开始也不能是无限制的，例如，人由于气而运动，气由于太阳而运动，太阳由于争吵而运动，一直下去找不到尽头。同样，何所为或目的也不能这样无穷后退，走路是为了健康，健康是为了幸福，幸福是为了其他，这样不停地一个为了另一个。这种论证也同样适用于所以是的是。至于中点，以及在此之外的终点和始点，初始之点必然是后继之点的原因。倘使我们说三者之中，哪个应该是原因，则要说初始之点，不说终点，因为结尾不是任何东西的原因。也不说中点，它不过是一的原因。中点不存在一或多的区别，也不存在无限制和被限制了的区别。对这种方式的无限制和总的方面无限制来说，一切部分都同样是中点，直到此时。总的说来，倘若没有最初之点，也就没有原因。

而且，向上固然有个开端，向下延伸也不能无限，如水出于火、土出于水，如此一直都有某种东西生成。某物出于某物有两种意义，说奥林匹亚由于伊斯米运动会是指某物后于某物；至于出于，或如成人出于儿童，或如气出于水。正如我们说成人生成于儿童，已经生成的东西出于正在生成着的东西，或者说已经完成了的东西出于正在完成着的东西，永远存在着居间者，正如在存在和不存在之间的生成。生成物就这样处于存在物与非存在物之间。一个学习者成为有知识的人，是说知识出于学习。而在水出于气的时候，气就消灭了。因此，前一种生成是不可逆转的，例如儿童不能出于 994b
成人，生成物不出于生成，而是在生成之后。同样地白昼出于清晨，是指在清晨之后，所以清晨不出于白昼。其他的生成则是可以逆转的。两者都不能不受限制地继续下去，中间的存在物必然有个终结，而且可以逆转，也就是这一个生成，那一个消灭。同时，最初的存在永恒而不会消灭，然而，由于向上的方向生成不能不受限制，一个东西必然只能通过最初东西的消灭才能生成，所以它不是永恒的。

此外，还有个何所为，就是目的，它不为任何其他东西，而其他东西却都为着它。如果事物有了这样一个终点，它就不是无限制的，如果没有这种东西，也就没有何所为了。那些主张无限的人没有认识到他们是在把善的本性排除在外。如果不能期求达到某一界限，人就不会有所作为了，在世界上就没有理智这个东西，凡是有理智的东西，永远是有所为而为，所为的东西就是界限，所以目的就是界限。

而所以是的是当然也不能引向更加完满的定义。因为较前的定义永远是更贴切的，而较后的则不然。如果开初的定义不贴切，后续的也就不行。更进一步，主张无限的人取消了知识，因为除非达到那不可分割的东西，就不会有知识。这样的无限怎么可能有所思呢？这不像线段那样，可以不停地划分下去。若无停顿就无法理解。正是因为这个缘故，可以无限分割的线段的分段不可计数。所以，必须把质料理解为运动着的东西，没有任何东西作为无限存在。若是这样，那么作为无限而是或存在的东西，便不是无限的。

如若原因的形式在数量上没有限制，也同样不能有认识，因为只有在认识原因之时，我们才认为是认识了事物。无限制地增添，是不可能在有限中被贯穿的。

995[a] **【3】** 各种教程只有符合习惯才能被接受。我们按照习惯对言论进行取舍，离开了习惯情况就会大不相同，不合习俗的东西难以理喻而且离奇陌生，合习俗的东西方才可知。法律就显示了习俗的力量是多么巨大，在法律中，由于习惯的力量，传说和幼稚的东西胜过了对于它们的认识。有些人，如果不用数学的方式对他们说话，他们就不予接受。另一些人则要求举例说明。还有些人要求援引诗人的话为证。有一些人要求任何东西都得精确，另一些人，或者由于跟不上推论的步骤，或者由于其琐屑无谓而恼恨精确。精确中的确有这种东西，就像在交易中或者争辩中，在某些人看来便觉无聊。所以，应该学会如何论证每一种事物，同时去寻求知识和知识的方式是荒谬的，而且两者都是不易把握的。不能对一切东西都要求数学的精确性，只能对那些不具质料的东西这样要求。所以这种方式是不自然的，因为几乎全部自然都是具有质料的，故应首先追问自然是什么，由此才能清楚自然学科的对象是什么，以及对原因和本原的思考属于一门学科还是多门学科。

第　三　卷

【1】　在科学的探索中，首先要处理那些应该首先得到
995a25 追询的问题。这里包括某些人持不同意见的问题，以及其他
凑巧被忽视了的问题。对于那些想把问题弄清楚的人，明确
30 问题是有益的。因为以后的顺利在于以前的难点的解决。思
想上的难题，显示了事物的症结。一个人在被难题所困扰着
的时候，仿佛被捆绑着一样，在任何情况下，都是不可能前
35 进的。所以应该事先把全部困难加以考察。这不但是为了研
995b 究问题，同时一个探索问题的人，如若不首先弄清问题之所
在，就会像一个行路者不知其去处一样。这样的一些人甚至
于不知道所探索的东西是否找到了，因为对于他们目的并不
清楚，而对于那些事先已经探讨过的人目的是清楚的。正如
在法庭上听到了双方的证词一样，如若听到了全部的辩辞，
我们就可以更好地作出判断来。

5 第一个难题是关于我们在先前已经讨论过的问题：对原
因的考察是属于一门科学还是多门科学，而且这门科学所要
知道的只是实体的最初本原，还是也研究那些所有的人用来

作证明的本原，例如同一对象是否可以同时肯定和否定以及诸如此类的其他问题。如果是研究实体，那么关于所有实体的学科是一门还是多门；如若是多门，它们都是同种的，还是应将一些称为智慧，另一些称为其他什么。在那些必要的问题中，还得探索应该说只有感性实体存在，还是在此之外还有其他实体，而这些实体的种是单一的还是众多的，例如有些人就设置出了形式和居于形式与感觉实体之间的数学对象。这些问题如我们所说是应该研究的，但还应研究，思辨只是关于实体的还是也关于实体就自身而言的偶性。在此之外，还要研究相同和相异，相似和不相似，对立，先于和后于，以及全部其他的这类词项，以及所有那些辩证论者试图只从通常意见来研究的东西，可是应由什么人来对这一切进行思辨呢？此外还要研究这些事物中就其自身而言的偶性，不只研究它们中每一个是什么，而要看是否每一个都有一个反面。本原和元素是种还是那些寓于事物之中、每一部分被分解后还原而成的部分。如若它们是种，是最后来述说不可分的个体的还是最初的。例如动物和人哪一个是本原，更加独立于个体之外。

最重要的是必须投身于探索，在质料之外是否还存在着就自身而言的原因，以及是可分的还是不可分的；在数目上是一个还是多个。在组合物之外存在着某种东西（所谓组合物，我指的是质料和另一述说它的某物）还是并不存在。或是对一些东西存在，对另一些东西不存在，那么在存在物之

996a 中这些东西是什么呢？再者，本原是在数目上还是在类属上被规定，这里既包括在原理中的本原，也包括在载体中的本原。可消灭的东西和不消灭的东西的本原是同一的，还是相异的；所有的本原都是不消灭的，还是可消灭东西的本原消灭。此外，一切问题中最困难、最难以解决的是，一和存在（如像毕达戈拉斯派和柏拉图所说）并不是另外的东西而是存在物的实体呢，或者并不如此，而载体才是另外的东西。恩培多克勒说是友爱，其他的人，有的说是火，有的说是水，有的说是气。本原是普遍呢还是就个别事物而言的东西；是潜在地存在呢，还是现实地存在。而它们的潜能和现实依据运动呢，还是别有所指，这问题含有很多困难。除此之外还要问，数目、线段、图形、点是否是某种实体，如若它们是实体，是与可感觉的东西相分离呢，还是寓于它们之中。对所有这些难题，不仅难以求得真理，就是恰当地形之于言语也不容易。

【2】 首先，是关于我们最初所说的问题。全部原因的种是由一门还是由多门科学来思辨。因为除非各种本原是相反者，否则认识它们怎么可能是一门科学的事情呢？再者，许多存在者并不具有全部本原，例如运动的本原，以什么方式存在于不运动的东西之中呢？善的本性也是这样，因为所有就其自身和通过自身本性而存在的东西，都是目的，从而都是原因，其他的东西是为了它而生成而存在。而目的和何所为是行动的目的，一切行动都伴随着运动，那么这样的本原就不允许在

不运动的东西之中了，也并不存在什么善自身。因此，在数学中也不通过这样的原因来证明什么，没有一个证明着眼于好些还是差些，没有人对此加以考虑。正因为这样，有些智者如阿里斯底波[①] 就讽刺数学，因为在技术以及各种手艺中（如木匠、铜匠）都说由于更好些和更坏些，而在数学中却 996b
不讲好坏。

然而，如若关于原因有许多科学，且不同的本原有不同的科学，那么，应该把哪一种当作所探求的科学呢？在诸多的探索者中，哪一位对所探求的事物知道得最多呢？因为同一事物允许拥有全部各种原因，以房屋为例，它的运动来自技术和营造师，它的何所为就是它的功能，质料就是泥土和石块，形式就是它的原理。从以前对哪门科学应该称为智慧的讨论来看，其他科学必须如女奴一般对它百依百顺，这门科学就是关于目的和善的科学（因为其他的东西都以它为目的）。被规定为关于最初原因和最易知晓事物的科学，可能就是关于实体的科学。同一事物可以从多方面被认识，我们说，就存在而知晓某件事情是什么，比就不存在知道得更多些。在前一种情况下某人知道得比别的人多，而知道得最多的是知道是什么的人，而不是知道数量、性质以及自然地动作了什么和承受了什么的人。在其他情况下对个别的知识也

① 阿里斯底波（Aristippos，约公元前 435—前 356），苏格拉底的弟子，居勒尼学派的创始人。

是这样，其中也包括着证明，当我们知道了是什么的时候就认为具有了知识（例如，什么是造成长方形，是找到中点，其他情况也是如此），关于生成和行动以及一切变化，是在我们知道运动始点的时候。这里所说的与目的不同以至于相对立，所以人们认为对这些原因中第一种的思辨属于不同的科学。

其次，关于证明的本原也存在着争议：它们属于一门科学还是多门科学。所谓证明，我指的是那些一切人都用它来指证的共同意见，例如万物或者是肯定或者是否定，事物不可能同时存在和不存在，以及诸如此类的其他前提。这些东西的科学和实体的科学是一门科学呢，还是不同的科学，如若不是一门，那么我们认为哪门是人们现在所应探求的呢？

属于一种科学是不合理的，因为为什么关于这些东西的理解对于几何学比对任何其他科学都更特别些呢？假若对任何科学都是同样的，而对全部科学又不同样，那么对这些东西的认识，对于关于实体的知识来说就不会比对于其他知识更加特别。同时，这样的科学以什么方式存在呢？现在我们已经知道，这些东西的每一个恰巧是什么，而其他的科学也把它们当作已知的东西。如若有一种以这些东西为对象的证明，那当然有一个作为载体的种，它们则有的是属性，有的是公理（并不是关于一切都可证明），所以证明必然要出自什么、关于什么和证明什么。故一切被证明的东西有一个单一的种，因为全部证明科学都借助于公理。

不过，如若实体的科学不同于有关这些东西的科学，那么，哪一种在本性上更有权威、更在先呢？公理是最普遍的，是万物的本原，对它们的真和假的思辨如若不属于哲学家，还能属于谁呢？

总而言之，全部实体只有一门科学呢，还是多门？倘若不是一门，那么这种科学以哪种实体为对象呢？以全部实体为对象是没有道理的，因为如若这样，对于全部偶性也会有一门证明的科学，假如所有的证明科学都从共同意见出发，考察某一主体的就自身而言的偶性的话。所以，从同样的一些意见出发来考察同一个种的那些就自身而言的偶性，要属于同一门科学。不论是相同还是相异，都是以同一主体为对象，从同一些意见出发。那些偶性也是这样，无论是由这些科学来考察，还是由其中某一科学来考察。

此外，思辨是仅以实体为对象，还是也以相应的偶性为对象？我的意思是，若立体是某种实体，线或面也是一样，那么这些对象以及每种东西的偶性——数学中证明的偶性是由同一科学来认知呢，还是由另外的科学来认知？如若是同一科学，那么实体的科学也要是某种证明的科学了，然而看来并不存在对于是什么的证明。如若不同，那么什么科学来考察实体的各种偶性呢？这是万难回答的。

再一个问题是，应该说唯有感性实体存在，还是另有其他实体？那些实体的种果然是单一的呢，还是众多的？例如有些人说，有形式，还有居间者，他们说这些居间者是数
学的对象。关于这些问题正如我们在开始的论述中所说的那 997b

样，形式被认为既是原因又是就自身而言的实体。这在许多方面有着困难。没有比这样的说法更荒唐的了：在天外存在着某种东西，这些东西和感性的东西一样，只不过一种是永恒的，另一种是消灭的罢了。有些人说存在着人自身、马自身、健康自身，别无其他。提出这些东西的人正如那些说神存在，却是人形的人们一样。因为，这些人所杜撰出来的不过是些永恒的人，而那些形式也不过是永恒的可感的东西。

此外，若在形式和可感事物之外又设定居间者，则会面临许多难题。因为，显然不但在线自身和可感觉的线之间要有一些线，而在其他的每种东西也是这样。如若天文学是这类科学的一个分支，那么在可感觉的天之外，就要有某一个天，在太阳和月亮之外就要有某一个太阳和月亮，以及在天上的其他这类东西。怎样能相信这些话呢？天没有理由是不运动的，但它的运动又是完全不可能的。光学、数学和声学所研究的对象也是这样。由于同样的原因，这些对象也不能存在于感性事物之外。因为，如若在感觉和可感事物之间有一个居间者，那么在动物自身和那些可消灭的动物之间也就有一个居间的动物了。

还可以提出这样的疑问，应该寻求关于哪种存在物的知识。假若几何学和丈量术的区别就在于，后者的对象是可为我们所感觉的，前者的对象则是不可感觉的，那么在医学之外（并且在每一门其他科学之外）就明显地要有门科学，它是医学自身和这种医学之间的居间者。不过这又怎么可能呢？因为如若这样，就会有某种健康在可感觉的健康和健康自身之外。同时，说丈量是关于可感觉的大小和可消灭的东西的，这也不正确。因为，可消灭的东西消灭它也就消灭了。天文学也不以可感觉的大小为对象，所涉及的也不是这个天，因为，可感觉的线也并不是几何学所说的那些线（所以，直和曲也都不属于可感觉的东西，圆和直尺不只是在某 998a
点相接触，就像普罗泰戈拉在反驳几何学家们时所说的那样）。所以，天的运转和天文学所推出的理论并不相似，关于星的标记也没有和星相同的本性。

有些人说居间者存在于永恒和可感觉的东西之间，且并不与可感觉的东西相分离，而是在它们之中。对于这种理论所引申出的诸多不可能全部加以讨论的话就太长了，考察以下几点也就足够。按照这些说法，就没有理由说只有居间者如此，而那些形式显然也允许存在于可感事物中，因为这同一理由对两者都适合。再者，在同一地点上必然存在着两个物体，而且不是不动的，因为它们在运动着的可感觉的物体之中。总而言之，既然存在于可感事物之中，为什么又要设定这些东西呢？还会遇到前面所说的那些荒唐，在这个天之外还有天，只不过是不与它相分离，而是在同一个地方，这就更加不可能了。

【3】　在以上这些意见中，很难确定哪一个能碰到真理。同时在那些本原中，也难以断定是种还是个别事物由之

构成的原始部分更是元素和本原。例如，人们指出，那些最初构成一切语言的东西，就是语言的元素和本原，而不是指语言中共同的东西。在几何学命题中，我们说那些全部或大多数证明存在于其中的东西是元素。此外，身体的本原人们说就是身体由以构成的那些东西，不论有些人说是多种，或说是一种。例如恩培多克勒就把火、水以及与之相随的东西叫做元素，它们寓于存在物之中，一切存在的东西都由它们构成，但他并不把它们看作是存在物的种。不但在这些问题上是如此，对于其他事物也是一样，倘若一个人想洞察本性，例如睡榻，在知道了它是由哪些部分构成的、怎样做成的时候，他就知道了这东西的本性。从这些道理看来，存在物的本原并不是种。

如若我们通过定义来认识个别，而种是定义的本原，所以种也必然是被定义的东西的本原。倘若取得存在物的知识，就是取得用来述说存在物的属的知识，那么种就是那些属的本原。有些人说存在物的元素是一，是存在，或者是大和小，显然也把它们当作事物的种。但两者都不能说是本原。实体的定义是单一的，由种所构成的定义与对事物的构成部分的表述并不相同。

除此之外，如若把种当作是最真实的本原，那么，应该把最原始的种还是把不可分事物的最后称谓叫做本原？因为在这里有着争议。如若普遍永远更是本原，显然就应是最初的种，因此它们述说所有的事物。于是存在物的本原就会与原始的种一样多，一和存在都将是本原和实体，因为它们最普遍地述说所有存在物。然而一并不是存在物的种，一不是，存在也不是。因为，每一个种必然有一些属差，而每一个属差都是一，但种的属不能表述自身的差别，没有自己的属，种也不能被表述。然而，如若一是种，存在也是种，那么就将不存在任何属差了，不论是一，还是存在。但是，如若种不存在，本原也将不存在，假若种就是本原的话。此外，居间者和属差合在一起将是种，直到不可分的个体，但现在有些似乎是这样，有的似乎又不是。更进一步说，属差要比种更是本原，如若这些东西是本原，那么就要说本原是 999a
无限的了，特别对把最初的种当作本原的人。

如若一果然更有本原的属性，不可分的东西是一，全部不可分或者是在数量方面，或者是在类属方面，在属上不可分的东西是先在的，而种可以分割为属，所以，一也许是个终极的称谓。而人也不是个别人的种。在那些有着先和后的事物中，表述这些事物的东西，就不会是某种与它们相分离的东西。例如，若二在数目中是最初的，那么在那些数目的属之外就将不存在某一个数目，同样在图形的属之外也不存在图形。如若在这里种不在诸属之外，在其他情况就更是枉然。因为在这种情况下，种最像是真实的存在。而在不可分的个体中并没有先后，此外，在有好和坏的地方，好的总是在先，所以这里也没有种。

以上的这些探讨表明对不可分的个体的称谓比种更

是本原。可是也很难说，如何把这些东西当作本原。因为本原和原因是与那些以它为本原的事物相分离的，能够与事物相分离而存在。除非这样的东西能普遍地陈述一切，为什么说它存在于个别事物之外呢？但是，如果以此为理由，就应该承认越是普遍的东西就越是本原，所以最初的种就会是本原。

【4】 接着是一个最困难的问题，同时也是最必须考察的，现在我们就对此进行讨论。问题是，倘若在个体之外不存在任何东西，而个体又是无限的，怎样允许取得对无限的知识呢？因为存在着某种作为一和自身等同的东西，和某种作为普遍的东西，借此，我们才认知万物。然而如若这是必然的，那就应该有某种东西存在于个体之外，这存在于个别之外的东西必然是种，不论是终极的种，还是最初的种。不过我们刚刚驳斥了这个论点，说这是不可能的。

此外，当某物陈述质料的时候，也最是某物在组合物之外的时候，如若这样，它是存在于一切组合物之外呢，还是
[999b] 在一些之外，而不在另一些之外，还是根本不在任何组合物之外？如若没有任何在个别之外，那就会没有被思想的东西，所有的东西都是被感觉的，却没有知识，没有科学。同时也就没有永恒的东西、不运动的东西，因为所有可感觉的东西，都将消灭，都在运动之中。然而，如若果真没有永恒存在，甚至生成也就不能存在，因为必然存在着某种生成，事物出于某物而生成，并且它们中终极的东西是不生成的，

假如生成有个尽头，且不可能从不存在中生成的话。此外，生成和运动必然存在着界限。没有一种运动是没有界限的，一切运动都有个目的或终点。没有完全生成的可能也就不可能生成，已经生成的东西一旦生成便必然存在。此外，如若质料果然不通过生成而存在，那么它就很有理由是实体，而质料在某个时候生成的东西也存在着。如若两者都不存在，那么也就没有什么东西存在了，如若这是不可能的，那么必然有某物存在于组合物之外，这就是形状或形式。

果真如此主张，便会碰到这样的难题，在什么情况下如此主张，在什么情况下不呢？显然不能在所有情况下都是如此，因为我们不能设定在某些房屋之外有某所房屋存在。此外，是否所有事物只有一个实体呢，例如，人？这是荒谬的，因为其实体为一的东西都是一。说它们是众多和相异则全无道理。同时，质料怎样变成这些事物中的个体，而组合物又怎样兼为二者？

关于本原还要提出一个难题。如若它们在属上是单一的，那么在数目上就不会是单一，不论是一自身，还是存在自身。倘若没有某一个东西存在于全体之上，认识如何可能呢？从另一方面说，如若在数目上是单一的，每一个本原都是一，而不像可感的事物那样，不同东西的本原也不相同。（例如，这一音节在属上是相同的，那些本原在属上也是相同的，不过其存在在数目上却各不相同。）如若不是这样，而存在物的本原在数目上是一，那么在元素之外就不会有其

他东西了。因为数目上是一和就个别而言在意义上并没有区
1000a 别。在这个意义下，我们就个别而言就是在数目上为一，而普遍则是对它们的陈述。这正如语言的元素在数目上是有限的一样，那么全部用文字写成的东西也必然囿于这些元素，这里并不存在两种或多种相同的东西。

这里还有一个为现代人及其先行者所忽略、其困难并不小的问题，那些可消灭的东西和不可消灭的东西的本原是相同的呢，还是不同？如若是相同的为什么有的消灭、而有的不消灭呢？赫西俄德周围的人和那些神学家们所考虑的只是他们自己的信念而并不顾及我们。他们把神或出于神的东西当作本原，他们说凡是没有尝过神酒和神粮的都有一死，显然这里的字眼儿都是他们自己所习用的。至于这些原因的意义到底是什么，就超过我们的理解了。如若众神是为快乐而享用，那么神酒和神粮就不是其存在的原因，如若是其存在的原因，他们摄取营养怎么可能永恒呢？

对于那些神秘隐晦之辞不值得去认真研究，但对于那些以证明来说的道理，却必须反复考察并且追问，为什么出于同一些本原的事物，有的其本性是永恒的，有的却可消灭。既然这些人并没有说出原因，且如此一来道理上也难以讲通，故事物的本原和原因显然不是同一的。就是那被认为最能自圆其说的人，如恩培多克勒，也逃不掉这一命运。他设定争吵为某种本原，是消灭的原因，但看起来除了一之外，它全然也能生产，因为除了神之外，一切其他东西都是由此

而出，他这样说：

一切都出于它们，过去现在和以后的将来，
树木、男子和妇女，
兽类、鸟类和水生的游鱼，
就是那福寿绵长的众神也不例外。

就是撇开这一点事情也很清楚，如若争吵不存在于事物 1000b
之中，那就正如他所说，万物就聚合为一了，聚合之时，“争吵站在边缘”。所以，他就得出结论，神虽然是最幸福的，但思想却较其他为差，因为他不能全知，他并不具有争吵，而认识却是靠同类相知。

通过土来感知土（他说），
通过水感知水，
通过以太（感知）神圣的以太，
通过火（来感知）逐渐暗淡的火焰，
以友爱对友爱，
以恶毒和争吵对争吵。

由此我们所由出发的道理就清楚了，他要得出结论，争吵不但是消灭的原因，同样也是存在的原因。同样，友爱也不只是存在的原因，把一切合拢在一起时，也就消灭了其他。同时，对这种变化本身，他并没有说出原因，只是说自然如此。

当争吵在各部分中逐渐膨胀，
直至它那荣耀实现的时间，

一个强大无比的誓言，把它们相互轮换。

轮换是必然的，但他并没有揭示必然的原因。他所说的这番话，倒也能自圆其说，因为他并没有讲存在物中有些是可消灭的，有些是不消灭的，而是除元素之外，一切都是可消灭的。但现在所说的难题却是，既然来自同样一些本原，为什么有些东西可消灭，有些东西不消灭。

从这里所说的看来，那些本原不会是相同的。然而如若本原不同，这里也生出一个难题，它们到底是不消灭的呢，还是可消灭的。如果是可消灭的，那么它们必然要来自某物。万物在消灭之后都要回到它所从出的东西。这样就要得出结论，在那些本原之前还要存在另一个本原，但这是不可能的，不论这种过程有终止，还是步入无限。此外，如果这些本原被消灭了，可消灭的东西怎样存在呢？如若这些本原都是不可消灭的，为什么从这一些不灭本原生成了可消灭的事物，从另一些生成了不消灭的事物呢？这是没有充足理由的，它或者是不可能或者需要详细阐明。此外，没有人去费力主张不同的本原，人们说万物的本原是相同的，把最初所提的难题当作细枝末节，生吞下去。

这里还有一个在全部问题中最难探索的问题，而对认知真理又是最为必要的，即，存在和一到底是不是存在着的东西的实体呢？存在物并不是其他什么，或者是存在，或者是一，是否还应寻求到底什么是存在、什么是一，还是在它们后面有着另外的本性？有些人主张前者，有些人则认为有后一种本性。柏拉图和毕达戈拉斯派认为存在就是存在，一就是一，这就是它们的本性，作为一和存在而存在就是它们的实体。那些研究自然的人，如恩培多克勒，则把什么是一归为更易知的东西，他似乎是把这说成是友爱，至少它是使万物成为一的原因。有些人说是火，有些人说是气，这东西就是一，就是存在，存在着的东西由它构成、并且由它产生。那些主张众多元素的人也是这样，他们说一和存在同他们的那些本原一样。由此可见，如果不承认一和存在是某种实体，再没有其他的普遍是实体了，因为它们是一切普遍中最普遍的。如若一自身不存在，存在自身不存在，谈其他什么东西会存在于所谓的个体之外更是枉然。再者，如若一不是实体，那么显然，数目就不会作为与存在物相分离的某种本性了。因为数目是一些单位，而单位就是某种一。

如若存在着一自身和存在自身，那么实体必然就是一和存在，因为再没有其他普遍来表述它们，而只有它们自身。然而，如若一自身、存在自身果然存在，那就难以解释，何以在它们之外有其他东西存在，我说的是那些存在着的东西何以多于一。异于存在的东西是非存在，按照巴门尼德的说法，其结论必然是，一切存在着的东西必然是一，也就是存在。

在两种情况下都有困难，即或一不是实体，或一自身存 1001b
在，数目都不能够是实体。前面已经说过如若一不是实体时为什么会是这样。这里的困难和关于存在的困难一样。除了一自身之外，另一个一是从什么东西而来的呢？必然不是一。所有存在着的东西或者是一，或者是多，而每个多也是一。此外，如若一自身是不可分的，那么按照芝诺的公理它就不存在。他说，一个增添而不加大、减少而不缩小的东西，不是存在着的东西，这里所说的存在显然是大小的存在。如若是大小，那就具有形体，只有具有形体的东西才在全部方位上存在，其他的大小则只在某种方式上增添才加大，以某种方式则不加大，如面和线。点和单位则在任何方式上都不加大。不过他的思辨并不严密。这样不可分的东西容许存在，对于他是某种反驳（像这样的东西增添了并不造成更大，而是造成更多）。大小怎样由这样的一或这样的多来构成呢？这正如说线是由点构成一样（有的人也确有这种主张）。某些人就说，数目是从一自身和另外某种非一的东西生成的，我们应该同样注意探索生成的东西，为什么，又怎么会一会儿是数目，一会儿是大小，假如非一是不相等，本性保持同一。因为还搞不清楚，大小是怎样从一和不相等，怎样从数目和不相等生成的。

【5】 这些难题中的一个是，那些数目、物体、面和点是不是某种实体？如若不是，就无法说存在是什么和存在物的实体是什么，因为属性、运动、关系、位置和比例均不表示实体，所有这些都是述说某种主体的，而不是这个。那些
1002a 被认为最能表示实体的东西，水、土、火、气以及由它们构

成的组合物体，它们的热和冷以及诸如此类的属性都不是实体。只有处于这些属性之下的物体才作为某种存在、某种实体而存在。然而物体的实体次于平面，平面次于线，线次于单位或点，因为物体受制于它们，它们离开物体允许存在，物体离开它们则不能存在。正因为如此，早先大多数人认为物体才是存在和实体，其他的一切东西都是物体的属性，并且有形物体的本原即是存在的本原。但后来的更有智慧的人们都认为数目才是本原。

正如我们所说，若这些东西都不是实体，一般说来也没有实体，没有存在了。因为这些事物的偶性都不值得被称为存在。可是假如同意线和点比物体更加是实体，我们却看不到这些东西属于哪种感性物体（因为它们不能存在于感性物体之中），故没有任何实体存在。再者，这些东西显然都是由物体分割而来，有的分割成广度，有的分割成深度，有的分割成长度。除此之外不论什么图形都同样存在于立体之中，所以，如果赫尔墨斯不在石头中，那么半方也不作为一个确定的成分在整方之中。平面当然也不存在，如果任何平面存在，它就要规定出半方。这同一道理也适于线、面、点和单位。倘若物体最是实体，而线、面、点更胜于物体，然而这些东西并不是什么实体，这样什么是存在，什么是存在着的东西的实体的问题就令人大惑不解了。除了以上所说之外，在生成和消灭的问题上也无法讲通。因为以前不存在的实体，现在存在了；以前存在的实体，现在不存在了。这种

变化被认为与生成和消灭相关。然而点、线、面虽然有时确
1002b 实存在，有时又不存在，但却不允许被生成和消灭。有形体的东西，有时相连接，有时分开，在一个时候，是一个相接在一起的东西，另一个时候，变成两个相分离的东西了。所以，在连接的时候，限面就不存在而是消灭了，在分开的时候以前不存在的限面就存在了（并不是一个不可分的点，被分开成为两个）。如果它们生成和消灭，那么从什么东西生成呢？这很近乎时间中的现在，现在既不生成也不消灭，看来是在永远变化着，但却不是什么实体。这对于点、线、面也是清楚的，道理依然不变。因为这些东西都同样或者是界限，或者是分割。

【6】 总而言之，人们不禁要问为什么要探索那些在感性实体和居间者之外的其他东西，例如，我们所设定的那些形式。如若是因为数学对象与此间事物虽然在某些方面有区别，但是作为形式相同的众多东西没有什么区别，那么它们的本原在数目上并没有限制（正如我们在我们这个世界上全部语言的本原在数目上是无限制的，而在种类上是有限制的，除非某人选取某一特定的音节，某一特定的发声，因为它们的本原在数目上是有限制的，这同样也适用于居间者。在那里形式相同的东西也是无限的）。倘若在可感事物和数学对象之外没有什么像人们所说的形式那样的东西，那就不存在数目上和种类上都是一的实体，而事物的本原也不能在

数目上是有限的，而只在种类上。如若这种情况是必然的，那么也必须应为此设定形式。尽管主张它的人说得并不清楚，但它的确是他们想要表达的观点，他们必然要这样说，形式中的每一个都是某种实体，决不是就偶性而言的。然而我们如若设定形式存在，本原在数目上而不是在种类上是一，我们已经说过这就必然要得出不可能的结论。

紧接着的一个问题是讨论一下，元素到底是潜在地存在呢，还是以其他方式存在。如若是另外的样子，那么就要有 1003a
某个东西并不必然要全部实现。如若元素是潜在的，就允许存在物没有一个存在，潜在的存在也就是还没有存在，因为没有存在的东西会生成。那些不可能存在的东西却不能生成。在这些难题之后，还必须讨论那些本原到底是普遍的呢，还是如我们所说，是个别的。如若它们是普遍的，那么实体就不会存在，因为没有一种共同的东西能表示这个，而只能表示这类，而实体是这个。假如把共同的称谓设定为一，设定为这个，苏格拉底就会是好几种，既是他自己又是动物，要是每一个这样的称谓表示一个这个和一的话。如若本原是普遍就会得出这样的结论来。然而如若不是普遍的，而是就个别而言的东西，那么就将没有科学，一切事物的科学都是普遍的，若想有关于本原的科学，那么在那些本原之先还要有其他的本原作为普遍的称谓。

第 四 卷

【1】 存在着一种考察作为存在的存在，以及就自身而言依存于它们的东西的科学。它不同于任何一种各部类的科学，因为没有任何别的科学普遍地研究作为存在的存在，而是从存在中切取某一部分，研究这一部分的偶性，例如数学科学。既然我们寻求的是本原和最高的原因，很明显它们必然就自身而言地为某种本性所有。故假若寻求存在物之元素的人寻求的就是这些本原，那么这些元素必然并不为就偶性而言的存在所有，而是为作为存在的存在所有。所以我们应当把握的是作为存在的存在之最初原因。

【2】 存在有多种意义，但与某种唯一的本性相关，并非一个同名的字眼。而是像所有健康的东西与健康相关一样，有些是保持健康，有些是造成健康，有些是健康的标志；或者像医术上的与医术相关一样（有些是拥有医术而被称为医术上的，有些是自然地适用于医术，有些则是医术之功能），我们还可以找到其他一些与此相类似的用

语。如此则存在有多种意义，但全部都与一个本原相关。因为事物被说成是存在，有些由于是实体，有些由于是实体的属性，有些由于是达到实体的途径，有些则由于是实体的消灭、缺失、性质、制造能力或生成能力；或者由于是与实体相关的东西，或者由于是对这些东西中某一个或对实体的否定。故我们说非存在也是非存在的存在。所以，正如对于所有健康的东西只有一种科学，对于其他事物也应一样。因为不仅对于就某一事物而言的东西的思辨属于同一科学，而且对于与某一本性相关的东西也是如此，因为后者在某种意义上也是就某一事物而言的。所以对于作为存在的存在的思辨显然也属于同一门科学。在一切场合，科学都主要地研究首要的东西，其他事物依赖于它，并由它而得名。假如这东西就是实体的话，那么，哲学家应做的事就是掌握实体的原因和本原。

对于每一种事物都有单一的感觉，从而有单一的科学，例如语法作为单一的科学，研究所有的声音。故研究作为存在的存在的所有形式在种上属于同一门科学，而研究某一些形式则属于某种形式的科学。

假如存在和一相同，是一种单一的本性，即是说它们像本原和原因一样彼此相随，而不是由于被同一原理所说明(要是我们对它们做同样的理解也不会有什么差别，倒是会有助于我们的论述)，因为一个人和人，存在着的人和人乃是一回事，一个人和一个存在的人这样的说法中双重使用的字眼并没表明别的某种意思（显然它们既不在生成上也不在消灭上相分离），关于一也是这样。因而，很明显这些说法中附加的成分表明同一个意思，一并不是存在之外的别的东西；再假如一或某种类似于它的存在物并非就偶性而言地是每一事物的实体，那么，一有多少种类，存在就有多少种类。研究它们的是什么在种上属于同一门科学，我指的是对 1004a 于相同、相似以及其他诸如此类的东西的考察，大致说来所有的相反者都可以归入这一本原，姑且认为这在“相反者选论”中已经讨论过了。

有多少种实体，哲学就有多少种分支，因而其中必然存在着一种第一哲学以及后继的分支。因为存在和一一旦有了种类，知识或科学就要相应地分门别类。哲学家和所谓的数学家一样，因为数学也有着分支，数学中存在着第一科学、第二科学以及其他后续的科学。

由于关于对立的研究属于同一门科学，而众多与单一相对，关于否定和缺失的研究也应属于同一科学，因为两者都是关于一的研究，否定（或缺失）是对一而言，我们或者是在单纯的意义上说一不存在，或者说在某个种上不存在，后一种情况下除否定的含义外一还受到属差的限制（因为一的否定就是它的不在）；在缺失中有着某种起载体作用的本性生成，缺失是述说这种本性的。于是，众多与单一相对立，我们先前提到过的相异、不同、不等以及所有其他来自它们或来自众多和单一的东西，它们的对立物都在已经说过的科学的认识范围之内。其中之一是相反，因为相反是某种差异，而差异是一种相异。由此一有多种意义，同样这些字眼也有多种意义，相类似地由同一门科学来认识所有这些。并非有多种意义便可属于不同的科学，只有当它们的原理既不就某一事物而言也不与某一事物相关时才能如此。既然所有的一切都与最初的东西相关联，例如被说成一的事物与最初的一相关，这样我们就应承认对于相同、相异和相反也是如此。因而应该区分每个字眼的全部意义，并且用每一范畴中最初的东西来加以说明，指出它如何与最初者相关；因为有的是因为具有它，有的是由于造成它，还有其他一些诸如此类的方式。

显而易见，对这些字眼以及对实体作出说明属于同一门 1004b
科学（如同在《论题篇》中提到过的一样）。能够考察所有这一切是哲学家的本分。若不是哲学家，谁来研究苏格拉底与坐着的苏格拉底是否相同；或者是否一事物有一个相反者，或这个相反者是什么，它有多少种意义？对于诸如此类的其他问题也是一样。既然这些东西是作为一的一和作为存在的存在的就自身而言的属性，而不是作为数目、线段或火，显然应由那种科学来认识它是什么以及它的偶性。研究它们的那些人之所以犯错误，并非因为远离了哲学，而是因为他们对其一无所知的实体是在先的。正如数目作为数目有其特有的属性，如奇和偶，通约和相等，超过和不足等等，这些东西就其自身地存在于数目之中，并且彼此相关。与此相似，立体、不运动者、运动者、无重量者和有重量者之中存在着另外的特有属性。因此作为存在的存在中也存在着某种特有属性，哲学家正是通过考察这些属性来探索真理。以下即是证明，辩证论者和智者拥有哲学家一样的外表，诡辩术仅仅是表面的智慧，辩证论者探讨所有的问题，存在是所有之中的共同点；但他们探讨这些明显是因为它们是哲学固有的问题。智者术和辩证术与哲学思考的是同一种问题，但是哲学与前者在能力的方式上相区别，与后者在生活的意图或目的上相区别。辩证术把哲学力图认知的东西仅仅当作思想训练，智者术看上去是哲学，其实却不然。

此外，相反者中另外一列是缺失，万物皆可归入存在和非存在，一和多；例如静止归于一，运动归于多。差不多所有的人都同意，存在物和实体由相反者构成，至少所有人都把相反者说成是本原，有的说是奇数和偶数，有的说是热和冷，有的说是有限和无限，有的说是友爱和争吵。很明显，所有其他事物都可以归入一和多（我们姑且假定这种归并），其他人所说的本原完全归于它们，它们则作为种。故从中显然可见唯有一门科学考察作为存在的存在。因为所有的事物要么是相反者，要么出于相反者，而相反者的本原乃是一和多。这些东西属于同一门科学，无论其是否就某一事物而言。或许在真实情况下它们不是，尽管如此，即使一有多种意义，其他事物将与其首要的意义相关，对于相反者也是同样；即使存在或一不是普遍的东西或在一切地方都相同，或不能分离存在（正如事实上大致不能，有的情况下它与同一事物相关，有的情况下是对连续而言）。因此几何学并不研究相反或完全、一或存在、相同或相异是什么，而只是从假设出发。

因而，显然是由同一门科学来研究作为存在的存在，以及依存于作为存在之中的东西：这同一门科学不仅研究实体，还研究依存其中的东西，既研究前面说过的东西，也研究在先和在后，种和属，整体和部分，以及其他类似的东西。

【3】 必须说明，应该由同一门科学还是由不同的科学来研究数学中所谓的公理和研究实体。显然对于这些东西的研究属于同一门科学，即哲学家的科学。因为它们存在于一切存在物之中，而不是在某一个与其他相分离的独特的种之中。并且所有人都运用它们，因为它们对作为存在的存在而言，每一个种都是存在。不过人们是在他们的特定需要上运用，即是说在这个种中他们进行的证明所涉及的范围内。因而这些公理显然存在于一切作为存在物的东西中（它对于它们是共同的），对它们的考察是探索作为存在的存在之人分内之事。因此，无论是几何学家还是算术家，没有任何思考部分的人试图对它们说点什么，断定其真假，但有些自然哲学家这样做了，并且颇有见地，因为他们自认为是唯一在思考自然整体和存在的人。然而还存在着一种高于自然哲学家的人（因为自然不过是存在的某一个种），对这些公理的考

察就是普遍广博地研究最初实体的人的事。自然哲学是某种 1005b 智慧，但不是最初的那种。而某些人尝试谈论应当以什么方式接受真理，是由于他们在思想逻辑方面缺乏学养。因为在他们探求某些事物之前应该已经悉知了这些事物，而不是一边听人讲授一边寻求。毋庸置疑，应由哲学家，即研究所有实体自然本性的人，来考察逻辑推理的本原。对于每一个种知道得最多的人能够讲出事物的最确实的本原，故研究作为存在物的存在物的人能够讲出万物的本原。这人就是哲学家，而所有本原之中最确实的本原是人们不可能弄错的。它必定是人们知道得最多的（因为人人都容易在不知道的事情上犯错误），并且不是假设。因为所有对存在了如指掌的人必须要把握的本原不可能是假设，而知道任何事情的人所必须知道的东西，他在着手研究前必定已经具备了。

故这样一种本原显然是所有本原之中最为确实的，它到底是什么，接着我就要讲到。同一种东西不可能在同一方面既依存于又不依存于同一事物（所有可能的其他限制都应加上，以防备逻辑上的困难），它即是所有本原之中最为确实的一个，因为它具备了先前说过的规定。因为任何人都不可能主张同一事物存在又不存在，就如有些人认为赫拉克利特说过一样，因为一个人说什么，并不必然就主张什么。假如相反的东西不可能同时依存于同一事物（通常的限制仍须加在这一命题中），一种意见与另一种意见相矛盾就是与它相反，很明显同一个人不可能主张同一事物同时存在又不存在；因为犯这种错误的人就会同时具有彼此相反的意见。因此，所有进行证明的人都把它作为一个可以追溯到的最终论断，因为它本性上就是一切其他公理的本原。

【4】 如我们所说，有些人讲同一事物可以既存在又不存在，认为可以如此主张。而且不少研究自然的人也运用这 1006a 种说法。但我们明确主张，事物不可能同时存在又不存在，由此我们证明了它是所有本原中最为确实的。有些人由于教育不足的确认为需要对此加以证明，但是不知道对哪些应该及对哪些不应该寻求证明，正是教育不足之表现。一般而言，不可能对万事万物都有着证明，不然便会步入无穷，如此以至于什么也没证明。假如有某些东西不需寻求其证明，他们不可能说出有什么本原比它更加自明。不过对此我们可以从反面证明其不可能，要是我们的对方持某种说法的话。假如他什么也不说，那么去同不持任何说法的人在他没有观点的地方进行争论就会是荒唐的，因为这样一个人，就其作为这样的人而言，已经跟一株植物差不多了。我所说的从反面进行证明跟通常的证明的不同之处在于，证明者看来会假定初始的理由，而若是另外的人持有这样的理由，就可能进行反驳而不是证明。这一切的出发点不需要他说某物存在或不存在（这是一个人可能假定的初始理由），而需要他说出对他自己和其他人均有意义的某种东西。假如他能说出些什么的话，这便是必要的。如若不然，就无法同这种人理论，

而且他既不能同自己也无法同别人交谈。如若假定了这一点，证明便将会可能，因为已经有了某种确定无疑的东西。然而该负责任的不是证明者而是接受者，因为尽管他没有推理却接受了别人的推理。另外，首肯这一点的人便已经首肯了证明之外的某种东西的真实性（故并非一切事都既如此又不如此）。

首先至少这一点明显是真实的，存在或不存在一词表明某种确定的意义，因而并非一切事物都既如此又不如此。另外，假如人表明一种含义，姑且就认为是两足的动物；我所说的表明一种含义是指：假如这种东西是人，那么若人是某
1006b 种东西的话，作为人而存在就将是这东西。即或有人说它有多种含义也没有什么两样，只要它是被规定了的，因为人们可以给每一个原理设置另外的名称。我的意思如下，如果说人不止一种含义，而是有多种，其中之一的原理是两足的动物，还有许多其他原理，而它们在数目上有限制。因为对于每一个原理都可以设置一个特殊的名称。如若有人说不是如此，而是有无限种含义，显然就无法与之理论。因为连一种意义也不表示就是什么也不表示，而所用的名称无含义就断送了同其他人的讨论，恰如其分地说也断送了同自己的讨论。因为连一件事也不思想就不可能思想任何事情，即便是可能，也要给这件事安一个名称。按我们开头所说，姑且让这个名称表示某种含义，或表示一种意义，那么作为人存在与不作为人存在竟然含义相同便是不可能的事。假如人不仅

表示就某一事物而言而且表示一种含义（因为我们不认为就某一事物而言和一种事物含义相同，那样一来，文雅的、白的和人就会有同一含义，一切事物都将是一，因为它们都将是同名的）。故同一事物便不可能既存在又不存在，除非由于用词含混，比如我们称为人的东西其他人称为非人。然而问题不在这里，而在于同一事物是否允许在同一时间既是人又不是人，不仅在名称上，而且在事实上。假如人和非人并不表示不同的含义，显而易见作为人存在和不作为人存在亦无不同，于是作为人存在就是不作为人存在，它们将是一回事。是一回事的意思，如同披风和外衣，其原理是一个。假如作为人存在和不作为人存在是一回事，它们就有同一含义。但是曾经证明过它们含义不同。因此假若有什么东西可以被真实地说是人，那么它必然是两足的动物，因为这即是人所指的东西，倘若必然如此，同一个东西就不可能在此时不是两足的动物。因为它必然是就意味着不可能不是。因而，说同一事物在同一时间是人又不是人便不可能是真实的。同样的道理对于不是人也适用，因为作为人存在和不作为人存在表示不同的含义，就像人存在和白存在不同一样，前一种情况对立更加明显，故表示不同的含义。如果说白也意味着同一个东西，那么我们又得说先前说过的话，即万物都将是一，而不仅仅是对立物。倘若这不可能，就会得出说过的结论，假若对方回答我们的问题的话。如果单纯地提问，却附加上否定成分，那就没有回答我们的问题。没有什么妨碍同一事物既是人又是白以及数不清的其他东西，尽管如此，当被问及说这东西是人或不是人是否真实时，应该作出含义唯一的回答，而不是再加上白和大。因为不可能穷尽无限多的偶性，故让他要么陈数全部，要么一个也不陈数。因此相类似地，即便同一事物一万次地是人又不是人，一个人被问及是否它是人但同时它又不是人时也不应在回答中有所附加，除非是需要在回答中提到所有偶然的事物，所有它是或不是的东西。倘若他这样做了，就不是在争论。

总而言之，这样说话的人取消了实体和所以是的是。因为他们必然要说一切都是偶性，不存在作为人而存在或作为动物而存在那样的东西。要是有某种东西同于作为人而存在的话，这东西将不会是不作为人而存在或作为人不存在（它们是这东西的否定）。因为它表明的是一个东西，即某物的实体。而表明实体即是说作为这事物不可能是其他东西。而假如作为人存在同于不作为人存在或作为人不存在，它就将是其他东西。因此他们必然要说没有事物能有这样一个定义或原理，所有事物都是就偶性而言。因为实体和偶性在这点上相差别，白是人的偶性，尽管他是白的，但却不同于白。倘若一切事物都是就偶性而言的，那么将不存在一个就它而言的最初的东西，假如偶性总是表示对某一主体的表述的话。因此，必然会陷入无穷后退。然而这是不可能的，因为两个以上的述词便不能结合，一个偶性不可能是另一偶性的偶性，除非两者都是同一事物的偶性，我的意思如下，白的是文雅的，或后者是白的，它们是同一个人的偶性。然而苏格拉底是文雅的，并非是在这样的意义上，即两者都是另外某个东西的偶性。因此一些东西在后一种意义上，另一些东西在前一种意义上被称为偶性。如白是苏格拉底的偶性，不可能在向上的方向无穷延伸，比如，另外某个东西又是白的苏格拉底的偶性，因为从所有这些中得不出某个单一的东西。并且也没有另外某个东西是白的偶性，比如文雅，因为前者比后者或后者比前者都不会更是偶性。同时就说明了，有些东西在这样的意义上是偶性，有些东西则像文雅对于苏格拉底一样，后一种情况偶性不能是另一偶性的偶性，前一种情况则能够，故并非一切事物都是就偶性而言的。即便如此也必须有某种表明实体的东西。这样的话，便证明了不能同时作相矛盾的表述。

此外，假如所有相矛盾的表述在同一时间里对同一事物为真，明显地一切事物都将是一。如果说对于全部事物都允许肯定什么又否定什么，那样一来同一事物便会既是一艘三桨船又是一堵墙，又是一个人，正如对于宣扬普罗泰戈拉理论的人来说这是必然的结论一样。倘若有人认为人不是三桨船，显然他就不是一艘三桨船，可是只要矛盾的表述为真，他就要是一艘三桨船。从阿那克萨戈拉那里可以得出这点，他说万物混同在一起，从而没有事物真实存在。他们似乎说的是无规定者，而他们自认为是在说着存在的时候，说的其实是不存在，因为无规定者只是潜在地存在，而不是在现实中。但他们必须对任何事物的任何方面作出肯定或否定，因为如果对每一事物同一否定都适用是荒谬的，不适用于它的其他事物的否定就会适用于它。我的意思是，如果说一个人不是人为真，显然说他是三桨船或不是三桨船也要为真。假1008a 如肯定为真，否定也就必然为真；又假如肯定不适用，那么否定甚至将比对同一事物的否定更加适用。因而假若后一否定适用，那么对三桨船的否定也会适用，假如它适用，其肯定也会适用。

这些是持这种理论的人会得出的结论，还有，不必然要肯定或否定。因为假若既是人又不是人为真，明显可见他既非是人又并非不是人，因为对于两者有两个否定。假如前者是由两者合成的一个单一陈述，后者同样是一个单一陈述，并与之相对。

并且，或者一切情况下都是这样，一个东西既是白的又不是白的，既存在又不存在，其他一切肯定和否定与此相类似；或者不是对一切情况而仅仅对某些事物如此，对另一些事物则不。而假如不在一切情况下如此，那就可能承认例外的情况；假如在一切情况下如此，那么，或者是一切肯定为真的地方，否定亦会为真；或者是肯定为真的地方否定亦为真，而否定为真的地方肯定并不全部为真。若是在后一种情况下，便会有某种一定不存在的东西，这是一种确定的信念；假如不存在是某种确切可知的东西，那么相对立的论断就会更加可知。如果被否定的同样可以被断定，那么分开陈述就或者真或者不真，例如说某物是白的，然后又说它不是白的。而假如分开陈述不真实，对方就没有说这些，没有什么东西存在，（不存在的东西怎么可能说话和行走呢？）而且一切事物都将是一，如先前说过的那样，人和神和三桨船以及它们的对立物将会是同一个东西。因为假若对每一事物都可以作对立的陈述，一事物就无法与另一事物区分开。的确有区别的话，这东西将是真实的和独特的。同样，如果可以真实地分开陈述，便会有我们说过的结果。在此之外，一切都可以为真并且一切都可以为假，对方也就承认了自己所说为假。同时可见，跟他理论等于没跟人理论，因为他什么也没说。他既没说如此也没说不如此，而是说既如此又不如此。

又如，若肯定为真时否定为假，而否定为真时肯定为假，就不可能同时真实地肯定和否定同一事物。大致可以说 1008b
这是一个初始的假定。

另外，是否认为事物呈某种状态或不呈某种状态的人错了，或认为可以同时兼具二者的人对了呢？假若他对了，说存在物的本性是这样有什么含义呢？假若他不对，但又比持前一种观点的人要对些，存在物便已经具有确定的性质，这将是真实的，不能同时又不真实。如果所有人错了，同时又对了，这样认为的人就既不能说话也不能讲出什么意思来，因为他同时说这些又说不是这些，要是他什么也不认为，想和不想都一个样，那么他跟植物又有什么区别呢？

由此极为明显的是，无论是持这种说法的人还是其他人，没有谁处于这种境地。因为，为什么一个人去了麦加拉而不是想着应该去却呆在家里？为什么一个人不在某个清晨在路过的时候掉进一口井里或一处悬崖下，而是明显地退缩呢？说明他并不觉得掉下去同样好和不好，显而易见他认为一种好些而另一种则不好。若是这样，他必然要认为一种东西是人而另一种不是人，一种甜而另一种不甜。因为他并不寻求并认为万事万物是同等的，当他觉得喝点水或看望某人要好些，他就会去做这些；但假如同一东西是人同样又不是人，他就会认为万物同等。正如说过的一样，没有人不是明显躲避一些事情而不躲避另一些事情。因而，看来所有的人对事物都作单纯的评判，即使不是对全部事物，至少是对于较善和较恶。如果这不是知识而只是意见，他们对真理的盼求可能急切得多，如同生病的人比健康人更盼求健康；因为有意见者与有知识者相比较，相对于真理未能处于一个健康的位置。

此外，不管可能有多少事物全都呈某种状态又不呈某种状态，存在物本性中仍然会有程度多少的差别，我们不能说 2 和 3 同样是偶数，也不能说把 4 当作 5 的人跟当作 1 000 的人一样地错。若是不一样错，一种就对得少些，另一种对
1009a 得多些。要是多些就更接近正确一些，就会有一种真理，越接近它就越真。即便是没有，仍会有某种东西更为确切和真实，我们就可以去掉某些不相宜的理论，它妨碍思想作出

规定。

【5】　根据这同样的观点，有了普罗泰戈拉的理论，两者必然同样真实或不真实。如果一切意见和现象都是真的，所有事物就必然同时既真又假，因为很多人的观点与另外的人相对立，而且以同自己意见不一的人为错误，因而同一件事必然会既真实又不真实。果真这样的话，一切意见都必然为真，因为错的人和对的人彼此意见相对。如果存在着的事物呈这种状态，所有人都会是正确的。

显然，两种理论都源于同一种思想。但并非对所有人都要采用同一种处理方式，有些人需要规劝，有些人需要强制。一切由于困惑而持这种观点的人，其无知很容易医治，因为只需同他们的思想而不必同这种理论打交道。至于为这种理论的缘故而论辩的人，对其只有既从言语中又从文字上进行反驳才能医治。

那些对可感事物感到迷惑不解的人走向了这种观点，由于看到对立物从同一事物中生成，便以为对立物和相反者可以同时共存。假如不存在不能生成，那么事物就像同样存在的双方一样，应该先就存在，正如阿那克萨戈拉说宇宙全体间万物相互混合，而德谟克里特则说虚空和充实同样存在于一切部分中，并且其中一个存在，一个不存在。对于从这些想法中作出主张的人，我们说在某种意义上他们说得对，在另外某种意义上则犯了错误。因为存在有两种含义，在一种意义上某物可能从不存在中生成，在另一种意义上则不能。同一事物同时可以是存在也可以是不存在，但不是就同一方面而言。因为同一事物同时可以潜在地是相反者，但不能在现实中。另外，我们将要求他们接受这种观点，即存在物中有其他某种实体，彻底没有运动也没有消灭和生成。

1009b 相类似地，有些人从可感事物中引申出关于现象的真理。他们认为真理不在于其支持者的多寡，同一东西在一些人看来是甜的，在另一些人看来却是苦的；倘若所有人都病了或者所有人都疯了，仅有两三个人身体健康，或理智正常，看上去将是这几个人病了或疯了，而非其他的人。并且，许多别的动物对同一些事物得出与我们相反的印象，就是对每个人自身来说，事物对于其感觉也并非总是显得相同。所以，这些印象中哪一些真或者假，我们并不清楚。一种并不比另一种更加真些，而是不相上下。为此德谟克里特说，要么没有真理，要么我们无法弄清。

总的说来，这是由于把感觉当作思想所致，而且是一种变化的感觉，他们说感觉上的现象必然真实。正是由于这些缘故，恩培多克勒和德谟克里特，可以说还有所有其他的人，才陷入了这种观点。恩培多克勒说，人们变换身体状况时也就改变了自己的思想：

根据即时的状况，
人们的机智陡增。

在别的地方他又说道：

只要进入另外的处境，
我们的思想呵，
就会是另一番模样。

巴门尼德也表达了同一个意思：

人们的理智相衔接也和关节一样，
也许思想本是同一的，
所有人赖以思想的正是肢体的实体，
因为它就在那有许多东西的地方。

这里记录了阿那克萨戈拉对他的某些朋友说过的话，即存在着的事物就是他们所认为的那个样子。他们说显然荷马也持这种观点，因为他让受过重击后昏迷不醒的海克托躺在那里进行另一种思想，表明即使不能正常思想的人也能思想，只不过不是同一种思想。故十分清楚，如果两者都是思想，存在着的事物就会既如此又不如此。这样下去其结果是最为困难的，因为假如那些在可能的范围内最大限度地注视真理的人（他们也是最执著地寻求它和热爱它的人）竟然也持这种意见，关于真理作如是之说，那么向往哲学事业的人怎么能够不感到绝望呢？因为追求真理就宛如追逐飞鸟一样。

这些人之所以有这样的意见，其原因是在他们思索真理的时候，认为存在物仅仅是可感事物，其中大量存在着无规定者的本性，这种东西的存在同我们已经阐明过的一样。因此尽管他们说得头头是道，却并不真实。这种批评比埃比哈尔莫斯（Epikharmos）对克塞诺芬所做的要恰当一些。另外，他们看到所有这种本性都在运动，而对于变化着的东西又不能作真实的陈述，至少对于所有完完全全变化着的东西不能作真实的陈述。正是从这种看法中产生出了我们所曾提到过的登峰造极的观点，即追随赫拉克利特的人的观点，比如克拉图鲁所说，这人认为最完善的是什么也不应该说，只须扳动手指头即可，他还批评赫拉克利特人不能两次踏入同一条河流的说法，因为他自己则认为一次也不可能踏进。

对于这种理论，我们说，一方面他们认为变化的事物在它们变化时不存在是有几分真实依据的，可是另一方面则是可指责的。因为还在消失着的东西仍然保留有一些被消失掉的东西，而正在生成的东西中，必然已经有某物存在。一般而言，倘若一事物正在消灭，仍有某种存在物存在；倘若正在生成，其由之而生成和依靠它而生成的东西必然存在着；而且这种推演不能步入无穷。让我们暂且撇开这些，去指出就数量而言与就性质而言的变化并不相同。姑且假定数量方面没有持久不变的东西，但我们是通过形式而认识所有事物的。并且，批评持这种观点的人是正当的，他们仅仅看到了少数的可感事物便断言整个的天都是这样。然而只有我们周围的可感区域才处于生灭变化之中，但是可以说，这不过是宇宙整体的一个部分，因而要是他们通过后者来推断前一部分的话，会比通过前一部分来推断后者更加公正些。

明显地，对这些人我们又要说很久以前说过的话。我们要向他们证明并使他们信服，存在着某种不运动的本性。说事物可以同时存在又不存在的人，更愿意说万物是静止的而不是运动的，因为万物存在于万物之中，从而不存在事物可 1010b
以变化而成的东西。

至于真理，则在于并非一切表象都是真实的。首先，感觉并不是虚假的，至少关于特定的对象不会假，但印象却不同于感觉。我们有理由感到惊奇，假如他们提这种问题：大小和颜色是否就像对于远处的人或在近处的人所显现的那样，或者是否就像对于健康人或病人所显现的那样；或真理是否就像对于睡着的人或醒着的人所显现的那样。显然他们并不这样认为，至少没有人在黑夜中会认为自己在雅典并正向奥德昂剧场① 走去，如果他此时正在利比亚的话。另外，关于将来发生的情况，如柏拉图所说，在一个人将来能不能恢复健康这一问题上，医生的意见与不谙医术者的意见，并非同等权威。假如在感觉自身中，对于不熟悉事物的感觉与对于特定事物的感觉，以及对派生事物的感觉与对事物本身的感觉，并非同等权威；而且对于颜色来说，视觉而非味觉更加权威；对于味道来说，味觉而非视觉更加可靠。然而每种感觉在同一时间里对同一事物不会说既如此又不如此。即

① 奥德昂（Odeion），位于阿克罗波里（Actopolis），为雅典城的一部分，是古希腊著名政治家柏利克里修建的一座大厅，用于音乐及其他目的。

使在不同的时间里，也不会对同一属性、而是对属性所发生于的事物的感觉不同。我所说的例如，对同一种酒由于自身的变化或人的身体的变化有可能时而觉得甜时而觉得不甜，然而甜当其为甜的时候，却绝不会有所改变，而总是同样地真，能为甜的东西必然会如此。然而所有的这种理论取消了这一点，由于没有事物还有实体，也没有任何出于必然的东西。因为必然的东西不允许一会儿这样，一会儿那样。故如果存在着必然的东西，将不会既如此又不如此。

总而言之，如若仅有可感事物存在，那么有生命的东西不存在，就没有任何事物存在，因为那样感觉就将不存在，一方面可以大致真实地认为，感觉对象以及各种感觉也都不存在（因为是感觉者的属性），而另一方面产生感觉的主体离开感觉便不存在，则是不可能的。感觉并不是对它自身的
1011a 感觉，而在感觉之外存在着另外某种东西，它必然在感觉之先，因为运动者在本性上是在先的，即使它们彼此相关也没多少差别。

【6】 有一些人，既包括虔信这种理论的人也包括只是在口头上讲讲这种理论的人，提出了疑难；他们追问是谁来判断健康的人，或一般地，谁来正确地判断每一件事情。这种疑难就像问此时我们是睡着还是醒着一样，所有这种问题能够表明的是同一点，即他们要求对万物作出说明，他们在寻找始点或本原，并要求通过证明来得到它。但从他们所做

的就可以明白地看出，他们并非虔信。而如我们所说中的一个应验，他们在没有说明的地方寻找说明，而证明的始点或本原并不是证明。这些人很容易在这点上被说服，因为这并不难掌握。而那些只寻求理论的强制力的人，是在寻求不可能。因为他们要求自相矛盾的东西，并直接讲自相矛盾的话。假若并非万物都与某物相关，而是有某些就其自身而存在的东西，一切现象就不会全都是真实的，因为现象总是对某人而言的现象，故说一切现象全都是真实的人把所有存在着的东西变成了与某物相关的东西。因此那些寻求理论的强制力，并同时要求对理论作出说明的人，必须借此来捍卫自己：并非现象存在着，而是对于现象所显现于的人，显现的时间，显现的身份和方式存在着。假如他们作出说明，但不以这样的方式，立即便会自相矛盾。因为同一事物允许对视觉显现为蜜糖，但不是味觉；并且由于我们有两只眼睛，同一事物可能对每一只眼睛显现得不一样，如果两眼的视力不一样的话。那些人说现象是真实的，而且由此万物同样为虚假和真实，因为万物既不总是对一切人显现为相同，也不总是对同一人显现为相同，而是常常在同一时间里显现为相反的东西（交叉手指去触摸会说有两个物体，而对视觉只有一个）。根据早先讲过的理由，对这些人我们要说，并非根据同样的感觉以及感觉的同一部分和在同一时间里，如此现象 1011b
能够为真。大概由于这种原因，那些不是由于困惑而是由于理论的缘故如此主张的人必然要说，并非现象存在，而是现象对这人存在。照先前所说，他们必然会把一切事物都变成与某物相关的东西，即与意见和感觉相关，故既没有已经生成的东西也没有将要生成的东西，如果没有人先对其有所意见的话。但是倘若有了已经生成的东西和将要生成的东西，显而易见就不会是所有事物都与意见相关了。

此外，假如某物为一，它应与一事物或与确定的东西相关。如果同一事物既是一半又是相等，这相等仍不能是对一倍而言。假如意见者即人与被感觉的对象相同，那么意见者将不是人，而是被意见的对象了。如果每一事物都与意见者相关，意见者就会与形式上无限的事物相关了。

一切意见中最为确实的是，矛盾的陈述不能同时为真。对于认为它们能够为真的人有什么结果相随，以及他们为何如此认为，就说这么多吧。既然矛盾的陈述不能同时对同一事物为真，显然矛盾不能同时依存于同一事物。另一种相反者即缺失也同样，它是实体的缺失，缺失是对于某一确定的种的否定。故不能同时真实地肯定和否定，矛盾不能同时附存于同一事物，除非两者都在特定的意义上，或其中之一在特定意义上，另一个在单纯的意义上。

【7】 在矛盾的陈述之间不允许有任何居间者，而对于一事物必须要么肯定要么否定其某一方面。这对定义什么是真和假的人来说十分清楚。因为一方面，说存在者不存在或不存在者存在的人为假；另一方面，说存在者存在和不存在

者不存在的人则为真。因而说事物存在或不存在的人，就是以其为真实或者以其为虚假。但是存在者不能说成不存在，不存在者也不能说成存在。另外，或者矛盾物之间的居间者就像黑与白之间的灰颜色一样，或者像人与马之间的既非人又非马一样。如果是后一种情况，它们就不能变化（因为变化是从不善到善，或从善到不善），然而事实上它们却一直在变化。因为除非变成对立方式或居间者，变化就不能存在。如果它是居间者，这样将会有某种变化，不是从不白生成白，但没看见有这种事情。思辨或者肯定或者否定被思辨或思想的每一个对象——这从定义中便可清楚——当其真实或虚假的时候。当以某种方式结合肯定或否定时，它为真，而以另一种方式时，则为假。

如果不是为理论而理论的话，在所有矛盾物之外，应该存在着居间者，故一个人可能既以其为真又以其为不真。在存在与不存在之外它也将存在，因此在生成和消灭之外将有另外某种变化。

此外，在所有其否定即是对相反者的肯定的地方都将有居间者存在，例如数目中将有既非奇数也非非奇数的数。但这是不可能的，从定义中便可清楚。

而且还会步入无穷，存在物不仅是半数而且会是更多。因为将可以再次否定对这个居间者的肯定和否定，其结果将是某种东西，因为它的实体是某种不同的东西。

当一个人被问及某物是否是白的时回答不是，他否定的不是别的而是这种存在，不存在就是一种否定。

这种意见来到某些人中间就像其他的怪论发生于其他人一样，当他们不能想法解决诡辩推理时，便向其屈服，承认其结论为真。有些人由于这种缘故宣扬这种理论，有些人则是由于寻求对一切事物的说明。同这些人进行辩论的起始点在于定义。而定义来自于必然表明某种东西，名称所表示的原理，成为其定义，赫拉克利特关于万物存在又不存在的说法，似乎使万物都为真。而阿那克萨戈拉关于对立矛盾之间存在着居间者的说法，似乎又使万物均为假。因为当事物相混合时，混合物既不是善也不是不善，所以无法真实地描述什么。

【8】 通过这些区分明显可见，那些片面的关于万物的说法不可能站得住脚，照某些人所说，没有事物是真实的（因为他们说没有东西可以妨碍万物跟对角线的可通约问题一样），另一些人则说万事万物都是真实的。这些理论大致上与赫拉克利特的理论差不多，说万物既是真实的又是虚假的，也就分开说了这两者中的每一种意思，只要既真又假不可能，那么或真或假也就不可能。此外，显然对立的陈述是那些不会同时为真的陈述，也不会全都为假。尽管从已经说过的这些中似乎显得比较可能。根据我们前面所说，对于所有这些说法，都应该假定，并非某物存在或不存在，而是表明某物存在或不存在。应当从定义中辨明，什么是虚假或真

实。假如肯定为真或否定为假没有什么不同，就不可能一切事物都假，因为对立陈述中必然有一部分为真。又如，若对任何事物必然肯定或者否定，二者便不能都为假，因为对立陈述中只有一部分为假。对所有这些理论，有一个人人皆知的责难，即他们自己取消了自己。因为说一切都是真实的人，就使与自己相对立的说法成为真实的，从而自己的说法便不真实了（因为对立的说法说它是不真实的）；而说一切为假的人就使自己也成为虚假的。假如使其中之一例外，让与其对立的说法只能为不真实，让其自己的说法不虚假，困难也不会减轻，他们就不得不假定无限多真实或虚假的说法，因为说某一说法为真也是真实的说法，这样便会步入无穷。

显然，说一切事物静止的人并不正确，说一切事物运动的人也不正确。假若一切静止，同样的事物就会一直真实和虚假了。然而这种情况明显是变化着的，因为说话者本人过去某些时间不存在，并非将来还会不存在。而假若一切事物运动，就没有事物真实了，一切都将是虚假。然而已经证明过这是不可能的。存在者必定变化着，变化乃是出于某物并进入某物。而且并非万物在某一时间静止或运动但没有事物永远保持，因为存在着某种事物，它永远运动被运动的事物，最初运动者自身是不被运动的。

第 五 卷

1012b33 **【1】** 本原的意思或者是事物中运动由之开始之点，例如一段线、一条路都在一端有一个起点，而在另一端有另一个起点；或者是某一事情最佳的生成点，例如学习有时并
1013a 不必定从最初开始，从事情的开端开始，而要从最容易的地方学习起；或者是内在于事物，事物由之生成的初始之点，例如船只的龙骨，房屋的基石，所以有的人把心脏、有的人把脑髓、有的把类似的其他什么东西当作动物的本原；或者是由之生成、但并不内在于事物的东西，运动和变化自然而然从它开始，例如婴儿是由父母产生，战争是由争吵产生；或者是按照其意图能运动的东西运动，可变化的东西变化，例如城邦的首脑、当权者、君主或僭主们；而技术也被称为“本原”，尤其是各种建筑术。其次，事物最初由之认识的东西也被称为此事物的本原，例如前提是证明的本原。原因的意思和本原一样多，因为一切原因都是本原。

全部本原的共同之点就是存在或生成或认识由之开始之点。它们既可以内在于事物也可以外在于事物。正因为这

样，自然是本原，而元素、思想、意图、实体和何所为或目的都是本原或始点。在很多情况下善和美是认识和运动的本原。

【2】 原因的一个意思是内在于事物之中，事物由之生成的东西，例如青铜是雕像的原因，白银是杯盏的原因，以及诸如此类。另一个意思是形式或模型，也就是事物所以是的是的定义，以及诸如此类，例如2比1和一般意义上的以及构成定义的那些部分是八度音程的原因。第三，变化和静止由之开始之点，例如策划者是原因，父亲是儿子的原因，一般说来制作者是被制作的东西的原因，变化者是被变化东西的原因。第四，作为目的的原因，它就是何所为，例如健康是散步的原因。为什么要散步呢？我们说，为了健康，在这样说的时候，我们认为指出了原因。所有被引起运动之后 1013b
的作为达到目的的中间手段的东西也是一样，例如减肥、灌肠、药剂和器械都是健康的中间手段。因为这一切都是为了一个目的，相互的区别之点在于，有的作为工具，有的作为活动。

原因的意义大致就是这样多，正如原因是多义的，同一件事物便有多种原因，且不是在偶性的意义上。例如雕像制作和青铜是雕像作为雕像，而不是作为其他东西的原因，不过方式不同而已。有的作为质料，有的作为运动的本原。并且还有互为原因的，例如劳作是精力的原因，而精力又是劳作的原因，不过方式不同罢了，有的作为目的，有的作为运动的本原。有时候，同一个东西却是相反结果的原因。它的在场是某一结果的原因，我们有时候把相反的结果归咎于它的不在场，例如，舵手的不在场是船只失事的原因，而舵手的在场是船只得救的原因。出现和短缺两者都是造成运动的原因。

再显明不过的，以上所说的全部原因归结为四种方式。它们或者是音节的元素，器皿的质料，火、水以及全部有形物体之整体的部分，推论的前提，这些都是作为质料意义上的原因。在这些原因中，有的作为载体，例如部分，有的则作为所以是的是，例如整体、组成和形式。策划者、种子、医生以及一般意义上的制作者，全都是变化或静止之开始之点。另一些则是作为目的和其他东西的善。何所为就是期望成为其他东西的最善和目的。且不必去区别所说的是自身的善还是现象的善。

原因虽然只有这样几类，但是其方式在数目上却是很多的，尽管就主要的说来它们并不多。原因有多种意义，在同一类原因中，有的在先有的在后，例如医生和技师都是健康的原因，2 比 1 和数目都是八度音程的原因，某一原因的含蕴者永远是个别事物的原因。有的原因是作为偶性以及诸如此类的东西，例如从一方面说波吕克拉特是雕像的原因，另一方面，雕刻家又是雕像的原因，因为雕刻家碰巧是波吕克
1014a 拉特。偶性的含蕴者同样是原因，例如人也是雕像的原因，或者一般地说，动物是雕像的原因，因为，波吕克拉特是人，人又是动物。而在各种偶性之中，有的较远些，有的较

近些，例如白净的人、文雅的人都可以被说成是雕像的原因，而不只是波吕克拉特和人。

除了固有的和偶性上的之外，有的原因可以被称为潜在的，有的可以被称为现实的，例如房屋建筑的原因既可以是房屋建筑师又可以是正在建筑着房屋的房屋建筑师。以上所说的意思同样适用于原因的结果，例如这座雕像的原因，或雕像的或者总的说肖像的原因，或者说这块铜的原因，或铜的或者总的说质料的原因。潜在和现实的区别也同样适用于那些偶性，此外偶性和固有的还可以合并在一起，例如既不是波吕克拉特，也不是雕刻技师，而是雕刻师波吕克拉特。

所以，全部原因在数目上共有六类，而且具有双重意义。或者作为个别，或者作为个别的种，或者作为偶性，或者作为简单的陈述。而这一切又或者作为现实的，或者作为潜在的，区别就在于现实的个别原因与其作为原因的结果同时存在或者不同时存在，例如这个正在进行治疗的医生对于这个正在恢复着健康的病人，这个房屋建筑师对于这正在进行中的房屋建筑。潜在的原因却不能永远同时并存，因房屋和房屋建筑师是并不同时消灭的。

【3】 元素的意思是指一种内在于事物，而事物最初由之构成，且不能被分解为其他类的东西，例如声音的元素，就是构成了声音，而声音最终分解为它们，它们自身却不能分解其他类的声音。如果可分的话，只能分为同类的部

分，例如，水的部分还是水，音节的部分就不是同一音节了。人们所说物体的元素也是这样，物体最终要分解为这些元素，而这些元素却不分散为其他的类。他们说这些元素既可以是单一的，也可以是众多的。几何图形元素的意思也与此相似，以及一般意义上的证明的元素，内在于众多证明的
1014b 最初证明被称作证明的元素。原始的推理由三个项通过中项构成同样是这样。从这里转一个意思，人们也把那微小、单一、在多方面有用的存在叫做元素，于是微小、单纯、不可分的东西就被叫做元素了。由此得到一个结论：元素是最普遍的东西，因为其中的每一个都唯一而单纯，存在于众多事物之中，或者是全体，或者是最大多数。在有些人看来，单一和点就是本原。所谓的种是普遍和不可分的（由于种没有定义），所以有人就把种称为元素，而不是属差，因为种更加普遍。凡是属差出现的地方，种也随之出现。其共同之点是，个别事物的元素必须最初内在于个别事物。

【4】 自然的意义，一方面是生长着的东西的生成，例如，把 u 读作长音，“自然”就意为“生长”了；另一方面，它内在于事物，生长着的东西最初由之生长。此外，它作为自身内在于每一自然存在物中，最初的运动首先由之开始。那些通过他物的附着和增生而增加的东西，例如胚胎，也被称为生长。增生和附着的区别在于，在附着之外并没有另一个必然的东西，然而增生的双方之内却有某种自身等同的单

一物，它造成了与附着不同的增生，增生在连续和量方面，而不在质方面是单一的。此外，某种自然存在由之最初开始存在和生成的东西也被称为自然，在其自身潜能方面既无形状也无变化，例如雕像和铜器的铜就被称为自然，木器的木料以及诸如此类的东西，每一事物都由它们构成，原始质料都持续不变。也就是在这种意义下，人们把自然存在的元素叫做自然，有的人说是火，有的人说是土，有的人说是气，有的人说是水，以及诸如此类的东西。有的人说是其中一些，有的人则说是它们全部。此外，自然存在物的实体以另一种方式被称为自然，例如，有些人说原始组成是自然，恩 1015[a]
培多克勒就这样说：

> 世间的事物没有一件是自然，
> 而不过是混合以及混合物的分离，
> 人们把这些东西叫做自然。

所以，那些出于自然而存在或生成的东西，尽管其由之生成和存在的东西已经存在着，倘若还不具有形式或形状，我们就不能说它具有了自然或本性。只有由这两者构成的东西，才是出于自然而存在，例如动物及其部分。原始质料和形式或实体两者都是自然。（原始质料有双重意义，或者是对自身来说的原始，或者是一般意义上的原始。例如，铜是对铜器自身来说的原始，但一般来说，原始质料是水，假如所有可溶的东西都是水的话。）形式或实体是生成的目的。广义地说来，一切实体都是自然，因为自然总是某种实体。

从以上所说，自然的原始和首要的意义是，在其自身之内有这样一种运动本原的事物的实体，质料由于能够接受这种东西而被称为自然，生成和生长由于其运动发轫于此而被称为自然。自然存在的运动的本原就是自然，它以某种方式内在于事物，或者是潜在地，或者是现实地。

【5】 必然的意思是没有它作为伴随条件生命就不可能，例如呼吸和营养对动物就是必然的，因为缺少这些条件生命就不能存在，没有它善既不能存在也不能生成，恶也不能被消除和摈绝。例如，为了不生病，服药是必需的；为了获得财富，去埃吉娜的航行是必要的。此外，强制的和强制是对冲动和意图的妨碍和阻止，强制也被称为必然，所以它是恼人的，例如尤埃诺斯① 说：

　　一切必然的事情天生是讨厌的。

而强制就是某种必然，索福克勒斯说：

　　强制让我必然地做这一切。

人们认为必然不可言喻，这很对；它既与按照意图的运动相反，也与按照推理的运动相反。

此外，对于不允许别样我们就说必然如此。正是按照必
1015b 然的这种意义，其他的一切才被说成是必然。当由于受到强制必然不能够按照意图而动作或被动的时候，这就是强制，

① 尤埃诺斯（Euenos），与苏格拉底同时，波罗斯人，智者和诗人。

故成为必然就是由于它而不允许别样。这一道理也适用于生命和善的伴随原因，不论是善，还是生命，还是存在，缺少某些因素都不行，这是必然的，这一原因是某种必然。

此外，证明也是必然的东西。因为如若证明是单纯的，事物就不允许别样。它是大前提的结论，推理所依据的各个前提是不能成为别样的。

在那些必然的事物中，有的有其他原因，有的则没有其他原因，而是由于这些必然的事物，其他才必然存在。原始和主要的必然是单纯，单纯就是不允许多变，也就是不能一会儿这样，一会儿那样，因为那就会是多变了。如若确有永恒而又不运动的东西，就不会有他物来强制，忤逆其自然本性。

【6】　一有两方面的意义，或者就偶性而言，或者就自身而言。就偶性而言的单一，例如柯里斯科和文雅的，文雅的柯里斯科。因为说柯里斯科和文雅的，以及文雅的柯里斯科，是一回事。文雅的，公正的，文雅公正的柯里斯科，也是这样。所有这一切所说的恰好是一件事情，公正和文雅恰好属于同一实体，文雅和柯里斯科，其一恰好是另一个的偶性。就某一角度说来，文雅的柯里斯科和柯里斯科同样是一个，因为其一的定义的一部分是另一个的偶性。例如文雅是柯里斯科的偶性。文雅的柯里斯科又是公正的柯里斯科，因为每一个定义的一部分恰好是同一东西的一个偶性。设若

把偶性应用于种或者普遍名称也同样是这样，例如，人和文雅的人是同一的，或者由于人作为一个实体恰好是文雅的，或者由于两者都是某一个体的偶性，例如柯里斯科，不过两者不是以同样的方式，一个是作为在实体之中的种，另一个作为实体的属性和性质。那就偶性而合为一的东西，就采取这样的方式。

在那些就自身而言为一的事物中，有的是由于连续，例如一捆用绳束在一起的柴，用胶粘在一起的木块，一条虽然弯曲但是连续的线，都被称为一。每一肢体也是这样，例如腿和臂。在这些东西之中，那些自然即是连续较之人工连续，更有资格被称为一。所谓连续，其运动自身是单一的，而不成为别样，所谓单一运动就是不可分，在时间上不可分。那些靠接触而成为一的东西不是就自身而言的一，假如你使木块相接触着，不能说它们是单一的，不论是木块，不论物体还是其他什么连续的东西，都不能。设若有一个纽带，这样的连续总的就可称为一，没有纽带那就更是一了，例如，胫和股相比更是一，因为腿的运动不能是一。直线比曲线更为单一，我们说曲线和带角的线是单一的又不是单一的，它的运动可以是同时也可以不同时。直线的运动则永远是同时的，直线没有一个有体积的部分是有的静止、有的运动，像曲线那样。

此外，载体由于在形式或种类上不可分，而以另一种方式被称为一。那些其形式在感觉上不可分的东西是无差别。

载体或者是原始，或者相对于目的是终极。酒被认为是单一的，水也被认为是单一的，因为它在形式上不可分开。一切流体，如油和酒，都被认为是单一的，可融化的东西也是这样，因为它们的终极载体是一个，所有这一切都是水和气。

那些具有同一的种，属差却相对立的东西，被称为一，同一的种是那些属差的载体，例如马、人、犬是一，因为全都是动物。其公式近于一种质料。这些东西有时这样地被称为一，有时更高的种被称为是同一的，即比它们高一级的种，如果种的属是最后的话。例如，等腰三角形和等边三角形是同一的，同是一种图形，因为都是三角形，但不是同一种三角形。

此外，有些事物被称为一，是由于其所以是的是的定义对其他的事物阐述没有区别，一切定义自身都是可分的。所以，增加和减少是同一的，因为定义是一个，正如对于平面，形式的定义是一个。总的说来，最为同一的东西是思想所以是的是的，思想是不可分的。不论在时间上，还是在地点上，还是在定义上，都不能分割，实体就是这类东西以及普遍。不可分割的东西由于不可分割而被称为一，例如人作为人是不可分割的，是一个人；作为动物，是一个动物；作为体积，是一个体积。

大多数东西被称为一，是因为与其动作或被动或承受或关系相联的某个他物是一。有的东西在原始的意义上被称为一，它们的实体是一，在连续性、形式和定义上为一。因为我们把不连续的、其形式不是一的、其定义不是一的东西称为众多。此外，不论什么东西，只要具有量并且是连续的，我们就可说它是单一的，不过假若没有某种整体，就不能这样说，或者没有单一的形式。例如，在看到鞋子的一些部分放到一起时，除在连续性方面外，我们不能说它是一。只有把它们合起来做成鞋，已经具有某种单一的形式才行。所以在各种线之中圆周线是最为单一的，因为它是整体和完满。

作为一而存在，就是作为数目的某种本原而存在。因为最初的尺度即是本原或始点。我们由之最初认识的东西也就是每个种的最初尺度，所以一就是对个别认识的本原。并不是在一切种里一都是同样的。在这里是四分之一音节，在那里是元音或辅音；重量的单位是一样，运动的单位又是另一样。一不论在哪里都是在数量上或者在形式上不可分。在量作为量而不可分的东西中，有的完全不可分且不占位置，称为单元，有的完全不可分但占有位置，称为点，有的在一个方向上可分称为线，有的在两个方向上可分称为面，有的在全部方向上可分，称为体。反过来说，在两个方向上可分的是平面，在一个方向上可分的是线，在量上完全不可分的是点和单元，不占位置的就是单元，占位置的就是点。

此外，有些事物在数目上是一，有些事物在形式上是一，有些事物在种上是一，有些事物在类比上是一；在数目上质料是一，在形式上是指其定义是一，范畴的图表本身是一，在类比上是指其作为他物与另一种他物的关系是一。而后一种一永远跟随前一种一，例如，那些在数目上为一的东西，在形式上也是一，而那些在形式上为一的东西，在数目上却不全部是一。凡是形式上为一的东西，在种类上全部是 1017a 一，种类上为一的东西并不全部在形式上是一，而在类比上为一的东西，在种上并不全部是一。

众多的意义正和单一相反，它们或者由于是不连续的；或者由于具有了在形式上可分的质料，可是原始质料也可是终极质料；或者由于说明其所以是的是的定义是多个。

【7】 存在的意义或者就偶性而言，或者就自身而言。就偶性而言的存在，例如，我们说公正的人是文雅的，这个人是文雅的，这个文雅的人是人；这正如我们说，这个文雅的人在造屋，这个造屋的人恰好是文雅的，或者这个文雅的人恰好会造屋；因为这一个是那一个就表示这一个恰好是那一个的偶性。之所以这样说，是因为我们说这个人是文雅的，而这个文雅的人是人，或者说这个白净的人是文雅的，或者这人是白净的。后者是由于两者恰巧属于同一个东西，前者是由于它恰巧是存在物的偶性。我们说，这文雅的是人，因为文雅的恰巧属于某物，而某物是存在的。就偶性而言的存在的意义就是这样多，或者由于两者同属于同一存在着的东西；或者由于一个属于另一存在着的东西；或者由于自身存在且属于它所规定的东西。

就自身而言的存在的意义如范畴表所表示的那样，范畴表表示多少种，存在就有多少种意义。在各种范畴的表述之中，有的表示是什么，有的表示质，有的表示量，有的表示关系，有的表示动作与承受，有的表示地点，有的表示时间，每一范畴都表示一种与之相同的存在。因为人正在恢复健康和人恢复建康之间并无区别，同样人正在走、正在切和人走、人切之间也无区别。同样也适用于其他情况。

此外，存在是表示真实，不存在表示不真实，而是虚假，肯定和否定也是这样，例如，苏格拉底是文雅的，这话真实，或者说，苏格拉底是不白净的，同样真实，而说对角线不是可通约的，在这里“不是”表示虚假。

1017b 此外，在说过的这些中，存在有时表示潜在地存在，有时表示现实地存在，我们说看有时是指潜在的看，有时是指现实的看。知识也是这样，或者指能够知，也可以指现实的知，宁静也是真正得到了宁静，或者是可能的宁静。这一区别也同样应用于实体。我们说赫尔墨斯在石块中，半条线存在于整条线中，未熟的谷物仍然是谷物。至于谷物什么时候是潜在的，什么时候不是潜在的，待在别处分析。

【8】 实体是指那些单纯的物体，例如土、火、水以及这类东西，一般说来物体以及由它们所构成的东西，动物和精灵，以及它们的各部分。这一切之所以被称为实体，因为它们不述说其他主体，而是其他的东西来述说它们。另一方面，是指内在于不述说主体的东西之中，是它们存在原因

的东西，例如灵魂对于动物。此外，实体还指那样一些部分，它们内在于这些东西之中起规定作用并标明它们的这个，它们消灭了整体便随之消灭，例如，面之于体，有些人说，线之于面，总而言之，在一些人看来数目也是这样的东西，数目消灭也就没有东西存在，数目规定一切东西。此外，它还指所以是的是，它的原理即是定义。它被认为是对个别事物的实体或本质。

故实体具有两方面的意义，或者作为不用述说他物的终极载体；或者是作为可分离的这个而存在，每一事物的形状或形式便具有这种性质。

【9】　相同的意思，一者是就偶性而言，例如白净的和文雅的之所以相同，两者恰巧是同一个东西的偶性，人和文雅的之所以相同，是由于一个是另一个的偶性。文雅的和人之所以相同，是由于文雅的是人的偶性。它们中的一个对于另一个是相同的，因为文雅的人和文雅的和人都一样，当然反过来也一样。这样看来，这里所说的一切都是于普遍意义上的，说一切人都文雅是不对的。普遍是就其自身属于事物，而偶性不是就其自身而是单纯地述说诸多个别事物。苏格拉底和文雅的苏格拉底被认为相同，但这个苏格拉底不能述说许多的个体，因为说每一个苏格拉底不同于说每一个人。有些东西是在这种意义下被说成是相同的。而就自身而言的相同，其意义和一一样多。那些被说是相同的东西，或

者是由于其质料在形式上或在数目上相同，或者是由于其实体是一。所以很清楚，相同性也就是众多存在或者被当作众多的存在中的某种单一性，例如，说这东西和自身相同就是把它当成了两个。

相异是指其形式、质料以及实体的定义都不只一个的东西，一般来说，相异的意思和相同相对立。

差别是指那些虽然在某些方面相同却又相异的东西，不但在数目上，而且在形式、种、类比上都相异；还有某种相异的东西；对立物；以及那在实体中具有相异性的东西。

相似是指那些其属性全部相同、或相同多于相异，以及那些其性质一样的东西。某一事物具有另一事物大多数的或较主要的属性，依据它们对立物的变化才得以可能，就和这一事物相似。不相似和相似相反。

【10】 对立是指矛盾，相关、短缺和具有、由之所出最终又回归于它的终极之物，例如生成和消灭。那些双方不能同时出现于同一容受者的东西，也被称为对立。或者是它们自身，或者是它们的组成物。灰色和白色不能同时出现于同一事物，所以它们的组成物相对立。

相反是指那些在种上有差别不能同时出现于同一事物的东西，或者在同一种内但具有最大的差别，或者在同一容受者中但具有最大的差别，或者隶属于同一潜能但具有最大的差别，或者是指其差别最大，或在单纯意义上，或在种上，或在属上。另一些东西被称为相反，有的由于具有这些性质，有的由于容受这些性质，有的由于能产生和承受这些性质，或者由于产生着、承受着丢失和获致、具有和短缺这些性质。既然一和存在都有多重意义，从而那些与它们相关的其他东西也必然有多重意义。相同相异和相反就是这样，其意义因每一范畴而异。

1018b 在种属上的相异，是指那些虽然其种相同但并不相互从属的东西，还有那些虽然存在于同一种内但具有属差以及在实体中具有相反的东西。相反，在属上彼此相异，或者全部，或者在首要的意义上。还有那些在种的最后属上，其定义相异的东西，例如，人和马在种上是不可分的，它们的定义却不相同。还有那些存在于同一实体内的东西，却具有差别。在属上的相同意义与此相反。

【11】　在先和在后意指，在有的情况下，如在每一个种里都有某一最初的本原，在先即事物距离某一或单纯地、或自然地、或在地点上、或为某些人规定了的本原较近，例如，就地点来说，在先就是距离自然地规定了的某一地点较近，例如中点，或终点；或者距任意规定之点较近，距离较远的就是在后。就时间来说，距离现在较远的在先，例如，发生过的事件，特洛伊战争先于波斯战争，因为它更远于现在；然而，对未来的事件来说，较近于现在的在先，例如奈麦亚运动会先于庇提亚运动会，由于它更近于现在。现在被

当作最初的本原或始点。就运动来说，近于最初运动者的在先，例如，儿童在成人之先，这是一种单纯意义上的本原或始点。就潜能来说，具有更多潜能、更大能量的东西在先，照此必须服从其意图的其他东西则在后，因而没有运动者也就没有被运动，有了它才有被运动，意图是本原或始点。就次序来说，是指按照某一原则以一规定之点为基准来作安排，例如，次于首席的演奏者先于第三者，第七弦先于第八弦，在前者首席乐师是本原或始点，后者中弦是本原或始点。

这一意义下的在先，如以上所述，另一意义下的在先，是就认识而言的单纯意义上的在先。在认识上在先的事物中，又有原理上在先和感觉上在先的区别，在原理上普遍的东西在先，在感觉上个别事物在先。在原理上偶性在整体之先，例如文雅的就在文雅的人之先，因为，如果没有部分，原理的整体也将不复存在。当然，如果没有一个文雅的人存在，也就没有文雅的这一偶性。

此外，在先事物的偶性，也被称为在先，例如直在平之
1019a 先，因为直是线就其自身的属性，而平则是面的属性。

有些东西这样被称为在先和在后，另一些东西则是按照本性和实体，这些东西不需要他物而存在，他物没有它们则不能存在，柏拉图就利用过这种区别。（由于存在是多义的，首先载体是在先的，由此实体是在先的；就潜能来说又和就现实来说不相同。有的是潜在地在先，有的是现实地在

先，例如，就潜能来说，单条线在整条线之先，部分在整体之先，质料在实体之先；就现实而言则是在后，因为只有解体时它们才能现实地存在。）在某种意义上，一切所谓的在先和在后指的都是这些，有的在生成上不须他物而存在，例如，整体不须部分，有的在消灭上不须他物，例如，部分不须整体，其他事物也是这样。

【12】 潜能的意思是运动和变化的本原，存在于他物之中或作为自身中的他物。例如，造屋术，就不存在于所建造房屋之中，医疗术则可以是存在于被医疗者之中的潜能，不过不是作为被医疗者。总之，潜能就意味着变化和运动的本原存在于他物之中或在自身中作为他物。同时，也是被他物或作为他物变化和运动的本原。按照这一本原，被动者承受某种被动，有时我们把任何的这种承受称为能够被动。有时并不指所有的承受而仅指变好。此外，潜能还是有意把事情做好的本原，有时我们说那些只是行走和讲话，并没有做好或没有如意想做好的人，不能讲话或行走；对于被动也是一样。此外，那些不变化、不易变坏，一般意义上不被动的东西也被称为潜能，破碎、损坏、弯曲，在一般意义上消灭并非由于能力，而是由于无能，由于缺乏某种能力。这类事物中的不被动者，由于潜能或在能力或在某种确定状态方面几乎不或很少被动。

潜能的意义有这样多，而可能的一种意义就是具有运动

1019b 和变化的本原（因为静止也是某种可能），它在他物之中，或者作为他物在自身之中。另一种意义是，另外的东西可以对它具有这样一种潜能。再一种意义是具有改变某种东西的潜能，或朝向坏或朝向好（因为消灭似乎就是能够消灭，如果它不能够也就没有消灭了）。此时它具有被如此处置的某种条件、原因和本原。有时似乎是由于具有某种东西，有时由于短缺某种东西，倘若短缺是一定意义上的具有，那么一切都由于具有而是某种可能，有的是由于具有某种品质和本原而可能，有的是由于具有这些东西的短缺而可能，倘若短缺允许是具有的话，如不允许，那么就要发生含混。此外，可能还有一种意义，没有他物或自身作为他物具有消灭它的潜能或本原。此外，所有这一切，或者仅仅由于可能恰巧生成或不生成，或者由于能够做好、并且在无生物中也存在着这种潜能，例如，在器具中，人们说一架琴能弹，倘若发音不好，则说不能弹。

不能就是潜能的短缺，以上所说的这种本原，或在一般意义上说来，或应自然地具有；有时是确已自然地具有了，我们说一个孩童、一个成人，一个阉人不能生育，其意义是不相同的。此外对每一个别潜能都有一个相反的可能，不论是单纯的运动，还是运动向完美。

不可能或者就不能的意义来说，或者就其他意义来说，例如可能和不可能。对于不可能，其相反者必定是真的，例如对角线不能通约，因为通约这样的事情是假的，其相反者不但是真的而且必然是真。而通约不但是假，而且必然是假。相反于不可能，就可能，其相反者并不必定是假。例如说人可能坐着，而不坐着并不必然是假。可能的一个意思如上所说，表示并不必定是假，另一个意思是真，再一个意思是允许是真。

在几何学里潜能转意为乘方。

这些意义下的可能都不依据潜能，而依据潜能的可能，全部都与第一层意思相关。这就是在他物中或在自身中作为他物的变化的本原。说另外一些东西可能是由于其他某个东西对它们具有这样的潜能，或者由于不具有，或者由于以一定方式具有，不能的意义也是这样。最原始意义上潜能的主要规定是在他物中或作为自身中的他物的变化的本原。

【13】　量的意思是可以分解成一些组成部分，其中各个或每一个在其本性上是个一或这个。众多是某种计数的量。大小是可度量的量。量在潜能上可分解为不连续的部分，大小可分解为连续的部分。大小在一个方向上的连续是长度，在两个方向上的连续是宽度，在三个方向上的连续是高度。在这里，众多有限时是数，长度有限时是线，宽度有限时是面，高度在有限时是体。

此外，量还有就本身而言的量和就偶性而言的量，例如线是就自身而言的量，文雅的是就偶性而言的。在就自身而言的量中，有的是由于实体，例如线（因为在说明其是什么的定义中含有某种量），有的是这种实体的属性和状态。例如，多和少，长和短，宽和窄，高和矮，重和轻，等等。再如大和小，较大和较小，不论就自身说还是就相互关联来说，都是量的就其自身的属性。这一些名称当然可以转而应用到其他事物之上。

在那些就偶性而言的量中，有的如说过的那样由于其依据的事物是某种量，例如文雅的和白净的被认为是量，有的是作为运动和时间。这些东西被认为是某种量和连续的，由于它们作为其属性的事物是可分的，我所说的不是被运动的东西，而是运动得以发生于其中的东西，由于这东西是量，所以运动是量，由于运动是量，所以时间是量。

【14】 质的一个意思是实体的差异，例如人是有某种质的动物，因为两足，马则四足；圆是有某种质的图形，因 1020b 为无角，表明了其实体上的差异。质就是实体的差异，这是一种意义，它的另一种意义则是作为不运动者和数学对象。数目就是某种质，例如，那些组合物，不但在一个方向上存在，而且要由平面和立体（这些东西是量的量或量的量的量）来表示。一般说来，在实体中它处于量之外。因为每个数目的实体都是单纯的，例如数目 6 既不是两个 3，也不是三个 2，而是单纯的，6 就是 6。此外，质还指运动实体的属性，例如热和冷、白和黑、重和轻，依据它们，变化着的物体得以改变。此外，也用德性和恶行，以及一般意义上的

恶和善。

质大致有两层意思，其中之一是主要的，首先质量实体的差异（在数目中的质也就是这样的一个部分），因为它是某种实体的差异，但是不运动的，或者不是作为运动着的。另一层意思是，运动者作为运动着的东西的属性，以及各种运动的差异。德性和恶行是这种属性的一部分，因为它们揭示了运动和行为的差别，正是由于这种差别，那些在运动中的事物才动作或承受得好和坏。能够如此这般地运动和行为是善良，相反地则是恶。善和恶主要表示有生命东西的质，在其中又主要表示具有意图者的质。

【15】　相关或关系的意思，例如一倍对于一半，三倍对于三分之一，以及一般说来多倍对于多分之一和超出对被超出的东西。再如，热对被热的东西，切对被切的东西，总之，主动对被动。再如，可度量的东西对于尺度，可知的东西对于知识，可感觉的东西对于感觉。

第一种意义的关系是数目上的关系，或者是单纯地或者是确定地对于数目或一的关系，例如两倍对于一半就是确定的数目关系，多倍是对于一的数目关系，不过不是这样或那样的确定的关系。一倍半是对于其对象的一种确定的数目关系。一又几分之一与其对象是一种不确定的关系，正如多倍和一的关系。超过对方被超过的东西一般而言是不确定的数目关系。数目是可公度的，它不能说明不可公度的东西。超过对于被超过，是某一量上再加一点的关系，而这后加的一点是不确定的，因为它可以任意地相等，也可以不相等。这所有的关系都是数目上的关系，或是数目的属性。此外，还有另外意义上的相等、相似、相同，它们的意义全都和一相关。其实体为一的东西相同，其质为一的东西相似，其量为一的东西相等。一是数目的本原和尺度。所以，这一切关系都是数目上的关系，而只不过不是以同样的方式。

主动和被动关系到主动和被动的潜能，以及这些潜能的现实，例如能加热与能被加热，就是因为能力。又如加热与被加热、切与被切则是因为实现。除了在别处所讲的方式外，数目的关系都不是实现的，它们并不具有在运动方面的实现性。在那些潜能方面的关系中，还有时间关系，例如，已经制作对于已经被制作，将要制作对于将要被制作。正是这样，父亲是儿子的父亲，父亲是个已经制作者，儿子在一定的意义下是个已经被制作者。此外还有一种关系是由于潜能的短缺，这就是不能，以及这一类的词，例如，不能看。

那些在数目上和在潜能上被称为相关的东西，其所以相关，都是因为其自身存在在述说方面涉及他物，而不是因为他物涉及它。可度量、可认识和可思想之所以是相关的，由于他物涉及它。可思想表示存在着对它的思想，但思想不与其所以是思想的东西相关。因为这样会把同一件事情说两遍。同样，观看是对某物的观看，而不是其所以为观看的东

西的观看（虽然这样说是对的），它是对颜色或其他诸如此 1021b
类东西的观看。因为前一种说法，是把同一事情说两遍，即其所以是观看的东西的观看。

就自身而言的相关，有的意义如上所说，有的则是它们的种与此相同，例如医术是一种相关的东西，因为它的种即知识被认为是属于相关的东西。还有，那一些事物具有了它们便被认为是相关的性质，相等性由于相等是关系而被称为关系，相似性由于相似是关系而被称为关系。至于就偶性而言的相关，例如人是相关的，由于他恰好是某种东西的二倍，而二倍是一种关系，如若一个人既是二倍又是白净的，那么白净也是一种关系了。

【16】　完满的一个意思是，在它之外找不到任何一个部分，例如，每一事物的完满时间就是在它之外找不到某种作为其部分的时间。再从德性和特长来说，完满就是在同一种内不可超越的，例如，一个完满的医生，一个完满的乐师，都是在其固有特长的形式上完美无缺。这一种意思也可以转用在恶行上，我们说一个彻底的骗子，一个彻底的盗贼，因为这样的缘故，我们也说这些人“善”，例如，善于偷盗，善于行骗。德性是某种完美，每一个体在固有德性的形式上在本性所要求的东西方面完美无缺时，所有实体才是完善的。此外那些达到目的的东西，如若这目的是好的，这些东西也被称为完善，因为达到了目的就是完满。由于目的是

某种终端，所以又把完满转用于坏的事情上，倘使毁坏无遗，坏事做绝到至矣尽矣的程度，我们说彻底毁坏了，彻底毁灭了。从而死亡转意也就是目的，两者都是终点。目的也就是所要达到的终点。

就自身而言的完满有以上诸种意义，或者由于在优点方面，完美无缺，不可超越，穷尽无遗，此外无物，或者一般
1022a 说来，在每一个别种内都不可超越，穷尽无遗，而其他被称为完满的东西，都要以此为依据，或者由于产生或具有这类东西，或者由于与此相符合，则被认为是以某种方式与原始意义上的完善物相关。

【17】 界限意指个别事物的终端，是在它之外别无他物、在它之内无所不备的始点。它可以是大小的形式或具有大小，它是个别事物的终点（是运动和活动都指向它，而不是出于它的东西，有时它是两者既指向它又出于它，即何所为和目的）。它又是个别事物的实体，个别事物的所以是的是，实体是认识的界限，若是认识的界限，那么也就是事物的界限。这样看来，十分明显，本原的意义有多少种，界限的意义也有多少种，而且更多一些。因为一切本原都是某种界限，但并非一切界限都是本原。

【18】 由于什么有多种含义，一种意义是个别事物的形式或实体，例如，人由于什么而善良，由于善自身。另一

种意义是在那里最初自然生成的东西，例如，颜色在表面上。从而由于什么的最初意义是形式；其次，作为个别事物的质料和最原始的载体。一般说来，由于什么具有和原因一样多的意义，他由于什么来或他为什么来，由于什么推论错了或对了，或者推论错了或对了的原因是什么。此外，由于什么还具有位置的意思，在哪里站着，由哪里行走，这都表示位置和地点。

这样由于自身或就自身而言也必然有多种意义。就自身而言首先是个别事物的所以是的是，例如卡里亚就自身而言是卡里亚，和卡里亚的所以是的是。其次，是那些包含在是什么里的东西，例如，卡里亚就自身而言是动物，因为动物蕴涵在其定义之中，卡里亚是一种动物。此外还是事物最初接受于自身之中，或者接受于自身的某一部分之中的东西。例如，表面就自身而言是白的，人就自身而言而活着，因为灵魂是人的一个部分，生命最初在其中。此外，就自身而言还是指没有其他原因的东西。人有许多原因，动物、两足的，不过人就自身而言才是人。此外，还有那些依存于作为单独事物的单独事物的东西，所以，独立存在的东西是就自身而言。

【19】　安排的意思是对有部分东西的置放，或者依照地点，或者依照潜能，或者依照形式。它应当是种置放或安排，从置放或安排这个名称上看就已清楚了。 1022b

【20】 具有、状况及品质的一个意思，例如具有和被具有的某种实现，这就是某种作为，某种运动。如果一方面是主动另一方面是被动，在其间就有一个活动。在衣服的具有者和被具有的衣服之间，也像这样有一个具有。显然，具有是不可以被具有的，如果具有具有，那就要无穷后退。具有或状况的另一个意思是处置，事物被安排得好或坏，或者由于自身，或者相关他物，例如健康是某种状况，因为它是这样一种处置。此外，具有或状况还可指这种处置的一部分，这些部分的德性是某种具有或品质。

【21】 属性或承受的一种意义是事物由之发生改变的质，例如白和黑、甜和苦、重和轻以及其他类似的东西。另一种意义是这些东西已经实现了的改变。此外还有一个更重要的意义是有害的改变和运动。尤其是令人痛苦的伤害。此外，对巨大的不幸和痛苦也称为承受。

【22】 短缺的一个意义是不具有那种自然具有的东西，甚至包括并非自然具有的东西，例如说，植物缺少眼睛。另一个意思是并不具有那或者其自身、或者种应该自然具有的东西，例如，一个盲人的缺少视觉，和一只田鼠是不一样的，一个是在种上，另一个则在他自身。此外还指，在应当自然具有且到了自然具有的时间却不具有（盲是某种短

缺，但并不是在一切年岁都称为盲，只在该自然具有的年岁而不具有才称为盲)。如若在对象中，在某一方面，在相关和方式须自然具有而不具有也是这样。此外任何被强力剥夺的东西也称为丧失。

短缺的意义和由词缀 a-构成的否定词一样多。不相等的意思是不具有自然具有的相等，不可见是不具有颜色或暗 1023a
淡，没有脚或者由于完全没有脚或者由于不成形。此外，还意谓很少具有，例如无石头，即很少有石头。此外还指难于或不善于，例如不能切割，不但指不能被切割，而且指难于切割，不善于切割。此外还指全部不具备，盲目不是说一只眼睛而是指两只都无视力。所以并非一切人都不是善良就是邪恶，不是公正就是不公正，在其间有个中间。

【23】　有着是多义的，其一个意思是按照自身的本性进行，或按照自己的冲动进行，所以说发烧具有了这个人，僭主们有了城邦，穿衣的人们有衣服。另一个意思是作为某物能存在于其中的容纳者，例如，青铜有雕像的形式，身体具有疾病。再一个意思是，包含被包含的东西，一个被包含的东西就存在于它中，即是被它所有，例如，我们说盂盛有液体，城邦拥有人群，船只载有水手，同样，我们说，整体含有部分。此外，阻止一个东西按其固有的冲动运动或行动也称为具有了它，例如，廊柱支撑压在身上的重量，像诗人们让阿特拉斯支撑着天一样，若不然它就要落在地上，就

如某些自然哲学家所说。在这种意义下捆绑便有了被捆绑的东西，若不然被捆绑之物就要按照自己的冲动各自散开了。

在某物之中和有着在意义上相类似、相一致。

【24】 出于一种含义是出于作为质料的东西，这又分为两个方面，或者出于最初的种，或者出于最后的属，例如一切可溶解的东西都出于水，而雕像则出于青铜。另外一个含义是，出于最初的运动本原，例如战争出于什么？出于争吵，争吵是战争的本原。再一种含义是出于质料和形状的复合，正如部分出于整体，诗句出于《伊利亚特》，石块出于房屋。由于形状是目的，具有了目的是完全的。另外一种含
1023b 义如形式出于部分，例如人出于两足，音节出于字母。这里所说的出于和雕像出于青铜器不同，因为复合的实体出于可感的质料，而形式则出于形式的质料。出于的意义有一些就是这样，另外有一种意义只是涉及其中的某一部分，例如，孩子出于父母，植物出于土地，就只是出于其中的一部分。再一种意义是在时间上后于，例如黑夜出于白昼，风暴出于晴天，都因为一个后于另一个。在这种意义下，有的由于可相互转换，此时所说的就是这样；有的则仅仅出于时间的相继，例如，航行出于春分，因为春分后进行，谷神节出于酒神节，因为在酒神节后进行。

【25】 部分意指，量以任何方式被分解而成的东西，

从作为量的量中分出来的永远被称为它的部分，例如二有时就被称为三的部分。另一方面，在这些部分中，只有那些可度量全体的，才可称为部分，这就是为什么有时说二是三的部分，有时又不这样说。此外，形式被分解而成的、那些没有量的东西，被称为形式的部分，所以人们说属是种的部分。此外，整体，即形式或形式的具有者，由之构成和分解后而形成的东西，例如，铜球和铜块不但以铜为部分（这是含有形式的质料）而且以角为部分。此外，那些在阐明个体的定义中的因素，也被叫做整体的部分。故种被认为是属的部分，而在另一种意义下，属又是种的部分。

【26】 整体的意思是，整体的自然构成部分一个不缺。包容被包容者的东西形成某种一，这又有两种情况，或每一个体作为一，或者这些个体构成一。普遍和一般意义上的东西也是某种整体，普遍之所以被称为整体，由于它包含了许多个体，并对每一个作出规定，且它们中每一个也是一，例如，人、马、神全是动物。连续的东西和被限制的东西，当它们由许多含蕴物构成某种一时，也被称为整体。尤其当以潜在的方式含蕴时，若不然，即以现实方式。这些东西如果以自然方式连续和被限制，比以人工的方式更是整体。这正和我们对一所说的相同，因为作为某种整体而存在也就是作为某种一而存在。

此外，量有始点、中点和终点，如位置对其并无差别， 1024a

就称为全部。如位置造成差别，就称整体。如果两者都可，就既称全部，又称整体，有这样一些东西，在位置的改变之后，它们的本性仍保持自身，形状却改变了，例如蜂蜡和衣服，由于两者都允许，既被称为整体，也被称为全部。水和流质以及数目都被称为全部，除非转意，不能说整体数目和整体水。对一些东西称全部，正如对单一称全体，对这些东西称全部是把它们当成了分散的东西，全体这个数目，全部这些单位。

【27】 损害，不可随便说量被损害，它自身必须拥有部分并是整体。取去其中的一个一，二并不被损害（因为缺损的部分和保留的部分决不能相等），一般说来数目是不能被损害的，因为它的实体必须保持不变。如果一只酒杯受到损害，它仍然是酒杯，数目却不再是自身了。进一步说，有的东西各部分可以是不相同的，这些东西也不是全部都可被损害，数目的各部分有的相同，有的也不相同，例如二、三。一般地说来，那些位置对其不造成差别的东西不受损害，例如水和火。只有那些位置和实体相联的东西才被损害。此外，还须是相连续的东西，音阶是由不相同的部分构成的，并且具有位置，然而并不发生被损害的情况。更进一步说，就是那些整体并不是其任何部分被夺去都造成损害，除非这些部分在实体中是首要的，在地位上是决定的。例如，如果一只酒杯被打穿，就不是受损害，如若把手或某个突出部

分被打掉，则不同。一个人如果只是肌肉和脾脏受伤还不能说被损害，如果是突出部分则不同，不是一切突出部分，而是完全去掉又不能再生的部分。正因为这样，秃头并不是被损害。

【28】 种的意思，或者是同一形式下事物的连续生成，例如，只要人的种存在着就等于说，只要人连续地生成。或者是存在所源出的最初运动者，在这一意义下说希腊人是种，有人说伊奥尼亚人是种，因为有人出于希腊人，有人出于伊奥尼亚人，他们都是最初的生殖者，而且和质料相比，人更多地是出于生殖者。人们也认为种出于雌性，例如，有些人出于普拉。此外，如平面是平面图形的种，立体是立体图形的种。在图形之中每一个或者是个具体的平面，或者是个具体的立体，种就是这些差异的载体。此外，种还是定义中最初的成分，是什么中要讲到它，质就是其差异的显示。所以，种有这么多含义，或者指同一形式下事物的连续生成；或者指与最初运动者同类的东西；或者指质料，因为差异和质均属于载体，我们称之为质料。

种上的不同是指那些原始载体不同的东西，它们不能相互融合，两者不能归于同一东西，例如形式和质料就是在种上不同的，以及那些分属于存在的不同范畴的东西，有的表示存在物的是什么，有的表示某种质，有的表示前面已区分过了的东西。这些东西都不能相互融合，也不能归于某一东西。

【29】 虚假一方面是事物的虚假，或者由于不实在或不能证实（正像说对角线是可通约的，或者你坐着，这其中有的是永远虚假的，有的是暂时的，这是由于这些事实并不存在）。另外事物虽然存在着，却自然地表现为自身不同的存在或者不存在，例如阴影和幻梦。这些东西都是某种存在，但不是它们在表象中造成的那些东西。事物的虚假意思就是这样，或者由于事物本身的不在，或者由于它们所产生的表象并不真实存在。

另一方面是陈述的虚假，作为虚假它是对不存在的东西的陈述。所以一切陈述，用到其为真的对象以外都是虚假的，例如圆的定义用到三角形上就是虚假的。每一个东西都只有一个定义，说明其所以是的是。但有时也有多种定义，事物自身和它的偶性在一定意义下是同一的，例如苏格拉底和文雅的苏格拉底。严格说来，虚假的陈述是不对任何东西的陈述。安提斯塞尼[①]过于简单，他认为，除了事物本身固有的定义外，都不值一顾，定义是一对一。由此得出结论，不存在矛盾，大致也不存在错误。然而对每一事物不但可以用它自身的定义来说明，而且用其他东西的定义来说明，虽然会十足荒谬，但也可能在一些场合真实。正如八可以用二

① 安提斯塞尼（Antisthenes，约公元前444—前360），犬儒学派创始人。

的定义被说成倍数。 1025a

这些东西是这样被称为虚假的。至于虚假的人是指熟练地、有意地说假话，并且除自身外没有其他的原因，它对别人造成这样的言语，正如我们称那些造成虚假的印象的事物为虚假一样。在《希比阿斯篇》里，同一人既是虚假的又是真实的论断并不中肯。它设定虚假就是有能力作假，这种人智多虑广，并且设定有意地作恶之人更加了不起。这样的错误论断来自推理，一个故意跛行的人比一个不自愿而跛行的人更能干。这种跛行是装出来的，所以如果跛行是有意的，应当是件坏事情，这和他在伦理学里的情形一样。

【30】　偶性，一个东西被称为偶性，它依存于某物并被真实地说明，不过既非出于必然，也非经常发生，例如，一个人掘园种菜却发现了宝藏。对于掘园者来说，宝藏的发现就是偶性或机遇。因为发现并非必然出于掘园，或是其后果，而种菜的人并不经常找到宝藏。文雅的人很可能是白净的，但这事既非必然，也非经常发生，我们称之为偶性。既然有着依存者和被依存者，而一些东西是在某一地点、某一时间的依存，某物可能的依存，但不是因为它是一定的个体或此时、此地，它便是偶性。机遇或偶性是没有确定的原因的，而只是碰巧，即不确定。一个人碰巧到了埃吉那岛，假如不是由于想去那地方而是因风暴迷途，或为海盗俘获。偶性或机遇确乎发生着和存在着，不过不是作为自身而是作为

他物，风暴是去了他并没有驶向的地方的原因，这就是埃吉那岛。

偶性还有另外的意思，例如有些东西就其自身依存于个体，但却不存在于实体之内，例如三角形具有二直角。这一类的偶性可以是永恒的，前一类则不能。其中的道理见于其他的地方。

第　六　卷

【1】　我们寻求的是存在物的本原和原因，很显然这 1025b
些事物是作为存在。身体健康和精力充沛有着某种原因，数学上有着本原、元素和原因。总之，一切思想以及包含某种思想的学问都是或者较为严密地或者较为粗疏地研究原因或本原。一切知识都是关于某种存在或种的，并对之进行考察，而不是关于单纯的或作为存在的存在，也不对它的是什么作出说明，而是由此出发，或者使它在感觉上更加明显，或者把是什么当作一个假设，这样或者较为必然地或者较为概略地证明他们所研究的种中固有的属性。所以很显然通过这种途径，得到的既不是实体的证明，也不是是什么的证明，不过是用另一种方式来显示。同样，他们也没有说明其所研究的种到底存在还是不存在。因为揭示事物的是什么和说明它是否存在属于同一种思想进程。所以，物理学正好研究存在的某一个种（是关于这样一种实体的知识，在其自身之中包含运动和静止的本原）。很显然，它既不是实践科学，也不是创制科学。创制的本原或者是心灵或理智，或者

是技术，或者是某种潜能，它们都在创制者之中。实践的本原即意图则在实践者中，因为意图的对象和作为之结果是同一的。如若把全部思想分为实践的、创制的和思辨的，那么物理学就是某种思辨的。不过它思辨那种能够运动的存在，仅仅思辨那种在定义上大多不能独立于质料的实体。我们应该揭示所以是的是和定义是如何存在的，离开了这一点我们的寻求将一无所得。

那些规定了的东西或是什么，或者类似扁鼻，或者类似扁平的，两者的区别在于扁鼻是与质料结合在一起的（扁鼻即是扁平的鼻子），而扁平则脱离于感性质料。如果在物理
1026[a] 学中一切用语类乎扁鼻，例如鼻子、眼睛、面孔、肌肉、骨骼，以及一般的动物；又如叶、根、皮以及一般的植物（它们的定义都离不开运动且永远具有质料），应怎样寻求和规定物理对象的是什么以及为何思辨灵魂的有些部分——在不脱离质料的范围内——会属于研究物理学的人，这就清楚了。

这样看来，物理学显然属于某种思辨领域，数学同样是思辨的，但现在还不清楚它的对象是否既不运动、又能分离。不过有一些数学对象作为不动的和可分离的东西被加以思辨还是清楚的。如若存在着某种永恒、不动和可分离的东西，很显然认识它们的应该是思辨科学，而不是物理学（物理学是关于某些运动着的东西的），也不是数学，而是先于两者的科学。物理学所研究的是可分离的但并不是不运动的

东西，某些数学研究不运动，却也不能分离存在而是在质料之中的东西，只有第一哲学才研究既不运动又可分离的东西。一切原因都必然是永恒的，这些原因尤其是永恒的，因为它们是那些可见的神圣事物的原因。故思辨的哲学有三种，数学、物理学和神学（用不着证明，如若神圣的东西在什么地方，它就在这种本性中）。最崇高的知识所研究的应该是那类最崇高的主题。

思辨科学比其他学科更受重视，神学比其他思辨科学更受重视。人们会提出疑问，第一哲学是以普遍为对象呢，还是研究某个种，或某一本性？因为即使在数学中研究方式也不是一样的，几何学和天文学研究某种本性，而普遍则对一切是共同的。设若在自然组成的物体之外没有别的实体，那么物理学就会是第一科学。设若存在着不动的实体，那么应属于在先的第一哲学，在这里普遍就是第一性的。它思辨作为存在的存在、是什么以及存在的东西的属性。

【2】 单纯的存在具有多重意义，一方面是就偶性而言，另一方面是作为真的存在，不存在作为虚假；此外还有范畴表，如什么、性质、数量、何地、何时以及其他表示这类方式的东西。在这一切之外，还有作为潜能和作为现实的存在。既然存在有多层意义，首先应谈就偶性而言的存在，而关于它是没有理论的。关于它形不成任何知识，无论是实

践的、创制的，还是思辨的，即表明了这一点。一个造房屋的人并不制造随造成的房屋而来的所有偶性，因为它们是无限的。所造成的房屋难免对某些人合意，对某些人有害，对某些人有利，或如所说的那样对所有的存在物各不相同，然而建筑术与此毫无干系，建造房屋不造成任何一种偶性。几何学家也是一样。他不考察图形的这些偶性，不问一个三角形是否不同于另一个具有两直角的三角形。这种情况是理所当然的，因为偶性只不过是某种名称而已。柏拉图不无道理地认定诡辩术研究的是不存在，正如所说那样，智者们的论证首先是关于偶性的论证。文雅的和有文化的是相同呢还是不同，文雅的柯里斯科和柯里斯科是相同呢还是不同；或者是否一切可能存在的东西并非永恒，而是经过了生成，于是，一个文雅的人变成了会文法的，一个有文化的人变成了文雅的，以及其他诸如此类的论证。这样看来，偶性是某种非常接近不存在的东西。从这些道理看来，生成和灭亡是存在物的另一种方式，对于就偶性而言的东西却不是。不过我们还要进一步尽可能地谈一谈偶性，它的本性是什么，它由于什么原因而存在，同时，为什么不存在对它的知识大致就会清楚了。

在存在着的东西中，有一些永远如此（且出于必然），不是在强制意义下的必然，而是说它不可能别样；有些则不是出于必然，不永远如此，而是经常这样，这就是偶性存在的本原和原因。因为我们把那些既非永远也非经常如此的东西称为偶性。例如在酷暑发生了风暴和寒潮，我们说这是偶性的，天气闷热则不是。因为后者永远或者经常发生，前者则不然。一个人白净是偶然的（既不永远，也不经常），作 1027a
为动物却不是偶然的。一个建筑师治好了病是偶然的，因为在本性上这不是建筑师而是医师的事情，而这位建筑师碰巧是位医师。厨师意在予人以口腹之乐，也可以做出有利于健康的东西来，但不是由于烹调技术。所以，我们说，这是偶然的，在某种意义上他做出了，但在单纯或绝对的意义上则不然。某些潜能造成其他事物，但却不能确定是什么样的技术，什么样的潜能，因为依据偶性而存在和生成的事物的原因也是偶然的东西。既然万物不论存在还是生成并非都是出于必然和永远如此，而大多数是经常如此，所以就偶性而言的存在必然存在着。例如，白净的人并不永远也不经常是文雅的，而是有时成为这样，故要被看作某种偶性。若不然，万物都将出之于必然了。所以，允许不离开常轨的变化的质料就是偶性的原因。

必须由此出发，是否不存在既非永恒也非经常的东西？这是不可能的。在此之外还有某种东西，这就是偶而发生的情况。至于事物是否只是经常，而没有东西永远存在，或者存在着永恒的东西，待以后再作考虑。不过很明显，不存在关于偶性的知识，因为全部知识或是关于长久或是关于经常的事物。若不然，怎么可能学习或传授他人呢？必须被规定为永远或经常发生，例如，蜜汤经常对发烧有疗效。除此之外在它没有疗效时就无法对它说什么，例如新月，因为在新月的时候，它一直或者经常发生。偶然却与此相反。以上说明了偶性是什么，它由于什么原因，以及为什么不存在对偶性的知识。

【3】 很显然，在生成和灭亡之外存在着能够生成和灭亡的本原和原因。若不如此，万物都将出于必然了；假如生成和灭亡必然有某种不出于偶然的原因的话，这个东西存在呢，还是不存在？如若另外的东西被生成，它就存在；若不然，就不存在。另外的东西的存在又依赖别的东西。显然可见，不断地从一段有限的时间中抽取时间，就会达到现
1027b 在。正如一个人如果走出去，他就要因疾病或暴力而死去；如果他口渴，他就要走出去；如果由于其他原因，他就会口渴，这样可以一直达到现在所设定的情况，或者达到某种已经发生了的情况。例如，倘使他吃了味重的东西，就要口渴，但这也许发生，也许没发生，所以他必然死去或者不死。如果要跳跃回已经发生了的事件中，道理也是一样。因为所说的已经发生的事情，已经存在于某种事物中。一切将要发生的事情，都将出于必然。例如，活着的将要死去，因为某种情况确已生成，例如对立物已在同一身体之中，究竟死于疾病，还是死于暴力，还没有确定，这依赖于某件事情的发生。显然，这样一步一步走到某个不能再走下去的开始之点，或本原。从而，它就是偶发事物的本原，再没有其他

东西作为它生成的原因。至于要追溯到什么样的本原，什么样的原因，是质料、目的还是运动，尤需加以考虑。

【4】　关于偶然意义上的存在且说到这里，已经规定得够充分了。至于作为真实的存在，和作为虚假的不存在，由于依赖于结合与分离，一起与对立部分的安排有关（因为，在结合中真得到肯定，在分离中得到否定，假则和这种安排相反。至于怎样去思想结合和分离，那是另外的问题。我所说的结合和分离不是连续的而是某种一次生成的东西）。在事物中并没有真与假，例如善为真，而恶就假，而是在思想之中；至于单纯之物或是什么，它们甚至不在思想之中。对这样意义的存在和不存在应如何思考，以后再来讨论。既然结合和分离是在思想之中，而不是在事物之中，所以，这一意义下的存在就不同于主要意义的存在（思想把是什么或性质或数量或某种其他东西结合或分开），作为偶然的存在和作为真的存在就讲这么多。因为一个的原因是不确定的，而另一个的原因又是思想的某种属性，两者所涉及的都是剩下的一种存在，而不是揭示存在在此之外尚有什么本性。所以，让我们把它们放开，去考察存在自身作为存在的原因和本原。（在我们对每一词的各种意义的区别中，显而易见，存在有多重意义。）

第 七 卷

1028a **【1】** 正如前面我们在区别多种意义时所说，存在有多种意义，它或者表示是什么和这个，或者表示质，或者表示量，或者表示这些范畴中的任何一个。尽管存在的意义有这样多，但“是什么”还是首要的，因为它表示实体。当我们说这个东西的性质是什么时，或者说是善，或者说是恶，而不说三肘长或是人；而我们说它是什么时，就不说是白净的、是热的、是三肘长，而说是人，是神。其他东西被称为存在，或由于它们是这种存在的质，或者由于是它的数量和性质，以及其他类似的东西。

所以，有人提出疑问，到底行走、康复、坐着这些词，是否每一个都标志着存在，还有其他相类似的词。就其本性而言，它们中没有一个是存在的，并且不能和实体分离。更确切地说，是某个存在着的东西在行走，在康复，在坐着。这些东西之所以更显得是存在，乃由于它们的主体是被限定的。这个主体就是实体和个体，正由于它的出现这样的判断才得成立，离开了它就说不出什么善良、什么坐。所以很显然其他一切都由于实体而存在，在原始意义上存在不是某物，而是单纯的存在，只能是实体。

尽管最初有许多意义，但实体在一切意义上都是最初的，不论在定义上、在认识上，还是在时间上。其他范畴都不能离开它独立存在。唯有实体才独立存在。在定义上实体是最初的，因为实体必然寓于每一事物的定义之中。和知道了质、量、地点相比，我们知道了人是什么，或火是什么，就更能知道个别事物。而且只有在我们知道量是什么、质是什么时，我们才知道它们中每一个。存在是什么，换言之，实体是什么，不论在古老的过去、现在以至永远的将来，都是个不断追寻总得不到答案的问题。有些人说它是一，有些人说它是多，有些人说它是有限的，有些人说它是无限的。所以，我们的首要的问题，或者唯一的问题，就是考察这样的存在是什么。

【2】 大家都认为，实体存在于物体之中，是最明显不过的。所以，我们说，动物、植物及其部分是实体。同时，那些自然物体，如火、水、土等等，还有它们的部分，以及它们或者部分、或者全部所构成的东西，也都称为实体。例如天及其各部分，星辰、月亮和太阳。应该研究的是，只有这些东西是实体呢，还是有另外的东西；这些东西中一部分是实体呢，还是有另外的东西；或这些东西根本不是实体，而是另外的某些东西。在某些人看来，物体的界限，如面、

线、点及单元比物体或立体更是实体。有些人认为，在可感事物之外再没有什么东西存在；另一些人则认为在可感事物之外有更多、更真实的永恒存在，例如柏拉图就认为形式和数学对象是两种实体，可感觉的物体是第三种实体。斯潘西波[①]则主张更多种的开始于一的实体，每一种实体都有自己的本原，有的以数目为本原，有的以大小为本原，有的则以灵魂为本原。他以这样的方式把实体的种类增多了。还有一些人说，形式和数目的本性是相同的，其他东西由之而来，直线和平面，直到天的实体和可感物体。

关于这些事情，哪些说得好，哪些说得不好；什么东西是实体；在可感实体之外是否存在着其他实体；可感实体怎样存在；是否存在某种可分离的实体，如果存在，由于什么原因，又怎样存在；或者在感性事物之外一无所有；这些问题都必须加以研究。首先让我们简略地谈一谈实体是什么。

【3】 实体至少有四种最主要的意思，如果不是更多的话。因为，所以是的是、普遍、种被认为是个别事物的实体，还有第四种即载体[②]。其他一切都述说载体，载体自身却不
1029a 述说他物。从而必须首先对此加以界说，因为看起来原始载

① 斯潘西波（Speusippos），继柏拉图之后于公元前347—前339年主持阿加德米学园。

② hupokeimenon，本义指躺在下面的东西，通译基质或底质。

体最有资格是实体。

在某种意义下，质料被称为载体，在另外意义下，形状被称为载体，而两者所组成的东西被称为第三种载体。我把青铜称为质料，把形式的图象称为形状，由两者构成的组合物就是雕像。如若形式先于质料，并且是更真实的存在，根据同样理由，它也先于由两者所组成的东西。

至此我们已经大致地讲了实体是什么，实体不述说主体，其他东西却述说它。但还不仅如此，这样说是不够充分的。因为这话不仅本身不明显，并且把质料也变成了实体。如若质料不是实体，其他又都无从谈起。因为，如若把其他东西取走之后，除剩下质料外就一无所有了。因为其他东西都不过是物体的属性、产物和潜能，长度、宽度和高度都是某种量，而不是实体。量并不是实体，只有这些属性最初从属的那个东西才更是实体。倘若把长度、宽度、高度统统拿掉，我们就会看到什么也不剩了。除非是被这些东西规定了的是什么。从这个角度来考察，质料必然被看做是唯一的实体。我所说的质料，就其自身既不是某物，也不是量，也不是规定存在的任何其他范畴。存在着某一被个别范畴所述说的东西，它的存在和每个范畴都不相同。其他范畴都述说实体，实体则述说质料。故终极的东西，就其自身而言既不是某物，也不是量，也不是任何别的东西，更不是些否定，否定的东西对它来说只是些偶性。

以上的考察得出，实体就是质料。但这是不可能的，因为可分离的东西和“这个”看来最最属于实体。因此，人们似乎认为，形式和由两者构成的东西，比质料更是实体。现在应暂且不谈由质料和形状构成的实体，因为它是在后的，清楚易见的。应该考察的是第三种实体，这是最难解决的。

大家都同意有一些实体是可感觉的，应该首先来讨论这些东西。最省力的办法是联系到较易知道的东西，学习的过程就是这样。人们总是把本性上不太易知的东西，联系到较易知的东西。如在实际活动中那样，从那些对个人是善的东西出发，把一般意义上的善变成对个人的善。认识也是这样，从那些对个人较易知道的东西出发，把在本性上可知的东西变成对自身可知的。对每个人可知的和原始的东西，往往是较少可知的，具有较少的甚至不具存在。尽管如此，从一知半解，从个人的所见出发，应力求达到一般意义上的知识，正如所说的一样，通过我们所知的东西循序渐进。

【4】 在开始我们作过区分，从量上对实体加以规定，其中的一个被认为是所以是的是，就是那就其自身而言的东西。因为“是你”不等于“是文雅的”，因为文雅不是就你自身而言的东西，而你的所以是的是乃是就你自身而言的东西。但也并不是所有的就其自身的都是本质，说白色就其自身属于平面，意思就不一样。作为平面而存在不同于作为白色而存在。也不是出于两者，不是作为白色平面而存在。何以如此？因为这是自身重复。不出现于定义中的东西，且自身得

到说明，方为个别事物所以是的是的定义。如若作为白色平面而存在，也就是作为光滑平面而存在，那么作为白色的存在和作为光滑的存在，就是一回事了。

同样，其他范畴也存在着复合体（每个范畴都有某种主体，例如量、质、时间、地点和运动）。应该研究它们中每一个的所以是的是是否都有定义；它们是否也有所以是的是，例如白净的人。让我们把这个名称换成披风，什么是作为披风的存在？

甚至，这还不算就自身而言的东西。不就自身而言的东西有两种方式，或者是增加，或者不。一种情况是把被定义者自身加到其他东西上来。例如，对白是什么下定义时，人们却说出白净的人的定义。另一种是把其他不是在定义中的东西增加到被定义者之上。例如，想用披风表示白的人，就把披风定义为白的。白的人固然是白的，但他的所以是的是却不是作为白而存在。那么，总的说来，作为披风的存在是某种所以是的是吗？当然不是。所以是的是即是什么，当此物述说彼物时，它并不是个这个，正如白净的人不是个这个一样，因为这个只属于实体。所以所以是的是就是那些其原理即是其定义的事物。并非一个名称意指那与原理相同的东西便有了一个定义（如若这样，一切述说都是定义。因为不论什么样的述语都有名称，这样“伊里亚特”这个名称也将是定义了），除非是关于某些初始的东西，在那里是不能用此物来述说彼物的。所以，除非在种的属中，否则就无处去找所以是的是，而只有在种的属中才能找到。人们并不把种看作是分有物，看作是属性，更不看作是偶性。其他的事物也是这样，如若有个名称，即此物依存于彼物，就要有个它意指什么的原理。或者是以更确切的陈述代替单纯的原理，但既不是定义，也不是所以是的是。

而定义和是什么一样，都有多种意义。因为在一种意义上，是什么表示实体，表示着这个。在另一种意义上，则表示每个范畴，量、质以及诸如此类。正如存在适用于万事万物，而意义却有不同，有的是在原始的意义上，有的则在附带的意义上。同样，是什么在单纯的意义上适用于实体，在某种意义上适用于其他。例如，我们可以问，质是什么，故质也是一种是什么，但并非在单纯意义上说。例如，关于不存在，有些人在理论上，也可说不存在存在着，但并非单纯的不存在而“是”不存在，质也是这样。

虽然应该讨论在每种情况下应持何种说法了，但事物到底是个什么样子却更为重要。现在所说明的已经清楚，所以是的是在原始而单纯的意义上同样适用于实体，然后才适用于其他。因为这里的是什么，并非单纯的所以是的是，而是作为质的、作为量的所以是的是。我们可以相同的名称来说这些东西存在，或者有所增加或减少。例如把不知道的东西说成是知道的。在实际上，人们说话并不是一词多义，而是像医术一词，乃是相对于同一个参照之点，却不就是这同一个点，
1030b 仍不是一词多义。医术并不是个多义词，也不就同一对象来

说明身体、功能和设备，而是相关于同一对象。

对这些东西，人们怎样说都没关系。不过一件事情是清楚的，原始而单纯的定义和所以是的是只属于实体。对其他东西也可这样说，不过不是原始意义罢了。即使我们承认这一点，也并不必然得出结论：只要其意义与原理相同，就是事物的定义必须与某一原理相同。即作为一的事物的原理，不像《伊里亚特》那样的连续，也不是捆绑在一起的，而是通常所说的一，一的意义和存在一样多。存在有时表示这个，有时表示量，有时表示质。所以白净的人也有原理和定义，不过白的定义和实体的定义在方式上是不相同的。

【5】　这里有个困难，如若人们不承认经过增加的原理是定义，那么，那些非单纯的，而是两个成分结合在一起的词组，将怎样成为定义呢？因为它们只有经过增加才能得到说明。例如，我说扁鼻是由鼻子、塌陷两个成分构成的，一个在另一个之中，不论扁平还是塌陷都不是鼻子的偶性，而是就其自身而言的，这和白净对于卡里亚或人的关系不同，因为白净的卡里亚恰巧是个人。这是雄性对动物的关系，以及一切就自身而言的东西。这正是那些离开了主体或其属性，不论是原理还是名称都无从说明的东西。例如白可以脱离人，雌性却不能脱离动物。也许这些东西既不存在所以是的是，也不存在定义，或若存在，也和我们所说意义不同。

关于这些事情，还有其他的困难。如若扁的鼻子和塌的鼻子是一回事情，那么扁平和塌陷也将是相同的。如若两者不同，那么离开了扁平为其自身规定的事物，就不能说扁鼻了（因为扁鼻就是鼻子的塌陷）。所以，或者不能说扁鼻，或者把同一件事情说两次，塌鼻鼻子（因为扁的鼻子就是塌的鼻子），这些东西具有所以是的是，是荒唐的，如若没有，那么扁鼻鼻子之中,还有一个另外的鼻子,以至无穷后退。

这就很显然，唯有实体才有定义，如果其他范畴有定义，必然由附加成分构成，例如质的、奇数的定义，因为它离不开数目，雌性也离不开动物。在附加的成分中，就会出现把同一件事情说两次，正如在以上的例子中我指出的那样。如果这是真的，那么复合物就不可能有定义了。例如奇数。由于我们用语并不准确，就忽视了这一点。若是它们有定义，那就或者方式不同，或者是定义和所以是的是在不同的意义下被使用。所以，除了实体，任何东西都不具有所以是的是和定义，而在另一种意义上其他的东西也将有。无须多说，定义就是所以是的是的原理，所以是的是要么只属于实体，要么最多地、原始地、单纯地属于实体。

【6】 我们还应该进一步研究，个体与所以是的是是一回事呢，还是有区别。因为这对考察实体有所帮助。个体只不过是其自身的实体，所以是的是被认为是个体的实体，然而从偶性来说，两者似乎又不相同，例如一个白净的人和作为白净的人而是或存在就不相同。如果相同，那么作为人而是或存在和作

为白净的人而是或存在就是相同的了。人们说，人和白净的人是相同的，所以，作为白净的人而是或存在和作为人而是或存在相同。也许那些就偶性而言的相同事物，并不具有必然性，因为两个端项并不以同样方式与中项相等。看来，事情似乎是这样，那些端项就偶性而言会变得相同，例如作为白净的是或存在和作为文雅的是或存在，但看起来这也不行。

那些就其自身而言的事物和所以是的是是否必然同一呢？例如某一些实体，在它们之前既无其他实体，亦无其他本性，人们说理念就是这样一些东西。如若善自身和作为善而存在不同，动物自身和作为动物而存在不同，存在自身和作为存在而存在不同，那么在所说的东西之外，就有另外的 1031b
实体，另外的本性和理念，那些是更先在的实体，如若所以是的是为实体的话。如若两者是互不相干的，那么那些东西或者将不可认识，或者将不复存在（我所说的互不相干，指的是作为善而存在不依存于善自身，善也不依存于作为善而存在）。因为只有当我们知道了个体的所以是的是时，才算认识了个体。其他情况也和善一样。倘若作为善而存在并不是善，作为存在而存在并不是存在，作为一而存在并不是一，那么，或者宇宙万物都混为一团，或者根本无所谓所以是的是。既然作为存在而存在不是存在，其他东西更谈不到存在。此外，不作为善所依存的东西，就不是善。而善和作为善而存在，美和作为美而存在当然必定是同一个，那些不是就他物而言，而是就自身而言，就原始意义而言的东西都是这样。如果情况是这样，即或没有形式，也就足够了，倘若有形式，则更绰绰有余。如果理念像某些人所说的那样，载体就不会是实体，现在很明显。因为如若这样，它就将因分有而存在了。

从这些道理就可以知道，个体自身和所以是的是完全同一，并非出于偶然。因为对个体的理解，也就是对所以是的是的理解，正如在例证中所指出的那样，两者必然是同一的。再从偶性来说，例如，文雅和白净，由于它们表示两种意思：说它们与所以是的是相同一，那就不对了。具有偶性的事物与偶性都是白的，偶性自身和所以是的是同一，也可以不是同一的，因为它与人和白净的人不相同，只是与其属性相同。

倘若有人给每个所以是的是都加以名称，那显然是荒谬的。因为在那名称之外，又将另有名称，例如在马的所以是的是之外，还要另有一个所以是的是。同时，如若实体果真就是所以是的是，那么为什么有些东西不能直接就是所以是 1032a 的是呢？那些东西不但是单一的，而且其原理也是自身相同，这从所说的当中已经很清楚了。并不是出于偶性，一与作为一而存在是一。再进一步说，倘若两者互不相同，将会步入无穷。一的所以是的是和一都将存在。对上面所说的情况，这一道理同样适用，从而，就原始意义和就自身而言，作为个体而存在和个体自身，很显然是一回事。

至于诡辩术的争辩，苏格拉底和作为苏格拉底而存在是不是一回事，同样得到了解决。提问题的依据和回答问题的依据，两者并无区别。以上说的是，所以是的是怎样与个体是相同的，怎样又不相同。

【7】 在生成的东西当中，有些因自然生成，有些因人工生成，有些因自发生成。所有生成的东西，或者被某物所生，或者出于某物，或成为某物。我所说的这个某物是就个别范畴而言，或者是这个，或者是量和质，或者是地点。

出于自然生成就是自然生成。所由生成的东西，我称为质料；由某种自然物而生成，有的成为人，有的成为植物，以及其他类似的东西，我们统称之为实体。全部生成的东西，或者自然具有质料，或者人工具有质料。凡是生成的东西，每一个都可能存在或不存在，这是由于个体中的质料造成的。一般说来，自然即由之而生，自然即是循之生长。凡生成的东西都具有自然，例如，植物和动物，生成者被称为形式上的自然，它与被生成的他物在形式上相同（尽管在他物之中）；如人生出人来。

那些由于自然生成的东西，就是这样生成的。而另一类的生成叫做制作。全部制作者出于技术，或者出于潜能，或者出于思想。在这里，有一些是自发地生成，由于巧合很近于自然生成。同是自然生成的东西中，有的需要种子，有的不需要种子，关于这些问题，以后再加讨论。

由于技术生成的东西，它们的形式都在灵魂中。我们把个别事物的所以是的是和第一实体都称为形式。甚至那些相反者也以某种方式具有相同的形式。短缺的实体也是实体，不过是对立的实体。例如，健康是疾病的实体，疾病就是健康的丧失。健康就是灵魂中的原理和科学。所以，健康在思想中生成。既然这就是健康，那么，如若存在健康，也就赋有这样一些条件，例如没有温暖，身体就不能保持协调。一个医生就是这样思想着，一直追溯到他所能达到的最后之点。再从这点出发进行以造成健康为目的的运动。事情就以这样方式发生，由健康得到健康，由房屋生成房屋，由无质料生成质料。所以医术就是健康的形式，建筑术是房屋的形式，我所说的无质料的实体，就是所以是的是。

在生成和运动之中，有的称为思想，有的称为制作。思想从本原出发，从形式出发，制作则从思想的结果出发。其他那些居间者，每一个也都如此生成。例如，我说一个人是健康的，他的身体当然首先要协调。那么协调又是什么呢？是这东西，如能使人温暖这东西便存在。那么这东西又是什么呢？又一个这东西。它潜在地存在着，已经在他掌握之中。

制作活动和取得健康的运动所由开始之点，如果来自技术，那就是在灵魂中的形式；如果出于自发，那就是一个有技术的制作者开始制作之点。例如，在医疗技术中，就可以把加热作为开始之点，他通过摩擦而加热。那么，在身体内部的热度，或是健康的一部分，或直接间接由类似健康部分的东西引起。造成健康的活动，就是制作这些部分，这是最后的步骤，正如房屋以石块为部分，如此等等。正如人们所说那样，如果没有东西预先存在，也就没有东西生成。所以，很清楚，必须有某种部分预先存在。质料就是一个部 1033a
分，因为只有含有质料，某物才得以生成。那么，质料也是原理之中的部分吗？对青铜的圆形是什么，我们有两种说法，就质料而言我们说是青铜，就形式而言我们说是某种图形，是最初含蕴着它的种。青铜的圆在其原理中具有质料。事物从质料中生成，倘若一旦生成，就不称为那种质料，而是称为那种质料的。例如雕像也不称为石头，而称为石头的。一个恢复了健康的人，也不称他所出自的东西。因为，生成出自短缺以及我们称为质料的载体，例如，健康的人是出于疾病的人。也许更应当说，生成出于短缺。例如，健康的人来自疾病的人，而不说来自人。因为不把病人称为健康人，而把人称为健康人。至于不可名状的、模糊不清的短缺，例如，在青铜里到底有什么形状呢？在砖石和木材里，到底有什么房屋呢？然而生成却出于它们，正如健康之出于疾病一样。如上所说，事物并不以它所出的东西为名称，由此木质雕像不称为木头，而是改变了它的词类，称为木头的；不称青铜，而称青铜的；不称石头，而称石头的；称为砖的房屋，而不称为砖头。所以，一个人要是仔细注意，就不会笼统地说，雕像由木头生成，房屋由砖头生成了。由此生成的某物，是要改变的，而不总是保持原状。所以对问题作如是的说明。

【8】 一个生成的东西，总要被某物生成（我称它为生成的本原或始点），又要出于某物（让我们不称它为短缺，而称之为质料，对此我们作了说明）。正如载体，青铜是不可制作的，球形也不可制作。只有在作为偶性时，铜球作为球形而存在，它才是可制作的。制作这个东西，就是从一般意义上的载体中把这个东西制造出来。我们制作铜球，并不是制作一个球或圆形，而是另外的东西，即在其他事物中的这种形式。如果制作形式，那么我们就必须从另外的东西中把它制作出来，这是我们的前提。例如，制作一个铜球，就是从这种青铜的东西，把这个是球的东西制作出来。倘若是制作圆形自身，当然也须以同样方式来制作，而这种生成将步入无穷。

形式，或不论把感性事物中的形状叫做什么，反正很显然它不能生成，生成不属于它。所以是的是同样不能生成。它出现在他物之中，或者由于技术，或者由于自然，或者由于潜能。确实可以制作铜球，就是从青铜和球形中制作，就是把形式制作到这种质料里面去，这个铜球就存在了。总的说来，如若作为球形而存在可以生成，那么，事物都是从某种东西生成的。生成的东西当然都是可分解的，存在着这个和那个，我说的是，存在着质料和形式。若圆球是个从中心到圆周均等的图形，其中，所制作的东西，一方面在这个里面，另一方面又在那个，合并起来就是那个生成物，例如，铜球。从以上所说，就很清楚，作为形式，或者实体是不生成的，而以此命名的组合物才是生成的，而且质料内在于全部生成物中，一方面是这，另一方面是那。

在这众多的球形之外，是否存在着某个球形呢？在这众多砖块之外，是否存在着某个房屋呢？如若这样，个别东西将永不会生成。形式所表示的是这类，而不是这个。但是人们却从这个制作出、产生出这类来，然而一旦产生了，这个类也就存在。这个卡里亚，或者这个苏格拉底作为整体，正如这个铜球一样，而人和动物则相当于一般的铜球。

很显然，形式因，或者像某些人习惯地称之为形式，如若是些在个体之外的东西，对于生成和实体就毫无用处。并以同样理由，也并不是就自身而言的实体。在某些情况下，也可以看得清楚，生成者和被生成者是相似的，虽然决非相同，不是数目上的一，而是在形式上的一，例如，在自然物中（人生出人来）；除非偏离本性，马生出骡驹。就是在这种情况下，也还有相似之处。因为在马和驴之间，有一种无以名之的共同的东西 ，作为最接近的种，对两者是相同的，正如骡子一样。

所以，用不着证明，没有必要把形式当作模型来使用(在以下的情况中，形式表现得最为突出，因为这些有生命的东西最是实体)。而生成者具有充分的制作能力，形式因就存在于质料之中。这样一类形式，在这些肌肉和骨骼之中，就是卡里亚和苏格拉底。通过不同质料，产物也就各异。在形式上总是相同的，因为形式是不可分的。

【9】 有人提出了这样的疑问，为什么有些东西，例如健康，既通过技术又自发地产生；有的，如房屋却不能。其原因在于，有时候生成由之开始的质料，就存在于某物因技术的制作和生成中，在这种质料中含有事物的部分，有的可以作出于自身的运动，有的则不能。能作出自身运动的质料，有的可作特种方式的运动，有的则不能。很多东西由自身而运动，但不能作特种方式的运动，如舞蹈。具有这种质料的东西，如石头，除非受他物的作用，不能作这种特殊运动。然而，这种特殊运动却是可以作的，火就是这样。由于这样的理由，有些东西离开有技术的人就不能存在，有的能够存在。那些不具技术的东西也能引起运动，或者是自身能运动，或者被其他不具技术的东西所运动，或者由于部分而运动。

从以上所说，就可明白，这一切东西和自然事物一样，都是从同名的东西生成的。或者出于同名事物的一部分（例如，房屋出于作为思想的房屋，因为技术就是形式），或者具有某种部分，倘若生成不是出于偶然，那么制作的原因，首先就是自身的一部分。在运动中的热，造成了身体中的热。这种热就是健康，或者是健康的一部分，它或者导致健康的某一部分，甚至健康自身。它之所以被称为制作，因为热造成了健康，或健康伴随着热，成为它的偶性。这正如在推理中一样，实体是一切的始点（三段论是从是什么开始的），所以生成也由此开始。

那些自然构成的东西，也和这些一样。种子的制作，同于那些出于技术的制作。因为它潜在地具有形式，仿佛与种 1034b
子由之而来的东西同名（我不应期望，所有的东西都和人出于人那样，因女人也出于男人）。除非反常；否则骡子不能产生骡子。

那些自发的东西的生成，也和前面所说出于技术的东西一样。其中有一些，它们的质料自身就能进行种子所进行的运动，有一些不能，它们只能出于和自身相同的东西，才得以生成。

这番道理不但在实体方面说清了形式不能生成，这一共同原理也适用于一切原始的东西，如量、质以及其他范畴，正如铜球生成，而球形和青铜却不生成一样。如若青铜是生成的，事情也不会两样（因为质料和形式总是先在的）。对所以是的是、质、量和其他范畴都不例外。不是质生成了，而是具有质的木材生成了；并不是量生成了，而是具有量的木材或生物生成了。从这里，可以看到实体的特点，这就是必然有另一个从事制作的实体先在着，例如动物生成，必先有一个动物。不过质和量并不必然先在，它们仅是潜在。

【10】 既然定义就是原理，每一原理是有部分的，而原理的部分对事物的部分，其关系也和原理对事物一样。于是有人提出了疑问，是否关于部分的原理也包含在关于全体的原理中。显然，有的情况下是这样，有的情况下又不是这样。圆形的原理并不包括弧形的原理，而音节的原理却包括着字母的原理。而圆形之可被分割为弧形，正如音节之被分割为字母。

再说，如若部分先于整体，那么锐角是直角的部分，指头是动物的部分，锐角就要先于直角，手指就要先于人了。然而，人们却认为，后者是先在的，因为在原理中部分要由整体来说明。而且无须依存于他物的东西是在先的。也许部分有多种意义，意思之一就是量的尺度。不过现在且不谈这一点，让我们来考察一下，实体是由什么部分构成的。

1035a 如若质料是存在的，形式是存在的，由两者所构成的东西也是存在的；如果质料是实体，形式是实体，由两者构成的东西也是实体；那么，就既可把质料说成是某物的部分，又不可这样说，只有构成形式的原理的那些成分才是部分。例如，肌肉不是扁平的部分，它只是扁平在其中生成的质料，但它是扁鼻的一个部分。青铜是雕像组合体的一个部分，但不是雕像形式意义上的部分。可以说形式和形式的具有者是个体。而永不能说它就其自身是个有质料的东西。因为圆形的原理并不包括弓形的原理，音节的原理却包括字母的原理。字母是原理的元素、形式的部分，而不是质料。弧形作为构成圆形的质料也可以说是部分。倘若在青铜中生成一个球形，那么它比青铜更接近于形式。也有这种情况，组成音节的字母并非全部包含在原理之中，例如腊板上的字母形象、空气中的字母声音，作为可感的质料，当然全都是音节的一个部分。直线不能分解为半线而消灭，正如把人分解为骨骼、肌腱、肌肉，而不能以它们为实体的部分。这些东西只能作为质料，是组合体的部分，绝不是原理所指的形式的部分，所以不包含在原理之中。有时候上述部分中也有原理，有时则不然，除非是组合体的原理。这是因为有些东西是由其毁灭后又回到那里去的本原所构成，有些则不然。由形式和质料构成的组合物，例如扁鼻、铜球。毁灭之后形式归于形式，质料归于质料，而质料是它们的部分。至于那些不以质料构成、无质料的东西，它们只有形式的原理，它们是不消灭的，或者一般地不消灭，至少不像这样地消灭。质料是具体事物的本原和部分，但它们不是形式的本原或部分。由于这一缘故，泥像毁灭后归于泥土，铜球归于青铜，卡里亚归于肌肉和骨骼，圆形也要归于弧形，因为它也是由某种质料构成的东西。由于没有特殊名称，所以不论对单纯或一 1035b
般的圆，还是个别的圆，我们都用同一名称。

现在已经说出了真理，不过先让我们回过头，把事情讲得更充分些。那原理分解后所归的部分总是部分地，或全部地先在着。直角的原理并不分解为锐角的原理，锐角的原理却分解为直角的原理，因为锐角要用直角来下定义。因为锐角即小于直角的角。同样，圆含有半圆，半圆要用圆来下定义。一个指头要通过整个身体来下定义，因为手指是人的一个部分。所以，那些作为质料的部分，那些事物毁灭了又回归于它们的质料，是在后的。而那些原理的部分，理性实体的部分，是先在的，或者是全部，或者是某一些。动物的灵魂（即有生命东西的实体），就是理性实体，是形式，是特定身体的所以是的是。（如若给身体的部分下一个合适的定义，就不能离开功能；如果离开感觉，功能也就无所依存。）所以灵魂的部分，或者全部，或者部分，对整个生物是先在的，每一个别也都是如此。身体和身体的部分后于这种实体，只有组合物才能分解为这些作为质料的部分，实体却不能。这些部分，有时是先于组合物而存在，有时则不是，因为它们不能离开整体而存在。指爪并非任何时候都是动物的部分，因为死了的指爪也同样称为指爪。有些部分和整体同时存在，它们是主要的，是原理和实体最初存在于其中的东西。例如心脏和脑髓，两者谁为主要都是一样的。人、马这样应用于诸多个别事物的词，并不是实体，而是普遍，而是些由这一原理和作为普遍的这种质料所构成的组合物。就个体而论，苏格拉底是由终极质料构成的，其他事物也莫不如此。

部分，或者是形式的部分（至于形式，我说的是所以是的是），或者是由形式和质料组成的组合物的部分，或者是质料自身的部分。而只有形式的部分才是原理的部分，原理是 1036a 普遍的。作为圆而存在和圆、作为灵魂而存在和灵魂是一回事。对于组合物，例如这个圆形，各种圆形中某一个别的圆形，可感觉的圆形或可思想的圆形（我说可思想的，例如数学上的圆形；可感觉的，例如青铜或木头的圆形），对如此这般的东西都无定义，而是凭思想、凭感觉来认识它们。脱离了现实，很难断定它们是存在还是不存在，但永远可以被说，可通过普遍原理被认识。质料自身是不可知的。质料或是可感觉的，或是可思想的，可感觉的例如青铜和木材以及那些能移动的质料。可思想的质料，内在于可感觉的质料中，但不作为可感物，例如数学对象。

这里所说的是关于整体和部分，在先和在后。如果有人问，到底是直角、圆形、动物在先呢，还是它们所分解成的和所由组成的东西，即部分在先呢？对此问题必须回答：不能一概而论。如果灵魂就是动物或生命体，如若个体的灵魂就是个体，如若圆形就是作为圆形而存在，如若直角就是作为直角而存在，就是直角的实体，那么，就不能不承认，整体是后于部分的。例如后于那些在原理中的部分或某一直角的部分（具有质料的青铜直角，和直线围成的个别直角都是这样）。但是无质料的直角，后于原理中的部分，而先于个别的部分。故不能一概而论。如若灵魂不是动物，而是其他东西，也还是应该说，或不应该说整体先于部分，像前面所说的那样。

【11】 在这里，理所当然要出现一个难题。哪些是形式的部分，哪些不是，而是组合物的部分。这个问题如不清楚，也就无法给个别事物下定义。因为定义是普遍的，是形式的。从而，到底哪一些部分作为质料，哪一些不是，如若这一问题不清楚，事物的原理就不清楚了。那些以不同种类而生成的东西倒很明显，例如，在青铜、石料和木材里的圆形，这些东西，青铜、石料都不是圆形的本质部分，圆形和它们是相分离的。就是那些看来是不相分离的东西，也难免有类似情况，如果所见的圆形都是青铜的，青铜依旧不是形式部分，不过难于用思想把它移开罢了。例如人的形式总是显现在肌肉、骨骼以及诸如此类的东西中，那么这些东西是形式和原理的部分呢？或者不是，而是质料。是否由于它只能从这类质料生成，我们就无法把它分开呢？即使事情可能如此，也不知何时出现。有些人对圆形和三角形提出疑问，认为它们不能用线段和连续来下定义，而这一切要被看作像肌肉和骨骼对于人体，青铜和石料对于雕像一样。他们把一切都归结为数目，而线的原理也就是双数的原理。在那些理念的主张者中，有些人说二就是线自身，有些人说二是线的形式，因为他们说形式和形式所有者，有时是一回事，例如二和二的形式，但线却完全不是这样。此外，众多形式显然不同的事物就会共同拥有一个形式。毕达戈拉斯派也碰上了这类问题。当然可以认为万物具有唯一的形式，除此之

外没有形式，那么万物就要混而为一体了。

这里所说的是，定义问题所遇到的困难及其原因。因为像这样化简万物、抽掉质料是件费力不讨好的事情。因为有些事物总是这个在那个之中，这些具有那些样子。青年苏格拉底在生物上所习用的比喻并不完美，它脱离了真理，造出了一个假设，似乎人可以无须部分而存在，正如圆形可以脱离青铜一样。但事情却并非如此。生物是有感觉的东西，不能离开运动给它下定义，所以也不能不以某种方式拥有部分。手并不是在任何情况下都是人的部分，只有在执行其功能，作为一只活生生的手时，才是部分。无生命时就不是部分。

至于那些数学对象，为什么部分的原理不是全体的原理的部分，例如半圆不是圆的部分？是因为这些东西不可感觉吗？但还并无区别。因为某些不可感觉的东西也具有质料，凡既非所以是的是，又非就自身而言的形式自身，而是这个的东西，都有某种质料。质料有的可感觉，有的可思想，灵魂显然是第一实体，而身体是质料。人或者动物就是把两者作为普遍而构成的。苏格拉底或柯里斯库斯，如若灵魂也是苏格拉底，那就有两重意义了（一方面是作为灵魂的苏格拉底，一方面是作为组合物的苏格拉底）。简单说来，假如他就是这个灵魂和这个身体，作为个体就和普遍相类似。

在这些实体的质料之外，是否还有别的质料呢？是否还应给它们找到别的实体呢？例如数目以及此类的东西，且留待以后讨论。为此，且让我们尝试着对可感觉实体加以限定，从某种意义上来说，关于可感实体的理论，是物理学或第二哲学的课题，自然哲学家不但应该知道质料，更应该知道理性实体。在这里，原理的要素怎样成为定义的部分，为什么定义就是一条原理（事物显然是一，凭什么事物是一呢?)，这待以后再加以研究。

已经全面地谈过了，所以是的是是什么，它怎样是就自身而言的，为什么所以是的是的原理有一些包含着被定义者的部分，有一些则不包含。因为像这样作为质料的部分，不能内在于实体的原理中，它们甚至不是实体的部分，而是组合体的部分。组合体某种意义上有原理，某种意义上又没有原理。就质料而言没有原理（因为它是不可定义的），就第一实体而言又有原理，例如，对人来说就有灵魂的原理。因为实体就是内在的形式。组合体由于由它和质料构成而称为实体。以扁平为例，正是扁平和鼻子构成了扁平鼻子或扁鼻，在这里面，鼻子出现了两次。质料内在于组合实体之中，例如在扁鼻子之中，在卡里亚之中。在一些场合下，例
1037b 如在第一实体那里，所以是的是和个体是相同的。例如，弯曲和作为弯曲而存在，如若是第一的，也就相同。我所说的第一实体，是指这个不在那个之中，不在作为质料的载体之中。那些作为质料或由质料所构成的东西是不相同的，也不是就偶性而言同一，例如苏格拉底和文雅，因为两者是就偶性而言的相同。

【12】　现在让我们说一说《分析篇》里关于定义所没说过的话。在那里所提出的难题，是针对实体而说。我所说的难题是这样：到底为什么我们说，其原理就是定义的事物是一。例如，人是两足的动物，让我们把两足动物当作人的原理。为什么既是动物，又是两足，却说它是一而不是多呢？在人和白这种场合下，如若两者互不依存，则是多；如若作为某种属性依存于主体，那就是单一的。于是单一生成了，白净的人存在了。在这里，它们并不相互分有，看来种并不分有属差，不然同一种就要同时含有对立的属差了，用来区别种的那些属差同样是众多的。即或分有了，道理还是同样，因为属差同样是众多的。例如，地上走的，两足的，没有翅的，等等。那么为什么这里是一而不是多呢？并不是由于存在于一个种内，如果这样，那么事物就要混为一团了。应该是在定义中为一，定义就是一种原理，它是一并且是关于实体的，故它必定是某一事物的原理，因为实体，正如我们所说，表示某一个和这个。

首先来考察由划分而来的定义。在定义中，除最初的种和属差外，别无所有。其他的种，是最初的种加上随之推导出来的属差，例如，最初是动物，随后是两足动物，再后是 1038a
两足无翅动物，即或用众多的词来描述，也不两样。总的说来，述说的用词并不以多少而有差别。正如用少数词，还是用两个词都是一样。在双词的场合下，一个是属差、一个是种。例如在两足动物这一定义中，动物是种，两足是属差。在种包含的属外，不存在单纯的种，如若存在，也是作为质料而存在（例如，声音既是种又是质料，从其属差中产生属或字母）。定义就是由属差构成的原理，这是显然的。

还应进一步用属差的属差来加以分解，例如，有足是动物的属差，但还应该在作为有足的有足动物中，找出属差来。所以不应该说，有足动物有的有翅膀，有的无翅膀，如果这样说也许并不错，但这样做却是出于无能。而应该说奇蹄、偶蹄的，这两者才是脚的属差，偶蹄是某种脚。就这样一步一步地推论下去，一直达到没有属差的东西。既然足的种类和属差一样多，那么有足动物也和属差一样多。如若事情像这样，那么很清楚，最后的属差就是事物的实体和定义。所以，在定义里，没有必要把同一事物述说多次，这是徒劳的。这样的事确会发生，人们也会说：有足的两足动物，这只不过是说，有足的动物，有着两只脚。如果对它按固有的属差来划分，那说的次数就要和属差一样多。

如若属差的属差不断生成，最后一个属差将是形式和实体。如若按照偶性，例如把有足的划分为黑和白，那么这些属差就要和划分一样多。所以，定义显然就是由属差构成的原理，严格地说，是由最后的属构成的。倘使有人改变这些定义的次序，把人说成是有足的两足动物，则是废话。因为说了两足就无须再说有足。不过在实体中是不存在次序的，因为怎样在思想上去区别，这部分是先于，那部分是后于呢？

关于由划分而来的定义，我们先谈这些，提出它们的性质是什么。

【13】 由于这是关于实体的讨论，再让我们回过头来。正如把载体、所以是的是以及两者的组合物、普遍等等称为实体。前面已经谈过两个，关于所以是的是和载体。载体处于底层，具有双重意义，或者意为这个存在，正如动物是各种属性的主体；或者是指对现实的质料。在有些人看来普遍是最重要的原因，是本原。让我们进而讨论这个问题。似乎不可能把任何普遍称为实体。

首先，个体的实体是为个体所独有的东西，它不依存于他物，普遍则是共同的。所谓的普遍，在本性上就意味依存于众多。那么，它将是哪一个的实体呢？或者是一切的实体；或者不是任何东西的实体。它不可能是一切的实体，如若它是一个东西的实体，其他东西也将是它，因为实体为一，所以是的是为一的东西，它们自身也将是一。

其次，实体按其本义就是不述说载体的东西，而普遍却总是述说某一载体或主体。

尽管普遍不允许作为所以是的是，但它仍然寓于其中，正如动物寓于人和马之中，岂不是清楚地有某种普遍原理吗？即或并非一切原理都寓于实体中，那也并不两样。因为普遍仍然是某物的实体。例如，人就是它所存在于其中的人的实体。这类事情将一再发生，例如，动物作为实体，寓于以它为特点的东西之中。

再次，这个和实体，如若出于某物的话，不是出于实体、出于某一这个，而是出于质，是不可能的、荒唐的。这样，非实体和质将要先于实体和这个，这是不可能的。因为不论在原理上、在时间上、还是在生成上、实体的属性都不能在先。不然，它们就是分离的了。

再次，将要有一个实体内在于实体苏格拉底，所以，它将是两个东西的实体。总的说来，如若人以及诸如此类的东西，都在这种意义上为实体，那么在原理的那些成分中，就没有任何一个是任何东西的实体。它们不能离开所依存的东西，也不在他物之中。我是说，在某些动物之外，动物就不存在，原理中的其他成分也不两样。

从这里人们就会明白，普遍属性不会是实体。共同的称
1039a 谓都不能表示这个，而只能表示这类。如若不是这样，就会导致许多后果，其中包括“第三者”的论证。

最后，同样清楚，实体不可能由现实地内在于其中的实体构成，因为像这样现实着的二，绝不可能成为现实着的一。反之，如若是潜在的二，就可以是一了。例如倍由两个潜在的半组成，而现实性则把它们分开。所以，若实体是一，它就不能以这种方式由内在于其中的实体组成。德谟克里特说得对，不能说一来自二，或二出于一。他把不可分的大小当作实体。那么很清楚，这一特点也同样适用于数目，如若数目像某些人所说，是由单元组成。二并不是一，在其

中并不现实地存在着任何单元。

又一个难题出现了，如若实体不由普遍组成，因为普遍只能表示这样而不表示这个，并且不能由现实的实体构成，那么，也就没有实体是组合物了。如若全部实体都是非组合的，那么也就不存在任何实体的原理。然而所有的人都承认，先前也曾说过，唯有实体，或者主要是实体，才有定义，而现在实体却没有定义了。于是，任何东西都不会有定义，或者是某种意义上有，某种意义上没有。这里所说的，在后面会更加清楚。

【14】 从以上所说就可明白，那些主张理念是实体，并且是可分离的，同时主张形式由种和属差构成的人，会得到什么结论了。倘若形式存在着，那么，寓于人和马之中的动物，就会在数目上是相同的，或是相异的（在原理上，很显然是相同，因为说话的人，在每一场合中都碰到同一原理）。并且，如若某种就自身而言的人自身存在着，它是一这个而又分离着，那么其构成，例如动物和两足，也必然表示一这个，且是可分离的，是实体，从而也存在着动物自身。

况且，如若寓于马和人中的东西是相同，正如你同于你自身一样，那么寓于诸多事物中的一怎么会是一呢？这个动 1039b
物又为什么不能离开自身而存在呢？更进一步说，它若分有两足或多足，那就要遇到无法摆脱的困境。作为一自身，作为某一这个，却同时包容着对立物。除非这样，否则以什么方式说动物是两足的、陆行的呢？也许可以说，这是合并、联接、混合，但都是无稽之谈。

或者说，在每个属里面都有一个不同的动物。那么，以动物为实体的东西，实际上将不可胜数。因为人并不是偶然出于动物的。此外，动物自身也将是众多，因为每个属中的动物是那个属中的实体，而那个属又以此来命名。如若不是这样，那么人将要出于他物，并以他物为种。此外，人的所有构成成分都将是理念。且一个东西的理念不会又是另一个东西的实体（这是不可能的）。寓于那些动物中的每一个动物都将是动物自身。

此外，形式又是从哪里来的呢？它又怎样来自动物自身？以自身为实体的动物，又怎样离开动物自身而存在呢？这样的后果也出现于可感觉的东西，甚至更加荒唐。如果说这些后果不会产生，那么很清楚，它们并没有如有些人所说的那些形式。

【15】 实体是互不相同的，一般意义上是组合物，或是原理（我把与质料相结合的原理，以及一般意义上的原理都称为实体）。在组合意义下的实体是可消灭的，因为它们有生成，但原理却不能这样消灭，因为它不是生成的（因为作为房屋而是或存在不是生成的，而作为这所房屋而是或存在才是生成的）。原理只有是与不是、存在与不存在、真实与不真

实，而没有生成和消灭。已经指出过，它们不是任何人生成的和制作的。正因为如此，个别的可感觉实体，是既没有定义，又无以证明的。因为它们具有质料，而质料的本性正是既可以存在，又可以不存在。因此，在它们之中，每一个都是可消灭的。如若具有必然性的证明和定义都是确切的知识，正如科学那样，不允许一会儿理解，一会儿无知，只有意见才是那样，那么证明和定义就必须恒常不变，而意见则 1040a 是允许改变的。所以可感实体既没有定义，也无以证明。所以，对于那些本来有知识的人来说，可消灭的东西，一旦超出了感觉的范围就不清楚了。尽管在灵魂中仍然保留着其原理，但并不是它们的定义和证明。所以在定义问题上，尽管一个人可以去给某一个别事物下定义，但不应不知道这种定义经常要被推翻，因为这是不允许下定义的。

任何理念也都不可定义，因为像他们所说的那样，理念都是个别的、可分离的。而且原理必然由名称组成，名称并不是下定义的人所制作，如若那样，名称就不可知了。通用的名称对一切人都是共同的，同一类名称当然必定也适用于他物。如若有人给你下定义，会说消瘦的或白净的动物，或者别的什么，这类名称也适用于其他人。如若有人说，那些东西分离着时是多数，并不妨碍它依存于这唯一的事物。首先应该回答的是它们也依存于两者。例如两足动物依存于动物和两足（把这个例子应用于永恒的东西，也是必然的，因为它是先在的组合物的部分。如若人果然是分离的，动物和两足也当然分离。两者或是不分离，或是分离；在前者种就不存在属之外，在后者属差也将分离）。其次应该回答，它们如果在存在上先在，那么这些先在的东西，就不会与之同时消灭。

再者，如若理念由理念构成（因为由之构成的东西更简单些），那些理念由之构成的理念应该能够称谓众多的事物，例如动物和两足，若不然，它们怎样被认识呢？然而有的理念却不能用来称谓比一更多的东西。但这似乎是不可能的，而全部理念都是可分有的。

正如所说，人们忽略了在永恒事物中不可能下定义。特别对那些独有的东西，例如太阳和月亮。人们之所以犯错误，不仅由于增加了一些除去它太阳依然是太阳的规定，例如把绕地运行，夜间隐蔽等等加于太阳之上（假如停止了绕地运行并在夜间显现了，那就不再是太阳了。但如果不是太阳，就荒唐了，太阳标志着某种实体），而且，还有也可以加到他物之上的规定。如若另有个这样的东西生成，显然也将是个太阳。原理实际是共同的，而太阳却是一个个体。正如克莱翁和苏格拉底一样。那么为什么没有一个理念信奉者给他们的理念下个定义呢？很清楚，若那么做，现在所说的话的真实性就显而易见了。

【16】 在那些被认为是实体的东西中，大多数显然是潜能，有些是动物的部分（这些部分是不可以分离的，假如

分离了，那时就会全部作为质料而存在)，另一些是土、火和气。它们都是集合物而不是单一体，不过一旦被吸收，就会从它们生成某个单一的东西。倘使有人注意到那些有生命的东西以及灵魂的部分，就会更加相信两者是紧密相联的，以现实的方式和潜在的方式而存在，因为在它们的连接中有着某种运动的本原。所以，有一些生物，被分割为部分也可以生活。不过这些全是潜能，尽管它是单一的、自然连续的，而不是强制的、寄生的，因为这种情况乃是畸形。

既然一和存在意义相同，那么单一物的实体也是单一的。那些其实体在数目上是单一的东西，自身在数目上也是单一的。不过，不论是一，还是存在，显然都不允许成为事物的实体，正如作为元素的存在和作为本原的存在都不能一样。然而，为了达到更易于认识的东西，我们寻求某种本原。在这里，存在和一比本原、元素和原因更是实体。甚至连它们也不是，只有与他物全无共同之点的东西才是实体。除了自身及其所有者以及以其为实体的东西之外，实体不依存于任何东西。此外一不能同时在多处存在，共同的东西却可同时依存于众多。所以不难明白，普遍不能在个体之外分离存在。那些主张形式的人，说形式是分离的时，这是对的，假如它们是实体的话；但他们又是错的，说形式是众多之上的单一。其原因在于，他们不能指明，在个别可感事物之外，这些不可消灭的实体到底是什么。他们把实体看作和可消灭的东西相类同(正如我们所知)，把“自身”这个词加 1041a

到感性事物之上，得出人自身、马自身。不过，即使我们可能没见过星星，但仍然知道，在我们习知的实体之外，存在着永恒的实体。现在也是这样，即使我们说不清它们是什么，然而总归会有某种永恒实体必然存在。

既没有普遍述词是实体，也不存在由实体构成的实体，这已经明白了。

【17】 应该把什么东西或哪种东西叫做实体，让我重新开始这个话题。从这里也许会明白那种离开可感实体而存在的实体是某种本原和原因，所以研究应该从这里开始。

人们探索事物何以永远如此，何以这东西依存于那东西。探索为何文雅的人是文雅的人，也就是去探索，为何人是文雅的，以及其他。至于自身何以是自身，那就无须探索了，因为当问为什么时，那个事实已经明显存在，例如，我说月亮在亏蚀。因为自身即是自身是一条适用于一切的原理和原因。何以人是人，文雅是文雅（除非有人说，每一事物不能与自身分开，它作为一而存在，就是这个意思）。而这对一切都是共同的，是一个简称。如若有人寻求人何以是这样一种动物，这里很清楚，他所寻求的并不是关于是人的人何以是人，而是某物的述语何以依存于某物（这种依存应该是明白无误的，若非如此，就无从谈起了）。例如，为什么打雷？为什么在云层中生成声音？所谓的寻求，就是一物这样依据他物。为什么这些材料，砖头和石块，是房屋？现在已清楚，人们所寻求的是原因（从逻辑上讲即所以是的是）。这对某些东西来说，就是何所为，例如对房屋和床榻来说便如此。对另一些东西来说，就是最初运动者，这也是原因。不过一种是生成和消灭的原因，另一种则是存在的原因。

当一个词项不为其他词项所述说时，我们的研究就无所适从，例如去询问人是什么，因为这只是个单纯的说法，而没有限定哪些是这个。而寻求首先要有明确的划分，如果没有，寻求有无结果就混同了。所以，必须把握住事实的存在。很清楚，这是在寻求质料为何存在，例如为什么这些材料是房屋？因为作为房屋而是或存在的东西在里面。人是这东西，是具有这东西的这个身体。所以，我们寻求的是使质料成为某物的原因，这个原因就是形式，也就是实体。

很显然，那些单纯的事物，既无法寻求，也不能传授，对这些东西须用其他办法来寻找。

出于某物，以这种方式构成的组合体，其整体作为一而存在，但不同于聚合，而是同于音节，音节并不是元素，因此 ba 并不等于 b 和 a，正如肌肉并不等于火和土一样。音节和肌肉都一样，那些组合体被打散之后就不复存在，而存在的是元素，是火和土。音节当然是作为某个东西而存在，而不仅是元音字母和辅音字母，而是别的东西。肌肉也不仅是土和火，或者热和冷，而是另外的东西。一个东西，必然或者是元素，或者由元素构成。如果是元素，这同样道理完全适用。构成肌肉的除了现有元素火和土之外，还有其他元素，就要步入无穷。如若由元素构成，那么很显然就不是由同一元素，而是众元素，若不然它自身就是这种元素了。我们对肌肉和音节所讲的道理，在这里也完全适用。看来这东西并不是元素，而是使一些东西成为肌肉，另一些东西成为音节的原因。其他情况也是这样。这东西就是个别事物的实体，是存在的第一因。有些东西虽然不是实体，但实体都按照或凭借自然本性构成，此本性便显得像实体。不过不是元
1042a 素而是本原。元素作为质料寓于分解后回到它的事物之中，例如，a 和 b 就是音节的元素。

第　八　卷

【1】　从以上所说的应得出结论，通过总结而达到所探讨的主要目的。已经说过，我们所探索的是实体和原因，本原和元素。有一些实体大家全都同意，而有些则人们各有特殊的主张。各种自然实体是众所同意的实体，诸如火、土、水、气以及其他的单纯物体；其次还有，植物和植物的各个部分，动物以及动物的各个部分；最后是天以及天的各个部分。而在特殊主张方面，有些人说形式和数学对象是实体。可以推出，还有其他的实体：所以是的是和载体。另外也还可以说，种比属更是实体，普遍比个体更是实体。因为普遍和种与理念相近，依据同样的道理，它们也应是实体。既然所以是的是就是实体，定义就是它的道理，因此，我们对定义和就其自身的规定进行了分析。既然定义是原理，而原理是有部分的，所以就不能不达到关于部分的知识，什么是实体的部分，什么不是，而且它们是否同样也是定义的部分。此外，这样说来，不论普遍还是种就都不是实体了。关于理念以及数学对象留待以后研究，某些人说这些东西存在于可

感实体之外。现在让我们着手讨论那些众所公认的实体。

这些是可感觉的实体，可感实体全部都具有质料。载体就是实体。一方面是质料（我所说的质料是指那种不能现实地而只潜在地是这个的东西）；另一方面是原理和形状，它是这个，并且在原理上是可分离的；第三种是两者的结合，它才有生成和消灭，在单纯意义上可分离，而那些理性实体则有的可分离，有的不能分离。

质料显然是实体，在全部对立的变化中都有某种载体处于变化之下，如若是在地点上的变化，现在是在这里，一会儿又在那里；如果是在增长上的变化，现在这样大小的，一会儿变小了，一会儿变大了；如若是在转换上的变化，现在是健康的，一会儿又生病了。实体上的变化也是这样，现在在生成着，一会儿又在消灭着，现在载体是作为这个，一会儿又作为这个的缺失。其他各种变化都跟随着这最后的变化。然而这一变化却并不追随其他变化中的一个或者两个。如果某物具有了可在地点上变化的质料，并不必然地具有了生成和消灭的质料。至于单纯的生成和非单纯意义上生成的差别，在物理学中已经说过了。

【2】　既然作为载体和作为质料的实体是众所公认的，而这种实体作为潜能而存在，剩下来还是要说一说那些可感事物的现实的实体是什么。德谟克里特似乎认为有三种区别，处于底层的物体，在质料上是自身同一的，差异只在

方式上，即形状；在姿态上，即位置；在接触上，即次序。各种东西显得很不相同，有的是在质料的结合上，或者是混合，如蜜水，或者是捆绑，如柴束，有的是被粘在一处，如书本，有的是被钉在一起，如木箱，有一些则以多种这类方式。有些则是在位置上，如门槛和门框（它们由于安置的位置而有区别）；有些由于时间不同而相异，如早餐和午餐；有些由于地点而不同，如各种方向的风；许多可感事物因属性不同而有差异，如硬和软，密和疏，干和湿，有的具有这些属性的某一些，有的则具有全部。总而言之，有些是过度，有些是不足。

显然，“是”就有这么多的意义，说它是门槛，因为它被放在这样的位置上，说它是也就表示它处于这样位置上；说它是冰，也就是以这样方式凝结。有些东西的存在则由全部这些来规定，有些部分是混合的，有些部分是联结的，有些部分是捆绑的，有些部分是凝聚的，有些则具有其他的区别，例如手和足。我们一定要把握差异的不同种类，因为这些将是存在的本原，例如多些和少些，浓密和稀疏，以及其他这类属性，这一切全部是过度和不足。如果某个东西在形状上，或者说在粗糙和光滑上相差异，这完全是直和曲的差异。对于一些东西来说，混合就是存在，反之则是非存在。

由此显而易见，假如实体是个别事物存在的原因，就必须在这些差异中来寻求什么是个别事物存在的原因。在这些差异中没有一个是实体，把两个合起来也不是。然而在每一个中却有种与实体类似的东西。正如在实体中对质料的称谓就是现实自身，在其他的定义中也都是如此。例如在给门槛下定义时，我们说，以某种方式放置的木料和石块，说房屋是以某种方式放置的砖和木料，并且在某些情况下，还存在着所为的目的。如若是冰，就是以某种方式冻结和浓缩的水。和谐就是以某种方式相混合的高音和低音，这同一方式也适用于其他。

由此显然易见，现实和原理在不同质料中是不同的，有时候是组合，有时候是混合，在另外的时候是所说的其他东西，在许多规定中，有些人说房屋是石块、砖和木料，他们所说的是潜能上的房屋，因为这些东西是质料；有些人说它是庇护用品和身体的处所，以及其他类似的东西，他们所说的是现实；有些人把这两者组合起来，就说出了第三种出于两者的实体。这样看来，关于差异的原理似乎是形式和现实的原理，而关于构成物的原理更多地是质料的原理。阿尔库塔斯（Arkhutos）所接受的那些定义也是这样，它们是两者组合的定义。例如，什么是无风？空气在大范围内静止。在这里气是质料，而静止是现实和实体。什么是静止？大海的平稳。大海是作为质料的载体，平稳是现实和形状。

从以上所说，什么是可感实体，以怎样的方式存在，就显而易见了。它或者作为质料，或者作为形状和现实，或者作为由两者组成的第三者。

【3】 切莫忽略，我们有时弄不清一个名称是表示组合实体呢，还是现实和形状。例如，房屋所表示的是一个组合物——一个由砖瓦、石块以某种方式安排而成的有盖的东西呢，还是现实和形式，即有盖的处所；线到底是长度中的二呢，还是只是二；动物是指一个灵魂在躯体之内呢，还是只指灵魂，因为灵魂是某一躯体的现实和实体。动物这个词在两种情况下都适用，但并不是在同一原理的意义上，而是与同一事物相关。这些问题对其他讨论而言不可漠视，但对可感实体的研究却无关紧要，因为所以是的是依存于形式和 1043b
现实。因为灵魂和作为灵魂而是或存在是一回事，作为人和人却不是一回事，除非把灵魂叫做人，在一种情况下是这样，在另一种情况下又不是。

在这种探索中，看起来音节并不是由字母和组合词构成，房屋也不是砖石和组合。这是对的，因为组合和混合不能出于它们所组合和混合的那些东西。在其他的情况下也是这样，例如门槛由位置来规定，但位置并不出于门槛，而毋宁是门槛出于位置。人也不是动物和两足，在这两者之外应有某种东西存在，如若它们是质料的话。不过这既不是元素，也不是由元素所构成的，而是实体。但人们把它取消了而只说质料。如若这东西是存在的原因，这东西就是实体，然而他们说的并不是实体自身。

所以实体这东西必然或者是永恒的，或者是可消灭的但从不经受消灭，生成但从不经受生成。在其他地方已经清楚地证明，形式不是任何人制造的和生成的，而只有这个被制造，由它们组成的东西生成。现在还不清楚那些可消灭东西的实体是否可分离，但有一些东西不允许分离是清楚的，也就是那些不存在于某些事物之外的东西，如房屋和器具。这些东西自身以及那些非自然构成的东西似乎都不是实体，如若有人要给可消灭的东西设定实体，那只能是这种本性或自然。所以那个困扰着安提斯塞尼的追随者和其他同样没受过教育的人的难题倒有点用处（即，是什么是不可定义的，因为定义是个冗长的原理或说明）。而某物是什么样子倒允许传授，例如银，它是什么不可说，但可说它像锡。所以有一种实体的定义和原理允许存在，例如组合的实体，不论是可感的还是可思想的，但构成它的最初的东西，却是不可定义的。因为作为定义的原理依据某物来表示他物，所以只能一方面作为质料，另一方面作为形式。

由此显然可见，设若数目以某种方式作为实体存在，它们也是这样的，而并不是像某些人所说是单位构成的。首先定义是某种数目，因为它是可分的，并分成不可分的东西（因为原理不是无限的），而数目也像这样。再者，从数目减去和加上数目所由以构成的元素，那么数目就不再是同一 1044[a] 个，而是另一个了，不论所加和所减的是多么微小。定义和所以是的是也是这样，如若对它作减少和增加，它也就不复存在了。再者，数目应该是某种什么而成为一。因为或者它并不是一，而类似一种堆集，或者如若是一就应该说明，是什么东西把一从多制造出来。定义是单一的，这点也同样地得不到说明。这个结论理所当然，因为其道理是相同的。实体便这样是一，而不像某些人所说的那样，它是作为单位或点而存在。每一个实体都是现实和某种本性或自然。最后，正如数目没有更多和更少，形式实体也没有，倘若有的话，它是与质料相结合的。

关于所说的那些实体生成和消灭，怎样才可能，怎样不可能以及关于向数目的归结，我们就分析到这里。

【4】 对质料实体的讨论不应该忽略。假如万物都来自同一个最初的东西，或者许多东西一同作为最初的东西，假如生成的东西都把同一质料作为本原，尽管如此，每一事物仍有自身所固有的质料。例如黏液是甜的和黏的，而胆汁却是苦的以及诸如此类，而且似乎都有同一来源。同一事物由许多质料生成，当一种质料属于另一质料时，例如黏液来自黏的和甜的东西，黏的也许是来自甜的，如若把胆汁分解为原初质料，它也来自胆汁。一物来自他物有双重含义，或者是就过程而言，或者把它分解至本原。同一种质料，通过运动的原因，会生成不同的东西，例如柜子和床都是木头做的。某一些东西不同，质料也必然不同，例如锯子不能从木头生成，运动的原因对此也无能为力，因为它既不能用羊毛、也不能用木头来做锯。如若同一事物允许从不同的质料

制造出来，那么技术和作为运动者的本原显然是相同的。如若质料和运动者都不相同，那么所生产出来的东西也不相同。

当一个人探索什么是原因的时候，由于原因有多种含义，所以他就应该说出一切可能的原因。例如人作为质料的原因是什么？是月经；作为运动者的原因是什么？是精液；
1044b 他的形式是什么？是所以是的是；他是为了什么？是目的。这后两者也许是相同的，所以应该说出最近的原因。质料是什么？既不是火，也不是土，而是人独有的。

关于具有生产能力的自然实体的讨论，如若想正确地进行的话，必须这样地进行，如若原因的种类和数目这样确定了，就应该知道这些原因。但对于那些虽然是自然却又永恒的实体，道理却不一样。有一些似乎不具有质料，或者不具这种质料，而只是在地点上运动着。那些虽出于自然但并非实体的东西，不具有质料，它们的载体就是实体。例如月蚀的原因是什么，它的质料是什么？什么也不是，只不过是月亮的变故。什么原因使光运动起来并消灭了呢，是地。这里似乎不存在何所为，而原理作为形式，但这一点并不清楚，除非原理与原因相随。例如什么是月蚀，是光的缺失，如若再加上，由于地隔在中间而发生，这就是伴随着原因的原理。最初由于承受了什么变故而睡眠也不清楚，由于是动物吗？如果是这样，但这是在哪一方面，什么是最初的？是心脏还是别的东西？而且变故来自什么东西呢？为什么只是那一部分而不是全体承受变故呢？是因为有某种不动的东西吗？若果真如此，那么这东西所承受的最初变故是什么呢?

【5】 有些东西存在或不存在，但无须生成和消灭，例如点，如若它们存在，以一般意义上的形式和形状（因为并不是白色生成了，而是木头变白，全部生成的东西的生成，都是出于某物并成为某物），并不是所有的相反者都相互生成。一个白的人来自黑的人就不和白来自黑一样，并不是所有的东西都有质料，而只有那些有生成和相互变化的东西才有。那些存在或不存在，但没有变化的东西，都没有质料。

还有一个困难的问题。每一事物的质料怎样与其对立面相联系呢?例如一个潜在地健康的身体，健康的反面是疾病，可以潜在地是两者吗?水潜在地是酒和醋吗?或者在禀性或形式方面是一个的质料，而对另一个在缺失或消灭方面是与其本性相违背的东西。

这里还有一个难题，为什么酒不是醋的质料，也不是潜在的醋（虽然醋是从酒生成），一个活人也不潜在地是死尸。实际也不是，因为消灭或腐败只是在偶性上。活人的质料由于腐败，自身成为死尸的潜能和质料，水成为醋的质料，这一些来自另一些东西，正如黑夜来自白昼一样。凡是这样相互转化的东西，都应该先回到质料，例如，生命来自尸体，首先要变成质料，然后才成为生命；醋要先变成水，然后才是酒。

【6】 关于所说的难题，即关于定义和数目，一存在的原因是什么？那些具有许多部分的，并不是集合的全体而是在部分之外的某一整体，都有某种原因。在许多物体之中，其成为一的原因有的是接触，有的是黏合，或其他诸如此类的属性。而定义是一个说明，不像《伊里亚特》那样是组合在一起的，而是由于以同一事物为对象。

是什么东西使人成为一，为什么是一而不是多，例如是动物和两足的，特别是像有些人所说的那样，有某种动物自身和两足自身？为什么人不是那些自身，为什么人并不是由于分有人，也不是分有一而存在，而是分有两者，动物和两足？总而言之，人并不是一，而是多，动物和两足。按照这样的方式进行下去，用习常的办法来规定和说明，显然是无法回答和解决困难的。如想解决，只有按照我们的说法，一方面是潜在的质料，一方面是现实的形状或形式，对于我们的探索，困难似乎都不再存在了。因为这一困难就是这样。假如披风的定义就是圆形的铜，这一名称就标志这样的说明，所以要探索的就是找出铜和圆形成为一的原因。看来这就不成其为难题了，因为一者是质料，一者是形式。除了制造者之外，在生成中什么是把潜在的存在变为现实存在的原因呢？把潜在的球形变成现实存在的球形的原因不是别的，而正是每一事物的所以是的是。

质料有的是可思想的，有的是可感觉的，在原理中永远既有质料又有现实，如圆是个平面图形。那些不具有质料的东西，既不具可思想的质料，也不具可感觉的质料，每一个 1045b 直接地就是个一，正如是某个存在，某一这个，某一性质，某一数量。正因为这一缘故，在定义之中既不包括存在，也不包括一。正如是某一存在一样，所以是的是直接地是个一。所以这些事物没有任何使其是一的其他原因，也没有使其是存在的其他原因，它们每一个直接地就是某一存在和一，并非由于在存在和一这样的种之中，存在和一也没有在个别事物之外的分离存在。

由于这样的难题，有些人提出了分有，他们对分有的原因和什么是分有进行了讨论，有些人则说是共在[1]，例如吕科富隆[2]说，知识就是灵魂和求知活动的共存，另一些人则说生命是灵魂和身体的结合或纽结。这同一道理适用所有的情况，因为是健康的，就是灵魂和健康的一种共在或结合或纽结。这个三角形是铜的，是铜和三角形的结合，白的则是白色和表面的结合。其理由在于，人们寻求潜能和实现的原理，如何成为一个，又如何互相区别。正如我们所说，最近的、终极质料和形式是同一回事，不过一个是潜在的，一个是现实的。正如寻求什么是一的原因，也就是一存在的原因，因为个别就是某种一，或者以潜在的方式，或者以现

① sunousia。

② 吕科富隆（Lukophron），一位智者，高尔吉亚的学生。

实的方式作为一而存在。所以，其原因不是别的，只不过是引起从潜能到现实的运动罢了。凡不具有质料的东西，单纯地是个一。

第　九　卷

【1】　现在我们已经讨论了最初的存在，一切其他的存 1045b27
在范畴都与它相关联，这也就是实体。其他存在着的东西都须依照实体的原理来说明，不论是在量上，还是在质上，还是其他这类的称谓，因为正如我们开始所说的，一切都具有实体的原理。既然不但可以说存在是某物，是数量，是性质，还可以在潜能、现实和功能①上来述说它，所以我们还要对潜能和现实加以规定，这里所说的是最主要的意义，而不是对我们现在的意图最有用的意义。因为潜能和现实的 1046a
意义要比有关运动的称谓更多，在关于这一问题的讨论中，我们在规定现实的同时，也就阐明了其他。

在别处我们已经区别了潜能和可能的众多意义。在这些意义中，对那些同名意义下的潜能，就可存而不论了。因为，许多东西有时是就某种相似而言的，例如在几何学中，我们把某种意义上的存在或不存在，是或不是说成可能或不

① ergon。

可能。凡与同一类属相关的潜能都是某种本原，它们因一个最初的意义而得名。它在他物中，或在自身中作为他物，是变化的始点或本原。

一种潜能是承受的能力，它是在承受的事物自身中承受变化的本原，这种变化或由于他物，或由于作为他物的自身。其次是指一种状况或品质，它不承受坏的和消灭的变化，不论是来自他物，还是来自作为他物的自身，也就是说来自任何变化的本原。潜能的最初原理就存在于所有这些定义之中。此外，它们之所以被称为潜能，或者仅仅因为能动作或者能承受，或者是能够完美地动作或承受。因为在这些原理中，在某种意义上也包含着前面提到的潜能的那些原理。

很明显，动作和承受的潜能在一个意义上是一个（一个东西所以能够就是因为它既能够承受，又对其他东西有所动作），而在另外的意义上又有所不同。潜能一方面是在承受者之中（因为它有着某种本原，或者质料也是某种本原，使承受者承受着，也就是一个东西承受另一个东西的动作，油料就易于着火，脆的东西就易于破碎，其他东西也是如此。）另一方面它在动作者中，如热和建造术，前者是在能加热的东西中；后者是在建造者中。由于事物在本性上为一，所以没有任何东西承受自身的动作，它是一而不是其他东西。不能和不可能是与这种潜能相反的短缺，所以，对于同一事物在同一方面所有的潜能都有一个相应的不能。

短缺有许多意义，或者指不具有，或者是自然应有的却不具有，或者是总的说来没有，或者自然该有的时候没有，或者以某种方式没有，例如完完全全地没有，或者任何程度上没有。在某些场合自然应具有的却强制地使它不具有了，这就叫做剥夺。

【2】 既然这样一些本原，有些是在无生命的东西中，有些是在有生命的东西中，有的是在灵魂中，在灵魂具 1046b
有理性的部分中，所以，潜能显然有些是无理性的，有些是有理性的。所以一切技术，也就是创制的科学都是潜能，因为它们是变化的本原或始点，在他物之中，或在作为他物的自身中。

那些有理性的潜能，每一种都具有相反的结果，而无理性的潜能每种只有一种结果。例如热的结果是热，而医术既可造成疾病，也可造成健康。其原因在于科学就是理性的说明，而理性的说明自身就既揭示事物，又揭示其短缺，尽管所用的方式并不相同。一种意义下它是对两者的，一种意义下它更多地是作为对实际存在着的事物的。所以，像这样的一些科学必然是相反者的科学，一方面是就事物自身而言，另一方面又不是就事物自身而言。因为理性说明既是就事物自身而言的，在某种意义下又是就偶性而言的。因为它用否定和摒弃揭示了相反方面。因为相反就是最初的短缺，它就是另一面的摒弃。既然相反者不能在同一事物之内生成，而科学是由于它具有理性原理，灵魂具有运动的本原，健身的东西只能造成健康，致热的东西只能造成热，致冷的东西只能造成冷，而懂科学的人却两者都可。原理是用于双方的，虽然形式不同。在灵魂中就有着运动的本原，它从同一个始点把双方都运动起来，并且把它们与同一事物相联结。正因为如此，理性上的潜能所造成的结果是和那些无理性潜能相反的，因为它们包含于同一的本原，即理性原理。很显然，那种只是动作和承受的潜能，要随从那善于动作和承受的潜能，但前者并不是经常随从后者，因为好的动作必然是动作，而仅只是动作并不必然是好的动作。

【3】 有一些人，例如麦加拉学派的人，这样说，只有在现实着的时候才有潜能，在没有现实着的时候就没有潜能。一个人不在造屋他就不能造屋，只有一个造屋的人在他造着屋的时候才是能造屋的，这道理也适用于其他。人们不难看出所引申出的结论的荒谬性。因为显然，除非在造着屋那就没有造屋者了。作为一个造屋的人也就是作为能造屋，这同样也适用于其他技术。如若不经一段时间的学习并且把
1047a 握了它们就不能具有这些技术，不经过某一时间的遗失就不能不具有这些技术（技术的遗失或者由于忘记，或由于承受了某种作用，或由于时间，但不是由于事物的消灭，事物是永远存在的）。如若一个人在停的时候他就不具有技术，而可以马上重新造屋，他又怎样得到这种技术呢？

这同样也适用于无生命的东西。若是没有什么被感觉，

也就没有冷，没有热，没有甜，总之没有可以感觉到的东西，持这样意见的那些人是会同意普罗泰戈拉的理论的。那么，倘若不在感觉着，即现实地感觉着，也就没有感觉。如若盲就是没有视觉，但是自然应具有或有时应自然具有，或此时仍然存在，那么同一些人在一天就要瞎许多次了。聋也同样。

此外，如若不可能就是潜能的缺失，不生成也就是不可能生成，那么不可能生成存在或将存在这句话就是虚假的，因为不可能所表示的正是这个意思。这样一些理论既取消了运动，也取消了生成。因为如若一个人站着他就永远站在那里，他坐着就永远坐在那里，因为如若他坐着就不能站起来。一个不能站起来的人，将不可能站起来。如若这种主张是不允许的，那么潜能和现实显然是不同的。而那些理论使潜能和现实成为相同，所以他们设法去消除的不是一个无足轻重的差别。

所以，某物能够存在，也允许不存在，某物不能够存在，也允许存在，这同样也适用于其他范畴。能够行走的允许不行走，不能够行走的允许行走。倘若没有什么东西使一个具有潜能的东西不能够实现，这就是能够。我所说的例如，能够坐，倘若没有什么东西使坐的现实成为不能够，那么这个人就可以坐着。某物被运动、运动、站住、使站住、存在、生成、不存在、不生成等等，也都是这样。

现实[1]这个词连同完全实现[2]，最主要来自运动，并进一步延伸到其他的事物，不过人们认为现实能力更主要地是运动。因此，人们不把运动给予不存在的东西，而可以把其他某些范畴给予它们，例如说不存在的东西是可思想、可欲求的，但不能说它们是运动的。这是由于现实上不存在的东
1047b 西将要在现实上存在。在不存在的东西中有一些潜在地存在着，由于还没有完全实现，所以不存在。

【4】 如若同我们所说的一样，不含有不可能的可能存在着，那么随之而来的，说这个是可能但将不存在便显然是不真实的，这一观点无视了那些不可能的东西的存在。我所说的，例如这样的人，一个在理论上不承认不可能存在的人，说正方形的对角线是可能通约的，但将不可能通约，因为没有东西妨碍可能存在和生成的某物却不存在、不生成。从以上的设定必然得出，如若我们认为，一个不存在但可能的东西存在或者生成，这将没有什么不可能。不过这也会碰到不可能，通约对角线就是不可能的。

虚假和不可能并不相同，说你现在站着是虚假的，但并不是不可能。同时这也是清楚的，如若 A 存在，B 就必然存在；如若 A 可能存在，B 必然可能存在；如若不必然可

① energeia，“在动作中”，实现或现实。

② entelekheia，“在完成中”，即所谓“隐德来希”。

能存在，并不妨碍它可能存在。设定 A 可能，那么，在 A 为可能时，若设定 A 存在，就推论不出什么不可能来，而 B 必然也存在。然而 B 不可能且设定 B 不可能。如若 B 不可能存在，A 也必然不可能存在，而 A 确定是可能，那么 B 也确定是可能的。

所以，如若 A 可能 B 也将可能，这关系正如 A 存在 B 也必然存在一样。不过，如若 A 和 B 这样地相关联着，在这种情况 B 就不是可能的，A 和 B 的关系就不像所设定的那样。如若 A 可能存在 B 必然可能存在，那么 A 存在 B 也必然存在。所谓如若 A 可能，B 必然可能存在，就表示如若 A 在某一时间，以某种方式可能存在，B 也必然地在那时候以那种方式存在。

【5】 在各种潜能中，有一些是与生俱来的，如感觉能力，有些是习得的，如吹笛的能力，有些是传授而来的，如技术的能力，那些由习惯和理性而来的能力，必定要有事先的努力，那些与此不同的能力以及由承受而来的能力，则不必然如此。

可能的东西是就什么东西在什么时间、以什么方式以及另一些必然出现在定义中的条件而为可能，那些按照理性而可能运动的，其潜能带有理性，那些无理性的东西，其潜能也是无理性的。前者必然在有生命的东西中，后者则在两者之中。在后一类可能，当动作者和承受者作为可能而相逢时，必然一个是动作，一个是承受，而在前一类可能并不必然如此。后一种可能全部都是一个动作而有一种结果，前者的结果则是相反的。它同时造成相反者，但这是不可能的。这里必然有某种其他东西存在并占决定地位。我说这东西就是欲求和选择。两者之中不论欲望对哪个占了主导，都要做这件事，当可能已经具备又遇上一个合适的承受者的时候。所以，一切理性的可能都必然要去做，只要所欲求的对象有可能而条件也都具备。须是承受者当下存在着并且具备条件，才能去做，否则就不能做（在这里，没有外来妨碍的先决条件是没有必要的，因所具有的能力作为动作的能力，这种能力不是无所不在的，而只有在某种场合，在这里外来妨碍已经被排除了，它们在定义中已被某些先决条件所排除）。正因为如此，尽管向往或渴望同时做两件事情，或者相反的事情，但做不成，因为并不具备这样的条件和只能做这些事的能力，也没有同时做两件事的能力，既然事情将在这样的条件下去做。

【6】 既然说过了就运动而言的潜能，现在我们来讨论现实是什么,它有什么性质。通过分析便可清楚见到，我们所说的潜能，不仅是那种本性就是运动他物或被他物所运动的东西，不论这种运动是一般而言，还是以某些方式，而且别有所指。所以，我们对这些作过进一步探索。

现实就是事物不以我们所说的潜能方式存在。我们说以

潜能方式，例如赫尔墨斯在木头中，半条线在整条线中。因
为它可以分离出来。甚至于可把没有在进行思辨的人说是有
知识的，如若他有能力进行思辨的话。相对应的是以现实方
式的存在。我们所要说的，用归纳方法在个别事物上就看得
清楚，而用不着去寻求全面的定义，只须满足于类比。如正 1048b
在造屋相对于能造屋，醒着相对于睡着，正在看相对于有视
觉但闭着眼睛的人，已经从质料中分化出来的东西相对于质
料，已经制成的器皿相对于原始素材。两类事物是互不相同
的，用前者来规定现实，用后者来规定潜能。

现实的意义并不完全一样，而是作为一种类比。正如这个在那个之中或与那个相关，那个就同样在另一个之中或与它相关。这正如运动与潜能相关，或者如实体与某种质料相关。

无限、虚空之类的东西被称为潜能或现实地存在，与大多数现存事物并不相同，例如与观看、行走、被观看等等。因为后一类事物有时允许不受任何限制被真实地断定，被观看，有时是说在被观看，有时是说能被观看。而无限并不是这样地以潜在方式存在，仿佛将来会以现实方式分离存在似的，而只能在认识上分离存在。划分可以不停地进行下去使这种现实成为潜在存在，而不是分离存在。

那些有界限的实践没有一个是目的，而是达到目的的手段，例如减肥，在减肥的时候，那些东西自身就在这样运动中，而不是一些运动所要达到的现存的东西。像这样的活动

不是实践或者不是完满的实践，只有那种目的寓于其中的活动才是实践。例如在观看同时就已经看到，在考虑同时就已经考虑了，在思想同时就已经思想了，然而在学习却不能同时已经学到了，在治疗却不能同时已经治愈了。好生活就是生活已经好了，幸福就是已经幸福了。若不然，这种活动就要像减肥那样，会在某个时间停止。但现在它并不停止，而生活并且已经生活。

这两者之中，一个叫做运动，一个叫做现实活动。一切运动都是不完满的，减肥、学习、行走、造屋这些都是运动，并且是不完满的。行走并不同时已经走到了，造屋并不同时已经造好屋了，生成也不是已经生成了，被运动并不是已经被运动完了，运动和已经运动了是不相同的。已经看到和观看、思想和已经想过了却同时都是一回事情，我就把这样的活动叫做现实，而把另外一种叫做运动。

现实上的存在是什么以及具有什么性质，我们认为从这些论证以及类似的论证中已经清楚了。

【7】 还必须区别个别事物什么时候潜在地存在，什
1049a 么时候不是,因为并非任何时候都是如此。例如，土果然潜在地是人吗？当然不是，也许只有在它变成种子才行，甚至似乎这也不行。正如一种药不能包治百病，甚至也不能靠机会治病，只有那种能治病的东西，才潜在地是健康。

一个出于思考的定义，只要人们愿意而又没有什么外在

的阻碍，就从潜在地存在变成现实地存在，正如在一个被医治的人那里，倘使没有什么障碍，就可治愈。

如若在房屋的质料中没有什么阻碍其变成房屋，那么房屋就潜在地存在。如果无须增加什么、减少什么、改变什么，这就是潜在存在的房屋，这同样适用于其他类似的东西，凡是这样的东西其生成的本原都是外来的。在这些潜在存在的东西中，有的在自身之内就具有生成的本原，如若没有什么外来的阻碍，它自身就将变化。例如，精子还不潜在地是人，它还需要在其他东西中进行变化。倘使它能通过自身的本原而成为某种东西，那么这种东西就确是潜在地存在了。但精子还需要另外的本原，正如泥土并非潜在地是雕像一样，它须经历变化才能成为青铜。

似乎我们所说的东西并不是这个而是由这个做的，例如箱子不是木头而是由木头做的，木头不是土而是土做的，而土同样也不是某种东西，而是由另外一种东西做成的——只有后随的那个东西才永远是无限制的潜在存在。例如，箱子不是土，也不是土做的，而是木头做的，只有木头才潜在地是箱子，它才是箱子的质料。一般的木头是一般箱子的质料，这块木头是这个箱子的质料。

如若存在着某种最初的东西，另外的东西不再说成是那个做的，这种东西就是最初质料，例如，土是气做的，气不是火而是火做的，那么火就不是某一这个而是最初的质料。因此，主体和载体由于是不是某一这个而有区别。例如，人、身体、灵魂是各种属性的主体，而文雅的和白是属性。一个主体变得文雅了，不说他是文雅，而是文雅的，不说一个人是白色，而说是白的。正如那个做的一样，也不说一个人是行走或运动，而说行走的或运动的。凡是在这样的地方，那终极的东西就是实体，凡不是在这样的地方，而称谓是某一形式，或某一这个，终极的东西就是质料或质料的实体。说质料和属性是那个做的是正确的，因为两者都不确定。

已经说过了，什么时候应该说一事物是潜在存在，什么时候不是。

【8】 我们分析过在先的各种意义，由此，现实显然是先于潜能。我所说的潜能其意义不仅像规定的那样，是在他物中或在作为他物的自身中的变化的本原，而且一般说来，是运动和静止的全部本原。自然也是和潜能同种，因为它是运动的本原，不过不在他物中，而是在作为他物的自身中。现实不论在原理上、还是在实体上都先于所有这类的潜能，不过在时间上则有时是这样，有时不是这样。

原理上的在先是清楚的，最初意义的可能就是允许现实的可能。我说的意思，例如可造屋就是能够造屋，可观看就是能够观看，可被观看就是能够被观看。这同一道理也适用于其他，其原理是在先的，对前者的认识必然先于对后者的认识。

时间上的在先表现在属上相同的东西，那现实着的东西在先，但在数目上相同的并不如此。我所说的是，质料、种子、能看的东西，那些潜在的是人、是谷物、是观看，而在现实上并不是的东西，在时间上先于已经现实存在着的人、谷物和观看。不过其他现实存在着的也能先于这些东西，因为这些东西由它们生成。一个现实的存在总是被一个现实的存在从潜在的存在生出来，如人生人，文雅的人生文雅的人，永远存在着一个最初运动者，这个运动者当然已经现实地存在。

在关于实体的理论中已经说过，一切生成的东西都是从某物生成和被某物生成，这个某物在形式上是相同的。这样看来，不去造屋就不能够造屋，不去弹琴就不能够弹琴，一个人学习弹琴要通过弹琴来学习，其他的例子也是这样。诡辩性的论辩则由此产生，一个没有有关知识的人，却会做与这知识有关的事情，因为一个学习的人是没有知识的。然而，既然生成的东西里已经有某物生成，以及一般而言，运动的东西里已经有某物运动（这一点在关于运动的讨论中已经清楚了），那么，学习者似乎也必然有某种知识。在这里我们已经说明了，在生成和时间方面现实先于潜能。

在实体上也是这样，首先，生成上在后的东西在形式上和实体上就在先，例如成人先于儿童，男子先于精子。因为前者已经具有了形式而后者却没有。其次，一切生成的东西都要走向本原和目的，本原是所为的东西，生成就是为了目的。而现实就是目的，正是为着它潜能才被提出来。动物观看并不是为了有视觉，而是有视觉为了观看。同样，造屋的能力是为了造屋，思辨的能力是为了思辨，而不是为了具有思辨能力而思辨，除非他们是些只在练习着的人，他们只是在某种意义下才算思辨，或者所做的事用不着思辨。

此外，质料潜在地存在着，因为它要进入形式，只有存在在形式中的时候，它才现实地存在。这同样也适用于其他，适用于那些以运动为目的的东西。所以，那些教师们在自己的成果展示出来时，就认为目的已经达到了，自然也是如此。如若事情不是这样，那么将同波索罗斯的赫尔墨斯雕像一样，说不清知识到底是内在的还是外在的。活动就是目的，而现实就是活动[①]，所以，现实这个词就是由活动而来的，并且引申出完全实现。

并且使用是各种事物的终极结果，例如观看就是视觉的使用，而且除了观看，从视觉中并不生成任何其他东西。而在另一些情况下，则生成某种东西，例如，造屋的能力除了造屋活动而外还产生了房屋。不过在这里同样，前者活动是目的，而在后者活动更多地是目的而不是潜能。因为房屋的建造活动就在被建造的房屋之中，也就是它与房屋同时生成和存在。

在那些与使用不同的生成物中，现实存在于被制作的东西中，例如造屋活动在被造的房屋中，纺织活动在被纺织的东西中，其他东西也同样。总而言之，运动在被运动的东西

① hee de energeia to ergon。

中。倘若除了现实之外没有其他的活动，现实就存在于主体自身之中，例如，观看就在观看者中，思辨就在思辨者中，1050b 生命就在灵魂中（所以，幸福也是这样，因为幸福就是某种生命）。这清楚地表明，实体和形式是现实[1]。按照这种道理，现实在实体上显然先于潜能。至于在时间上，正如我们所说，总是一个现实以另外的现实为前提，直到最初运动者。

这里还有更主要的方面，永恒的东西在实体上先于可消灭的东西，任何的潜能都不能永恒。其理由如下，一切潜能同时也是相反方面的潜能。凡是不能够存在的东西，就不能以任何方式存在，而所有能够存在的东西却允许不实现。所以，能够存在的东西就允许存在，也允许不存在。所以，同一个东西，既可能存在也可能不存在。能够不存在的东西，允许不存在、而允许不存在的东西就是可以消灭。或者是一般而言，或者就所指的一点允许不存在，即就地点、或者就数量，或者就性质，一般而言则就实体。那些一般地不消灭的东西，一般地不以潜能的方式存在，但并不妨在某一方面以潜能的方式存在，例如在性质上，在地点上，所以，它们全都是以现实方式存在。凡是必然的东西也都不是潜在的，因为它们是最初的东西，如若它们不存在，就没有东西存在了。如若运动是某种永恒的东西，它就不是潜能。如若某个被运动的东西是永恒的，它就不是潜在的，并不存在就潜能而被运动的东西，然而它的来源和去向却可以是潜在的，也没有什么东西妨碍它具有质

① hee ousia kai to eidos energeia estin。

料。因此，太阳、星辰和整个的天都在现实活动着，而不用担心它有时会停止，那些谈论自然的人则有着这样的恐惧。它们并不倦于运行，因为它们不像可消灭的东西那样含有相反的潜能，这样运动的继续就成为一件辛苦的事情，这是由于，这种实体是质料和潜能而不是现实。

那些在变化着的东西，如土和火，与不消灭的东西相似。这些东西在不断地现实活动着。在它们自身之内具有运动并且就其自身而运动。其他的那些潜能，由于所作过的区分，全都是相对立的潜能，那以这一方式运动他物的东西，也能够不以这种方式，如若这东西按照理性活动的话。那些无理性的东西，只能由于它们的在场或不在场才会有相反的可能。

如若果真像人们所论证的那样，有这样的本性或实体叫做理念的话，那么就要存在比科学自身更加科学的科学，比
1051a 运动更加运动的运动。因为这些理念有更大的现实活动，而以上的那种现实活动就是它们的潜能了。现实先于潜能，先于一切变化的本原，这就清楚了。

【9】 从下面可以明显看出，好的现实比好的潜能更加良好、更加荣耀。说一个东西能够健康，这个东西同时也能够生病。同一种潜能，既可以是健康的，也可以是疾病的，是静止也可以是运动，既是建造房屋的，也可是推倒房屋的，房屋既是被建造的，也可是被推倒的。相反的可能可

以同时存在，而相反者却不能同时存在，也就是相反的现实不能同时存在，例如健康和疾病。所以，在两者中必然有一个是善的，而对于可能来说则两者都可能或两者都不可能。所以现实当然更加良好。

在那些恶的事情上，目的和现实必然比潜能更坏，因为同一可能的东西，可能是相反者双方。

所以，恶显然不在事物之外，因为恶在本性上是后于潜能的。所以，对于那些来自本原的东西、永恒的东西，既没有邪恶，也没有错误，既没有缺损，也没有破坏，因为破坏是诸恶之一。

几何上通过现实发现一些图形，因为人们是通过分析发现它们的。如若分析过了，事情就会明白，然而现在分析还是潜在地在那里。为什么三角形的内角之和等于两直角？因为垂直线形成的角等于两直角。如若把和边相平行的线画出，人们就会立刻清楚地看到这点。为什么在半圆形中的角总是直角？设若三条线相等，以两条线为底，而一条垂直于底边中点，知道上一命题的人也就会清楚。所以把潜在存在的事物带进现实，就可发现它们。这是因为思想就是现实活动。这就是说潜能由现实而得知，人们通过这样做而得到知识。虽然单独的现实在生成上在后。

【10】 存在和不存在的意义或者是就范畴表而言，或者是指这些范畴的潜能和现实及其相反者，然而其最主要的

1051b 意义还是真实和虚假。这在事物上是就其结合的分开而言，一个人认为分开的东西分开，结合的东西结合，就是真实，一个人所持的意见与事物相反就是虚假。在什么时候把存在和非存在叫做真实和虚假呢？我们必须考虑这里所说的是什么意思。

并不是由于我们真实地认为你是白的，你便白，而是由于你是白的，我们这样说了，从而说了真话。如若确有一些东西永远结合而不能够分开，有些东西永远分开而不能结合，有些东西则允许相反，那么结合就是存在，就是单一，而不结合就是非存在，就是众多。对于那些允许相反的东西，同一种意见，同一个原理既可以成为真，也可以成为假，它允许有时是真，有时是假。至于那些不能够改变的东西，就不会有时成为真实，有时成为虚假，而是永远如一的或真实，或虚假。

至于那些非组合的东西，什么是存在，什么是非存在，什么是真实，什么是虚假呢？既然这东西是非组合的，那么倘若相接了就是存在，分开了就是非存在，正如说木头是白的，对角线不能通约一样。在这里真实和虚假与前面不同。正如在不同情况下真实的意义不同，存在也是一样。而真实和虚假是这样的，接近[1]和断定[2]真实（断定和肯定并不

① thigein。

② phanai。

一样），无知是不接近。因为在关于是什么的问题上是不会弄错的，除非在偶性上，这同样也适用于那些非组合的实体，因为关于它们也不可能弄错。它们全都是现实地存在着而不是潜在地。若不然就生成着和消灭着了。然而现在存在自身既不生成也不消灭，如若那样，它就会从某物而生成。凡是作为实质和现实地存在着的东西，都不会被弄错，只可能思想或是不思想它们。探索它们是什么就是去追问它们是不是一些像这样的东西。

存在作为真实，不存在作为虚假，单一的东西，如若是结合的，就是真实，如若不结合就是虚假。单一如若是存在，就以某种方式存在，如若不以某种方式，就不存在。真实就是对这些东西的思想。这里既不存在虚假，也不存在差错，只会有无知。无知并不是盲，盲就像是完全没有思维能力。关于那些不可被运动的东西，显然也不存在时间方面的差错，如若假定它们是不被运动的东西，例如三角形，如若认为它是不变化的，那就不会设想它有时具有二直角，有时又没有，因为这样它就变化了。但却可以设想有的有某种属性，有的没有。例如可以设想没有一个偶数是最初的，或者有些是，有些不是。对于单一的数目也就不会有这种情况发生，因为不再能设想它一会儿有某种性质，一会儿没有。不论所说是真实的，还是虚假的，事情却永远如此。

第　十　卷

【1】　一有多种意义，在前面关于词义的各种区别中已经说过了。在这些意义中，就其自身而不是就偶性而言，最初或最主要的有四种。一种是指那种单纯连续的东西，特别是那种自然连续的东西，而不是由于接触和捆绑在一起的。在这里，一最首要是指那种其运动更加单纯不可分的东西。另一种更指那种完整的和具有形式的东西，特别这种完整和形状出乎自然而非由于强制，例如被捆在一起或被粘在一起、钉在一起，而是在自身之内就具有连续的原因。那种其运动在地点和时间上都不可分的是圆周运动，那么这种东西就是最初的单一的大小。所以，有些东西作为连续和整体而是一，有些东西因具有同一个原理而是一。这就是那些其思想是一的东西，也就是那些其思想不可分的东西。而不可分割有的是在形式或属上的，有的是在数目上。第三种，在数目上每一个体都是不可分的，第四种，在形式上事物作为认识的知识都是不可分的。所以，那使各种实体成为一的原因就是最初的一。我们所说的一就是这样多，它或者是自然

连续的，或者是整体，或者就个体而言，或者就普遍而言。所有这一切都是由于不可分而成为一，不过有一些是在运动 1052b
上，有一些是在思想上或原理上。

还应该注意到，说一是什么性质和说作为一而存在是什么，它的原理是什么当然并不相同。一的意义就是这么多，每一种东西，只要是赋有这些意义中的一个，它就在这一意义下为一。作为一而存在，有时是在这些意义下为一，有时则在另外的意义下，且与这个词更为接近，前一种则是在潜能上。元素和原因也是这样，倘若有人想把它们用在事物上，或在其名称的定义中加以说明。在一定意义下火是元素（它似乎是就其自身的、无限的，以及诸如此类），在另一种意义下又不是，因为作为火而存在和作为元素而存在并不是一回事。作为某种事物和本性火是元素，这一名称表示它具有这种属性，某物把它作为最初的组成物而出于它。这同样也适用于原因和一，以及一切这类的词。

所以，作为一而是或存在就是作为不可分的东西而存在，它就是作为是或存在的这个，或作为特殊的在地点上、形式上或思想上分离的东西或者是作为整体不可分的东西，特别是作为每一个种的最初尺度，而最主要的是数量的尺度，由此而引申到其他。数量通过尺度而被认知，作为数量的数量或者通过一，或者通过数目而被认知，而一切数目都要通过一而被认识。既然一切作为数量的数量都要通过一，那数量借以被认知的最初的东西就是一自身。从而，一就是数目作为数目的本原或始点。由此一也被认为是其他事物的尺度，每一事物都通过它而最初被认识，每一事物的尺度都是一，如在长度中，在宽度中，在高度中，在重量中，在速度中（重量和速度对于相反者是共同的，因为两者都是双重的，例如重量或者是指具有某些重，或者是指具有过量的重；速度或者是指具有某些运动，或者是指具有过多的运动，甚至于慢也是某种速度，轻也是某种重量）。

在这一切之中尺度和始点都是某种不可分割的一，就是在线里面，人们也是把一尺当作不可分割的。在一切之中，人们都把某种不可分割的一当作尺度，它或者在性质上、或者在数量上是单纯的。那看来是既不可减少也不可增加的地方，正是确切的尺度。所以数目的尺度是最精确的，人们把单位看作是在一切方面都不可分割的东西，在其他的事物中也仿效这种办法。从微小的度量中减少和增加，比起从更大的度量（如 stadion 和 talanton）中更为明显。所有的人都把那种在感觉上不可减少的最初的东西当作尺度，或是湿和干的尺度，或是轻重和大小的尺度，人们认为只有通过这种尺度，才认识到这些东西的数量。运动以单纯运动，以最快的速度为尺度，因为这种运动所用时间最少。所以，在天文学中就把这样一种单位当作始点和尺度，人们认为天的运动是均匀的和最快的，而以它来判断其他的运动，在音乐中是四分音符，因为它是最短的，在发音中是字母。所有这些尺度，在这种意义下是某种单一的东西，并不是某种共有的一，而是正如所说的那样。但尺度并非永远在数目上是一，有时也可以是多，例如两个四分之一音符，不是由听觉来区别而是在理论比例上。我们用来度量的声音是多，用来度量对角线的是二，一切大小也是如此。这样看来，一是万物的尺度①，因为我们只有在量上和属上来分解一个实体，才知道它是由什么组成的。一也由此是不可分的，因为每种东西的最初部分都不可分。但并不是所有的一都同样不可分，例如一尺和单位，单位是在一切方面都不可分的，一尺则是对感觉而言不可分，如以上所说。实际上所有连续的东西都是可分的。

尺度永远是同种的。大小的尺度就是大小，就个别而言，长短的尺度是长，宽窄的尺度是宽，声音的尺度是声，轻重的尺度是重，单位的尺度是单位。然而我们还必须这样看，数目的尺度并不是数目。如果两者相同，当然应该相同，然而这两个命题并不相同，正如人们把众多单位的尺度看作是众多单位而不是一个单位，因为数目就是众多单位。

根据这同样的道理，我们说知识和感觉是事物的尺度，因为借助于它们，我们才有所认知。所以它们与其说是在度量，还不如说是在被度量。我们也碰到这类事情，只有在别人度量我们的时候，通过在我们身上量了多少尺，我们才知道自己有多高。普罗泰戈拉说，人是万物的尺度，这里所说 1053b
的似乎是有知识的人和有感觉的人。这些人各自有着知识和

① houtoo dee pantoon metron to hen。

感觉，而这些东西我们说是载体对象的尺度，有的话看来很出奇，实际上什么也没有说。

如若我们按照名称来下定义的话，显然只有作为一而存在，才是尺度，而最主要地是量的尺度，其次也可以是质的尺度。那种在量上不可分的东西和质上不可分的东西将是这样的东西。所以一是不可分的，或者是单纯的，或者是作为一。

【2】 正像在问题的讨论中所提出来的那样，在这里所探索的也应该是一的实体和本性，一是什么，我们应该怎样看待它，是否如毕达戈拉斯在先柏拉图在后所说的，一自身是种实体，还是更多地有某种本性处于它下面。应该对它说得更加清楚易懂，照那些自然哲学家的方式，有的人说一是友爱，有的人说一是气，有的人说一是无定。

正如在讨论实体和存在时所论证的那样，没有一种普遍能够是实体，而存在自身不能像实体那样成为某种与多相并行的一（因为它是共同的），而只是一种称谓。那么一显然也不是实体，因为在全部称谓中一和存在是最普遍的称谓。所以，种并不是与其他事物相分离的某种本性和实体，一也不允许是种，其原因正如存在和实体不是种一样。

此外，这可以适用于所有的范畴。存在和一的意义同样多，所以，如若在各种性质之中一是某种本性，那么在各种数量中也是这样，显然也要像探索什么是存在一样来探索什么是一。因为仅仅说它自己的本性就是其自身是不够的。然而，在颜色中，一是一种颜色，如若其他各种颜色被认为是从白和黑生成的话，那么一就是白，因为黑是白的缺乏，正如黑暗是光明的缺失一样。如若存在着的东西都是颜色，那么存在着的东西也都是某个数目，什么东西的数目呢？显然是颜色的数目。所以一是某种一，如白色。同样，如若存在着的东西都是韵律，仍会有一个数目，四分音符的数目，然而它们的实体并不是数目。一就要是其实体不是一而是四分音符的某种东西。这同样适用于声音，存在着的东西将是各种音素的数目，那么一就会是元音。如若存在着的东西都是直线图形，那就是图形的数目，而一就会是三角形。这同样的道理也适用于其他的种。如若在承受、性质、数量、运动以及所有的范畴中都存在着数目和一，那么数目就是某些东西的数目，一是某种一，但它的实体却不是一，对于实体也必是这样，在一切方面都如此。

显然一在所有的种里面都是某种本性，而任何情况下其本性都不可能只是一。在颜色里就须在一种颜色上寻求一自身，在实体里就要在一种实体上寻求一自身。一和存在的意义在某些方面显然相同，这由于它们同样地伴随着各个范畴却不在任何一个之中（既不在实体中，也不在性质中，正如存在那样与它们保持相关）。还由于词组“一个人”并不比“人”这个词多增加什么，这正如存在不在某物之外，也不在性质之外，不在数量之外，作为一而是或存在就是作为个别而存在。

【3】 一和多以许多方式相对立，其中之一，单一和众多分别作为不可分和可以分割。被分割的东西和可分的东西都被叫做众多，而没有被分割和不可分的东西被叫做单一。所以对立有四种，这里所说的对立的意义是另一方的缺失，它是相反的，但既不作为矛盾，也不作为相关。人们从正反两面来述说和阐明一，也就是说从可分割的来阐明不可分的。由于众多是更容易被感觉的，可分割的比不可分的更容易被感觉，所以就感觉而论，众多在原理上要先于不可分的东西。正如我们在区别相反者时所列的表那样，相同、相似、相等都属于一，而相异、不同、不等都属于多。

相同有多种意义，有时我们说数目上的相同，有时把在原理上在数目上都是一的东西叫做相同，例如在形式上和在
1054b 质料上你和你自身都是一个。此外，最初实体的原理是一个，例如相等的直线以及等角和等边的四边形，还有其他许多例子。在这些例子中相等就是一。

相似就不是绝对的相同，在所构成的实体上不是没有差异，在形式上却相同。例如大的四边形和小的四边形相似，不相等的直线相似，这些东西都是相似的，却不是绝对相同。有些东西具有相同的形式，在其中可以有程度上多少的差异，但却没有。有些东西具有在形式上相同的属性，如白色，但程度上各异，我们就说相似，因为它们的形式是一

个。有些东西在一般和主要性质上相同多于相异，就说它相似，如在白色上锡和银相似，在黄色和火红上，金与火相似。

相异和不相似显然也有许多意义。相异是对相同而言，所以万物之间相关联，或者相同，或者相异。还有质料和原理都不是一的东西，所以，你和邻人相异。第三种相异在于数学对象之中。这样看来万物之间的相关，不是相异，就是相同，这些东西都用一和存在来述说，因为相关并不和相同矛盾，不存在的东西并不相异（而是不自身相同），它只能作一切存在着的东西的述词，那些单一的和存在的东西，自然地或是一，或不是一。

这样看来，相异和相同恰恰相反，差别和不相异又不一样。相异的东西和它的相异者不必然在某一个方面上相异，因为凡是存在着的东西不是相同就是相异。和某物差别则是在某一方面有差别，所以，必然存在着同一个构成差别的东西。这就是相同的种，或者相同的属。因为所有的差别不是在种上差别，就是在属上差别。在种上有差别的东西没有共同的质料，也不相互生成，如那些属于不同范畴的东西。在属上有差异的东西种是相同的（种就是在实体上有差别的两者被说成是相同的东西）。

相反的东西有差别，相反就是某种差别。这种设想的正确从归纳中就可清楚。人人都可看得见全部相反的东西都相差别，而不仅仅是相异，而是有一些的种相异，有一些的称 1055[a]

谓相一致，所以在同一种中，或者是在种上相同。在其他地方我们分析过什么东西在种上相同或者相异。

【4】 既然有差别的东西相互间差别有大有小，并且存在着某种最大的差别，我就把这种最大的差别叫做相反。从归纳中，就可把最大差别显示出来。有些在种上相差别的东西相互之间没有相通之点，它们相距遥远而无共同之处。而对于那些在属上相差别的东西，则可能存在着从相反方面的生成。在相反者之间也就是两极的距离最大。而在每一个种中最大的东西也就是完满终极的东西。最大的东西就是不可超越的东西。完满的东西就是包罗无遗的东西。正如其他东西因具有终极而称为终极一样，终极的差别也具有着终极。终极就是此外无物，在万物之中它是终端，是边沿，没有任何东西在完满之外，完满的东西不需再予增添。

由此显然可见，相反就是终极的差别，完全的差别。相反有多种意义，而完全的意义也随着依附于它们的相反所含有的意义而变化。既然如此，那么显然一个东西就不允有许多相反的存在，因为没有更为终端的终端，同一距离也不会有两个以上的终端。总而言之，如若相反就是差别，差别是两者之间的差别，那么完全的差别也是这样。

相反的其他一些定义也必然是真实的。最大的差别也就是完全的差别，因为不论是种上的差别还是属上的差别，在它之外都一无所有（因为正如所指出的，对于种外的东西无差别可言，这种差别是它们之间的最大的）。在同种之内的最大差别也是相反，因为它们之间的差别是最大的，是完全的。其次，在同一个容受者中的最大差别是相反，因为相反者有着相同的潜能。属于同一学科的最大差别是相反，因为以一个种为对象的科学，是同一门科学，在这些事物中完全的差别是最大的。

状况的具有和缺失是最初的相反，不是所有的缺失（因缺失有许多意义）而是那种完全的。其他的东西都因此而被称为相反，有些是由于有着，有些是由于造成或能够造成，有些是由于获得或失去了这些或者其他的相反者。如若矛盾、缺失、相反、相关都是对立，那么其中矛盾是最初的，矛盾中没有居间者，相反却允许有居间者，矛盾和相反显然不同。缺失是某种矛盾，有的是完全没有，有的是本性上应该有但却没有，所以缺失有的是整个地缺失，有的是在某种方式上缺失。我们说它有许多意义，正如我们在其他地方所区别过的那样。缺失是某种矛盾，是无能，它受到容受者的限制，随容受者变化而变化。所以，矛盾是没有居间者，缺失却有某种居间者。所有的东西都是相等和不相等，却不是一切东西都是相等和非相等，只有在相等的容受者中才能这样。如若质料上的生成是来自反面，它就或者是来自形式，或者来自形式的具有，或者来自某种形式和形状的缺失。所以，一切相反显然是某种缺失，然而也许并非一切缺失都是相反。因为遭受缺失的东西在许多意义上缺失。只有变化由之开始的终端才是相反。

这可以由归纳来清楚表明。所有的相反都把缺失作为另一反面，但方式不完全相同。不相等是相等的缺失，不相似是相似的缺失，邪恶是德性的缺失。如所说过的，这里有着区别，有的可能仅仅是受缺失、被剥夺；有的则或者可能是在某一时间、某一方面缺失，例如在某一年龄，在主要方面，或者全部地。在这里面，有些有居间者，有些则没有，人可以是既不好也不坏，而其他地方却不一样，事物必然不是奇数、就是偶数。此外，有些有确定的主体，有些则没有。所以相反的对方显然总是就缺失而言。如若相反者中最初的东西和种也是这样，那就足以说明问题了，例如一和多，其他东西都可归于它们。

【5】 既然相反是一对一的，有人就会提出疑问，一和多，相等和大以及小是怎样相对立的呢？如若我们只在对立中才用“是……或是”这个词，例如是白或是黑，是白或不是白。（但我们决不说是人或者是白，除非是设定并且探询来的人是卡里翁或者是苏格拉底。但这种情况并不必然在任何种中都存在，这样的说法毋宁是从前者引申出来的。只有相对立的东西才不能同时真实。在这里所用的正是这种意义，问哪一个人来了，如若两者同时可能，这一问题就可笑了。即或是能够如此，那也还要陷入对立之中，一和多的对立，是两个人来呢或者是一个人。）如若在对立中所探索的

一直是“是……或是”，我们说是较大或较小，或是相等，那么它们与相等的对立是什么呢？因为它既不只和其中之一相反对，也不是与两者都反对。为什么对较大比较小更加反对呢？此外，相等和不相等相反，所以它所反对的就不是一个东西而是许多东西了。如若不相等表示在同时是两者，那么相等仍然与两者相对立。这一难题有利于那些主张不相等是二的人们。从这里所推出的结论是一个东西和两个东西相反对，这是不可能的。

此外，相等看来是较大和较小的居间者，但这既不是显而易见的，也不能从定义上证明。因为如若作为某物的居间者，它就不再是完全的了，毋宁说它自身永远具有某种居间者。

所剩下的问题是，它作为否定而对立呢，还是作为缺失？它决不可能与其中的一方相对立，为什么它更是较大的对立而不是较小呢？所以，它是两者可能缺失的否定。由此，对两者都说“是……或是”，但不能对其中之一，例如说较大或是相等，相等或是较小，这里总有三种选择。但这不必然是缺失，因为并非所有的相等都是既非大也非小，而是在那些本来就具有这些属性的东西中。

所以，相等既不是大，也不是小，本性上又既是大又是小，它作为可能缺失的否定而与两者相对立，所以它是个居间者。既非善也非恶则与两者相对立，但是没有名称。每一个词都有多个意义，它们的容受者也不是一个。也许非白、非黑更应有个名称。就是它也不只有一个名称，而这一否定在缺失上述说的颜色是受到某种限制的，它必定或者是灰，或者是黄，以及其他颜色。

那些认为一切说法相类似的人们的责备是错误的，既然非善非恶是善和恶的居间者，那么非鞋和非手也就是鞋和手的居间者，似乎一切都要有个居间者。但这并不是必然引申出来的结论。对立的一并否定只适用于那些有某种居间者和自然就有某种距离的东西，在另一种情况并没有差别，一并否定所适用的东西是在不同的种中，从而没有同一的主体。

【6】 对一和多也可以提出同样的疑问。因为，如若多和一无条件地相对立，就要推出一些不可能的结论来。一就将是少或某些少，因为多是和少相对立的。其次，二将是多，因为二倍就是多倍，它是就二而言的。这样一就是少，除非是相对于一和少而言，二又相对于什么而是多呢？因为没有比一更少的东西了。再次，如果在多少中的多和少正像在长短中的长和短一样，并且是多的是多个，多个的是多（除非在弹性连续中这才有差别），那么少就将是某种多；若一是某种少，所以一也是某种多。倘若二是多，就必然得出这样的结论。似乎多数的东西在某种意义上是不可数的多，但也有着差别，例如水的多不可数，不能用多数。在那些可分的事物中，多一方面是指含有或者是整个的、或者是相对某物的过量（少也同样是种多，不过是有着缺失罢了），另

一方面是指数目，只有在这里多才是和一相对立的。这样看来，我们说一和多，正如人们说单数的一和复数的一或者单数的白和复数的白，这就像尺度和被度量过的东西那样。多倍的意义也是如此，每个数目都是多，因为它是多个一，并且因为每一个数目都可用一来度量，所以它是一的对立面，而非少的对立面。在这个意义上二也是多，不过是作为多数或者整个地或者相对于某物含有过量，故二不是多数，而是最初的多。二是一个就整体而言的少，因为它是最初的有欠缺的多数。（所以阿那克萨戈拉对这问题的解决并不正确，他说万物混同，在多少上和微小上是无限的，他不应该说在微小上，应该说在微少上，因为它是不能无限的。）因为少不像有人所说，是由一构成，而是由二构成。

在数目中，一和多相对立，如像尺度对被度量那样，它们作为相关的东西，而这些东西就其自身而言却并不相关。在其他地方我们对相关的两重意义作了区别，一种是反对，一种是知识与被知的东西相关，某物与他物相关由于他物被某物述说。

这并不妨碍一比某物更少些，例如比二，如若它是更少那就不是少。多少可以说是数目的一个种，因为数目是由一来度量其多个。一和数目相对立，但不是相反，正如前面所说过的，而是某种相关。它们一个作为尺度，一个作为被度量者而相对立。但并非所有作为一的东西都是数目，例如那不可分的东西。或说知识与被知东西的相关与此相似，但证明了并不相似。有人认为知识是尺度而被知的东西是被度量的东西。然而其结果却是，全部知识都是可被知的，而并非全部被知的东西都是知识，因为在某种意义上知识要用被知的东西来衡量。

多少不是少的反面（多作为超过的多少才是少的反面，相对于被超过的多少）。多少并不在一切方面都和一相反对，而如所说过的,只有在一方是可分的，一方是不可分的这样的意义上才是相反的，或者是作为相关，正如知识对于被知的东西。如若作为数目，一就是尺度。

【7】 既然在某些情况下，相反允许有居间者，所以居间者必然由相反构成。所有的居间者都在同一个种之中，它就是其中事物的居间者。我们所说的居间者就是变化的东西在变化中最初要达到的东西。例如，最高音逐渐地变为最低音，首先要达到中音。在颜色中，如若从白色变为黑色，在达到黑色之前先要达到赭色和灰色。而从一个种变为另一个种是不行的，除非是在偶性上，例如，从颜色变为形状。居间者必然在同一种内或者作为它们自身，或者作为以它们为居间者的事物。

所有的居间者都是某种对立物的居间者，因为只有从对立中才能有就自身而言的变化。正因为如此，没有对立就没有居间者，不然就会有不出于对立的变化。在各种对立中，矛盾没有居间者（因为矛盾就是其中任何一方所适用的事物都无居间者的对立）。对立其余的形式，或者是相关，或者是缺失，或者是相反。凡是并非反对而相关的东西都没有居间者，其原因是不在同一个种之中，什么是知识和被知东西 1057b 的居间者呢？不过在大和小之间却有居间者。如果居间者是在同一种中，像所指出的那样，并且是相反者的居间者，那么它必然是由这些相反者构成。相反的双方或是某一个种，或者不是。倘若有一个种是先于相反者的，那么构成种的相反属的属差就将是先于这些属的相反者，因为属是由种和属差构成。例如，让白和黑是相反者，一种是明亮的颜色，一种是昏暗的颜色，那么明亮和昏暗就是属差，它们是在先的，它们间的相互反对是在先的。不过有相反属差的属更是相反者，而其他属，也就是居间者则由这样的种和属构成。例如，在白和黑之间的那些颜色都是居间者，它们都要由这个种（这就是颜色）和某些属差来描述。这些属差都不是最初的相反，若不然，每个东西就将不是白的，就是黑的了。所以它们是不同的，而将是最初属差的居间者，最初的属差是光亮和昏暗。所以首先必须探索那些不是一个种内的相反，找出它们的居间者是由什么构成的。那些在同一种内的事物必须由不由种组成的东西所组成，或者不是组合而成的。而那些相反者是不相互组成的，所以是本原。居间者或者全部都是组合而成的，或者都不是。从相反某物生成，因为变化在变为相反者之前先要变成这东西，它对于相反的双方将要既少一些又多一些。这东西就是相反双方的居间者。

所以，其他的居间者全部都是组合而成的，因为那种多于一物而又少于他物的东西都是合成的，是由它相对其被说是大于和小于的相反者合成的。既然相反者没有其他先在的共同的种，居间者全部都要由相反者构成，所以那些在下的不论是相反者还是居间者，都要由最初的相反者构成。现在已经明白了，居间者全部都在同一个种之内，是相反者的居间者，全部都由相反者组成。

【8】 在属上相异是在某一方面与某物相异，这一方面对双方应该是相同的，例如在属上相异的动物，两者都是动物。所以，在属上相异的东西必然在种上相同。我所说的
1058a 种，乃是那种使两种东西具有同一称谓的词项，并且不在偶性上具有差别，不论是作为质料还是别的什么。这里不仅有共同的东西，如两者都是动物，并且这同一个动物对每个动物又各不相同，例如，马和人，由于这一共同的东西在属上也互相差异。就它们自身而言，有的是这种动物，有的是那种动物，如有的是马，有的是人。所以这种差别必然是种的相异性（我把种的差别称为相异性，因为它使种自身成为相异的）。所以，这种差别也就是一种相反。通过归纳这就清楚了。万物都是通过对立而区分，并且我们指出过，相反是同种之内，相反性就是完全的差别。全部属上的差别都是在某个方面与某物有差别，这就是在两者之上的共同的种（正因为如此，所以全部相反属于范畴的同一类型，它们只在属

上有差别而在种上没差别，是最大的相异，它是完全的差别，彼此不会同时生成）。所以，差别就是一种相反。

属上的相异就是，它们在同一种内，相互反对并且是不可分的（那些在属上相同的东西虽然也是不可分的，但并不相互反对），相反在达到不可分的东西之前，生成于有区别的东西和居间者之内，所以，就所谓的种而言，作为种的各个属显然既不是在属上相同的，也不是在属上相异的（这种说法也许是适当的，因为质料显现于否定，种就是其所为种而述说的质料，但这不是赫拉克勒斯族[①] 那样的种，而是在自然中的种）；同时也不是就不在同一个种内的事物而言，它在种上与后者不同，而在属上与同种的东西不同。在属上相异的东西的差别必然是一种相反，这只对那些同种内的东西才存在。

【9】 有人会提出疑问，为什么妇女和男子在属上没有差别，而雌性和雄性却是相反的，这种差别是种相反。雌性动物和雄性动物在属上并不相异，尽管这种差别是动物自身的差别，而不是像白性和黑性那样，雌性和雄性依存于作为动物的动物。这样几乎面临同样的问题，为什么有的相反造成了属上的相异，有的却没有造成，例如，有足的和有翅的 1058b
能造成，白和黑却不能。或者是因为一些是种所固有的属性，另一些却差一点吗？这由于一种是原理，另一种却是质

① hoi Herakleidai，神话英雄赫拉克勒斯（Heraklees）的后裔。

料，那些在原理中的相反造成了属上的差别，那些在质料构成中的则不能造成。所以人的白性和黑性不能造成属上的差别，白的人和黑的人在属上也没有差异，甚至于不能为它加一个名称。这是作为质料的人，质料不能造成差异。正因为如此，许多人并不是人的属，尽管这个人和那个人所由以构成的肌肉和骨骼是相异的，以及其这样那样的构成物各不相同。组合物是相异的，在属上却不相异，因为在原理中并没有相反，这是最后的不可分的东西。卡里亚斯是由原理和质料组成，白的人也是如此，因为卡里亚斯是白的。人在偶性上是白的。青铜的圆和木质的圆在属上并没有差别，青铜三角形和木质的圆在属上的差别并不是由于质料，而是因为在原理中存在着相反。

尽管在某种意义上质料是相异的，但为什么它还是不能造成属上的相异呢，还是在某种意义上它可以造成？为什么这一匹马和那一个人在属上相异？它们的原理和质料是并存的。是由于在原理中存在着相反吗？这对白的人和黑的马也是一样，它们在属上是相异的，但不是由于一个是白的，一个是黑的，因为即或是两者都是白的，它们同样在属上相异。雄和雌是动物所固有的属性，但都不是就实体而言，而是在质料或身体中。同样的种子由于承受了某种作用，而生成了雄的和雌的。

以上已经说明了，什么是属上相异，为什么有些东西在属上有差别，有些东西则没有。

【10】 既然相反是属上相异，可消灭和不消灭的是相反的（因为缺失是一种确定的无能），可消灭和不消灭的必然在种上也是相异的。现在我们所说的是普遍名称自身，所以有人认为，某个可消灭的东西并不必然和不消灭的东西在属上相异，正如白的东西和黑的东西不在属上相异一样。同一事物两者同时可能，即或它作为一个普遍物，正如人既可以是白的，也可以是黑的，即作为个体，同一个人也可以既是白的，又是黑的,只是不在同时罢了，不过白和黑是相反的。

在相反之中，有一些是就偶性而言依存于某些东西的（例如我们所提到的以及其他许多东西），有些则不是，其中包括着可消灭和不消灭的东西。任何东西都不是因偶性而消灭，因为偶性上的东西也可能不出现，而消灭却必然出现于那些要消灭的东西。如若不然，那么同一个东西就既可消灭又不消灭了。所以，可消灭性或者是实体或者必然地存在于每个可消灭的东西的实体中。这个道理也同样适用于不消灭的东西，因为这两者都是出于必然的属性。一些东西成为可消灭的。另一些东西成为不消灭的最初原因是对立，从而必然是在种上相异。

所以，像一些人所说的那样的形式显然不可能存在，因为这样就将存在着一个既可消灭又不消灭的人，据说，这些形式与某些事物在属上相同并不只是有相同的名称，但在种上相异的东西比在属上相异的东西相差更远。

第十一卷

【1】 在前面对有关本原问题各种意见的质疑中，可以清楚地看到，智慧就是某种关于本原的科学。困难在于，到底应该把智慧看作是一门科学还是多门科学。如若是一门，那当然永远是一种有关对立物的科学，可是本原并不是对立物。如若不是一门，那么，应当把它们看作是些什么样的科学呢？

其次，考察那些证明之本原的科学，到底是一种还是多种？如若是一种，那么为什么这种比其他种更强？如若是多种，它们到底是哪些种？

再次，它是否以全部实体为对象呢？如果不是以全部实体为对象，很难指出是以哪种实体为对象。如若一门科学的对象是全部实体，那么，就令人难以明白，为什么同一门科学可能有众多的对象。

最后，它仅仅是研究实体呢，还是同时也研究偶性？如若它专门对偶性作证明，而不涉及实体；如若它们互不相同，那么每种互不相同的科学是什么呢？哪一种可称为智慧呢？作为证明的科学，以偶性为对象，即算是智慧；而作为最初因的科学，只有以实体为对象才称得上智慧。

大家都承认，这里所寻求的科学，既不涉及物理学里所说的那些原因，也不涉及何所为。因为何所为就是善，它寓于实践行为之中，寓于运动着的事物中，它是最初运动者（它就是目的），而在不运动的东西中，是没有最初运动者的。问题的困难在于，现在所寻求的科学到底是涉及可感实 1059b
体呢；还是不涉及，而是涉及其他的实体。如果所涉及的是其他实体，那么，可能是形式呢，还是数学对象？显然，形式并不存在，即或有人认为形式存在，困难还是照旧，为什么不把具有形式的东西像数学对象一样同等看待呢？我说，他们把数学对象当作形式和感性事物的居间者，如像在形式和现世事物之外的第三种东西。然而，在人自身、马自身和个别的人和马之外，并没有第三个人、第三匹马。如若事情不像他们所说的那样，数学家应该以什么为对象呢？当然不能以现世的事物为对象，因为数学并不研究这类东西。现在所寻求的科学并不涉及数学对象，数学对象都是不能分离的。它也不能以感性实体为对象，它们是生灭无常的。

总而言之，问题的困难在于，到底是什么科学来探讨数学的质料。它并不是物理学，因为物理学的对象在其内部具有运动和静止的本原。也不是对证明和知识的探讨，因为它探讨的就是证明和知识，所剩下来的就是我们已经确定下来的哲学，只有它才能把这些作为研究对象。

有人会说，所寻求的科学是否把本原，即某些人所谓的元素当作对象，但人们把这些元素置于组合物中。有一种意见认为，所寻求的科学，更应该以普遍为对象；一切原理，一切科学皆属于普遍，而不是终极的属。这样看来，它将以最初的种为对象。那就是存在和一。它们被认为是包涵着万物，最像是本原。因为，它们在本性上是最初的，如若它们消灭了，其余的东西也就同时消灭了，因为一切事物都是存在，都是一。如若把存在和一当作种，那么它们必然为属差所分有，但属差并不能分有种，根据这一理由，不应当把它们当作种，也不能当作本原。此外，如若更单纯的东西与次单纯的东西相比更可以称为本原，那么出于种最后的属要比种更加单纯（因为它们是不可分的），而种可被分解为众多
1060a 的互不相同的属，那么可认为属比种更可称为本原了。既然属要随种消灭而消灭，那么种就似乎更是本原了。因为本原消灭其他东西也同时消灭。这一些以及其他类似的问题，就是难点之所在。

【2】 此外，在个别事物之外，应不应该再加上某种东西呢？我所寻求的科学就以这些东西为对象吗？而这些东西是没有穷尽的。种和属确实存在于个别事物之外，而我们所找的科学却不以它们中的任何一个为对象。已经说过这为什么是不可能的。总的说来，难点在于，是否应该在可感实体和现世的事物之外，设定某种分离的实体，或者只有可感东

西是真实的，智慧就以它们为对象。我们似乎是在寻求另外某种东西，这才是我们所要达到的目标，我所说的是，要看一看，是否有某种自身分离的，不依存于任何可感事物的东西。此外，如若在可感实体之外有某种其他实体，那么应该把这种实体和哪些感性实体相对应呢？是不是更应该认为，与其他动物相比，对应于人和马，更有这样的实体，或者一般地说，比无生物更应该有这样的实体呢？而且给可感事物和可消灭的事物都配备另一套数目相等的永恒实体，似乎是说不通的。如若所说的本原不是脱离物体的，它除了是质料外还能是什么东西呢？质料当然不是现实存在，而是潜在地存在。有人认为，形式和形状是比质料更为主导的本原，但这种形式是可消灭的。所以，一般说来，并没有自身独立存在的永恒实体。但这是荒唐的，因为许多杰出的人物似乎都在追求，认为这样的实体和本原存在着。倘若没有某种永恒的、独立存在的东西，怎么会有秩序呢？

此外，倘若真有某种实体和本原，其本性和我们所寻求的一样，它对万物是一，不论对永恒的东西，还是对可消灭的东西都是一，那么就难于理解，既然本原是同一的，出于什么理由，有些以此为本原的东西是永恒的，另一些则不是永恒的呢？这是毫无道理的。如若可消灭的东西有一个本原，而永恒的东西另有一个本原，如若可消灭事物的本原也是永恒的，那么我们还是说不通。既然本原是永恒的，而以其为本原的东西以什么理由反而不永恒呢？如若是可消灭的，那就会有另一个本原，对这个本原又有另一个，如此以至无穷。

再进一步说，如若有人把看来是决不运动的东西，即把
1060b 存在和一当作本原，首先，如若其中每一个表示的不是“这个”和实体，那么它们怎能是分离的和独立的呢？这正是我们寻求的那种永恒和最初的本原。如若它们每一个果然都表示着这个和实体，那么全部存在着的东西都是实体了。万物都以存在为述语，部分事物以一为述语。但是全部存在着的东西都是实体是错的。此外，还有一些人把一说成是最初的本原和实体，他们从一和质料中，首先把数目产生出来，并且说这就是实体，像这样的说法怎么可能是真的呢？怎能把二，以及其余每一个由组合而成的数目都想成是一呢？对于这样的问题，他们没有说什么，也很难说什么。

倘若有人把线或者由此而派生的东西（我所说的是最原始的平面）当作本原，这些东西并不是可分离的实体，而是由平面和物体划分出来的一部分，点则是线的一部分，并且是这些东西自身的界限。所有这些东西都寓于他物之中，并不分离存在，此外，怎能认为一和点的实体存在着呢？全部实体都是生成的，却不存在点的生成，点是一个划分出来的部分。

困难还在于，全部科学都是关于普遍和“这类”的科学，但实体却不属于普遍，而是一“这个”，并且是分离的，如若科学以本原为对象，怎样把实体当作本原呢？

此外，在组合物之外，还有没有某物存在呢？我所说的组合物，就是质料以及与质料相关的东西。如若没有，所有在质料中的东西都是可消灭的，如若有，那就是形式和形状。那么就难决定，哪些东西上有形式，哪些东西上没有，但有些东西上显然没有可分离的形式，例如房屋。

此外，本原在形式上和数目上是否相同呢？如果在数目上是一，那么万物就将相同了。

【3】 哲学家的科学普遍地从整体上研究作为存在的存在，而存在有多种意义，并不就一种意义而言。如若只是名称相同而并无共同之点，那么就不能包含在同一科学之中(像这类的东西是不同种的)，如若有着共同之点，那就可以包括在同一科学之中。

这里所说的意思，似乎正像对医术和健康一样，其中的每一个词都有多种含义。每一个词之所以具有如此的意义， 1061a
有的由于可以归为医学科学，有的可以归于健康，有的归于其他什么，但每种意义都与同一事物相关。一个处方、一把手术刀之所以被称为医学的，有的由于出自医学，有的由于适用于医学。健康也是一样，或者由于表明健康，或者由于造成健康。其余的辞汇也以这同样方式具有多种意义。凡是存在的东西都以这样的方式被称为存在。这些之中，每一个所以被称为存在，或者由于它是作为存在的存在的规定，或者由于状况，或者由于处境，或者由于运动以及其他。所有的存在都归于某一共同的东西，在对立物中，每一个也是归于存在的最初差异和对立，不论存在的这些最初差异是多数的还是单一的，不论是相似的还是不相似的，以及其他，此外就不再多说了。存在着的事物不论归于存在，还是归于一都无区别。如若两者不是相同的，而是相异的，也可以互换，一也就是某种存在，存在也就是某种一。

既然全部相反的东西，都由同一门科学来研究，每一种相反都是由于短缺（虽然有人对某些对立物提出疑问，它们怎样被称为短缺，像那些具有中间项的东西，例如公道和不公道），对于所有这类事情，应该不把短缺当作整体原理，而看作是最后的属。例如，一个公正的人由于某种品质而遵守法规，不公正的人并不是完全不知守法的道理，而是在某些方面偏离了对法规的遵守，正是在这方面说他是短缺。其他的事情也是这样。例如一个数学家，用抽象的办法对事物进行思辨（把一切感性的方面都取去，例如重和轻、硬和软、热和冷以及其他的感性对立物。所剩下的只有量和连续，有的在一个方向，有的在两个方向，有的在三个方向，在这里各种规定都是作为量的规定和连续的规定。他并不看其他方面。他有时研究位置之间的关系，以及依存于它们的性质，有时研究可通约性和不可通约性，以及各种比例。但我们仍然认为，对这一切只有同一门科学，那就是几何学），研究存在也要用这同样的方式。存在的偶性和它的对立物，就其为存在而言，都是哲学的研究对象，而不是其他科学的研究对象。在物理学中，研究对象并不是确定在作为存在的东西，而是作为分有运动的东西。辩证法和诡辩术都是以存在物的偶性为对象，而不是作为存在，并不由于它是存在而研究存在自身。剩下的只有哲学家是以所说的东西为研究对象，以其为存在而言的东西为对象。尽管存在有多种意义，但整个却是单一的，有着共同点，它的对立物也是这样（可以归于存在的最初对立和差异）。像这样一些东西可以置于一门科学之下。那么，在开始时所说的困难，可算是解决了。我说的是，一门科学怎样能以众多的在种上互异的东西为对象。

【4】 既然数学家把共同原理应用于个别对象，所以对这共同原理的本原的考察，也就是第一哲学的任务。从等量减去等量所余之量相等，是一条对所有的量都适用的共同原理。数学则从固有的质料选取一部分而进行研究，例如，关于线，或者角，或者数以及其他的量，不是作为存在，而是作为连续，每个是一维、二维还是三维。哲学所研究的部分并不是作为偶性的个体，而是其中作为存在而存在的个体。物理科学的研究方式和数学完全相同，物理学考察各种偶性，也研究存在着的东西的本原，但它们是作为在运动中的东西，而不是作为存在。我们已经说过，第一科学的对象，是就其存在而言的主体，而不是作为其他什么。由此，应把物理学和数学当作智慧的一部分。

【5】 在事物之中，有一个不会变假的原则，相反地，我认为要让它恒真。这就是，同一事物，不可能在同一时间
1062a 内既存在又不存在，也不允许有以同样方式与自身相矛盾的东西。对这一原则，虽然作了个别的、具体的证明，但并没有一般的、单纯的证明。因为再没有比它更可靠的据以推理的原则了，如若作单纯的证明，当然应有一个这样的原则。若想指出一个对立的主张为什么是错误的，必须使他承认，这同一事物不能在同一时间内既存在又不存在的原理，但现在表明他的主张并不相同。这是反对那种把关于同一事物的对立说成真的人，可用的唯一证明方法。那些想要交换思想的人，应该在他们中有某种共同认识，如果不能，怎么可能进行共同的讨论呢？所以，每一个词都应当是清楚易懂的，仅表示一种东西，而不是多种东西。如若所表示的是多种东西，那就要弄清这个词是对什么来说。一个人说，这东西是又不是，等于是否定自己的所说，正如说一个名称表示这一事物，又说并不表示。这是不可能的。如若这是什么表示某种意义，那么相对于同一事物的否定就不能是真的。

此外，如若一个名称标志着某一事物，并且说出了这事物的真相，这应该是必然的，出于必然而存在的东西决不能不存在。对于同一事物相反的主张决不能是真的。

此外，如果一个肯定所说的并不比否定更真，说是人则并不比说不是人更真。也可以认为，说人不是马可能比说不

是人更真，至少是同样真。所以说，这个人是匹马也是真话，因为对立意见所说的同样是真话。这里可以得出结论，同一个人可以是匹马或者其他动物。

对于这些原理的证明不能是单纯的、不受限制的，但相对于提出这样问题的人却可证明。如若有人去问赫拉克利特本人这样的思想方式，也迫使他不能不同意，对于相同的对象，矛盾的命题不能都是真的。不过现在他接受了这种意见的时候，就忘记当年他自己所说的是什么了。一般说来，如 1062b
果他所说的是真话，那么，这话在本身不是真的，我指的是，同一事物在同一时间内既存在又不存在。倘使把两者分开，那么肯定不见得比否定说得更真。以同样方式若把复合句当作一个肯定句，那否定和把全句当作肯定是同样的真。此外，倘若对任何事都不作肯定，那么，没有任何真实的肯定这句话本身就要是假的。如若存在着真实的肯定，那么，那些对此持反对意见，并完全摧毁对话和讨论可能的人的主张，就不攻自破了。

【6】　普罗泰戈拉的命题和前面的那些话极其相近，他说人是万物的尺度，这话的意思只不过是，事物在每个人所看来的样子肯定就是这个样子。事情如若这样，那么同一个东西就要既存在又不存在，既是坏又是好，其他相互对立的说法都是对的，一个东西经常在一些人看来是美好的，在另一些人看来却恰恰相反，而对每个人所表现的即是尺度。如

若人们考察一下这种判断是从何而来，困难也就解决了。似乎有一些看法是来自那些自然哲学家，有一些来自人们对同一事物的不同认识；一个东西对一些人是可爱的，在另一些人看来则恰恰相反。无中不能生有，万物出于存在，这几乎是为自然哲学家所公认的教条。一个完全是白的而无处不白的东西不能变白，白是从不白的东西生成的。按照那些人的说法，除非同一事物在开始就具有白和不白，从不存在才能有所生成。但这个问题并不难解决，在物理学里已经说明了，生成的事物怎样从不存在生成，怎样从存在生成。

但对争论双方的意见和表象都同等看待，也是愚蠢的。在他们之中，这一方或另一方显然必定是错误的。在感觉的
1063a 范围这是无疑的；同一种东西，从来不会对一些人是甜的，相反对另一些人是苦的。除非其中的一方的感官对所说味道的分辨力受到损害。在这样的情况下，这一方应被承认是尺度，而另一方不被承认。我在这里所说的意思，同样适用于善和恶、美和丑以及诸如此类。承认了这种观点，就等于承认了这种现象，一些人把手指压在眼下，使一个东西显现为两个，就说应该是两个，因为显现得如此，然后又是一个；对于那些不触动眼睛的人一就显现为一。总的说来，从现象界的变化和无物持久的现象作出有关真理的判断，是站不住脚的。应该从永远保持同一的东西中，从不作任何变化的东西中去探索真理。这些东西就是天体，它们并不一会儿是这个样，一会儿又显现为另一个样子，它们永恒如一，与变化

毫无共同之处。

此外，如若存在着运动，那么也就有某种能运动的东西，万物都被从某物运动到某物。一切被运动的东西当然要存在于那行将被运动的东西中，而又不存在于它之中，它被运动到这种状态并在那里生成。相反论断不能同时为真，而这些人却说能。如若那些在现象界的东西在量上是连续的、流变的，虽然并不是真的，暂且假定这一点，为什么它们不停留在质上呢？看来对同一事物的相反论断，很可能由于认为物体的量是不持久的，所以同一个东西是四肘长又不是。而实体是就质而言，质在本性上是限定的，而量的本性却无限定。

此外，为什么医生给人指定这样一种食品，而人们又食用了它呢？是或者不是面包这东西都一个样吗？吃下它和不吃也就没有区别了。而人们服用了它，认定自己对它知道得很真切，知道它就是医生指定的食品。倘若在感性事物中，它的本性不能持久，而处于不断的流变之中，那么也就不必去服用了。

此外，如若我们也是在不断变化之中，从来不曾保持同一个样子，那对于我们和对于病人一样，事物并不显现为同一，有什么奇怪呢？对于病人来说，体质和健康的人不相同了，所以在感觉上的东西也就显得不同。但这绝不是说，感性事物由此发生了变化，而是对病人来说，感觉被弄成其他样子，不是原来的样子了。我们所说的那些变化，必然也是以同样方式发生的。假若我们没有改变保持同一，就会有某种持续的东西。

对于那些从道理上提出来的难题就不易解决了，除非设定一个再不须用道理解释的前提。一切理论、一切证明都这样产生。如不承认所设定的前提，他们就摧毁了讨论的可能以及全部理论。对于这样一些人，那就无道理可讲了。至于那些为传统的难题所困扰的人，倒是不难对付，对于在他们中造成困难的原因也容易解决。从以上所说就清楚了。

从这里就可明白，关于同一事物的矛盾命题不能同时为真；相反者也是这样，因为一切相反都由短缺来说明，如若把对立的公理分解为本原，这也就清楚了。

同样，也不能把对立命题加以折中，来表述同一主体。如若一个主体是白的，说它既非白又非黑，那我们就错了。很有可能它既是白的又不是白的。在合并起来的两个词中，前者所说为真，而它是白的对立面。

赫拉克利特和阿那克萨戈拉两人的说法都不真。若非如此，相对立的范畴就可用同一主体了。即或是他说，一切的部分在一切事物之中，又说甜和苦并无不同，以及其他的对立物，正如一切寓于一切之中，不仅是潜在的，而且是现实的、界限分明的。

同样，全部断语不可能都是假的，也不可能都是真的。且不说由这一主张带来的其他困难，就是从一切断语都是假的这一主张，也会得出，这话本身也不是真的；如若都是真的，又会得出，说一切都假并不是假话。

【7】 一切科学都以本学科范围的某种本原和原因为对象，例如医学、体育学以及其他各门创制科学、数学。在这 1064a
些科学中，每一门学科都给自身划定了一个范围，而把它当作现存的和存在的东西加以研究，而不是作为存在。在这些学科之外，有另一门科学才以作为存在的存在为对象。在所说的科学中，每一门都以某种方式把握各种事物中的是什么，并试图较松散地或较严格地来指明其余。有些科学通过感觉来把握是什么，有些通过假设。通过这种归纳可以看出，不存在对是什么和实体的证明。

既然存在某种有关自然的科学，那么显然另外还要有实践的科学和创制的科学。在创制的科学那里，运动的本原在创制者中，而不是在被创制的事物中。这种本原或者是某种技术，或者是其他的潜能。实践科学也是这样，在这里运动不在实践事物中，而更多地在实践者中。自然哲学家的科学，则研究那些在自身之内具有运动本原的对象。由此可见，关于自然的科学显然既不是实践的，也不是创制的，而必然是思辨的，它三者必居其一。既然每一门科学都必然是对是什么有所认识，并把它当作本原，所以就必须注意自然哲学家是怎样下定义的，怎样把握实体原理的。它照扁鼻的样子呢，还是更多地照扁平的样子。两者的区别在于，扁鼻的原理须和对象的质料联在一起来说，扁平的原理则离开质料。扁鼻性是在鼻子中生成的，所以它的原理要和鼻子联在一起来考察。因为扁鼻就是扁平的鼻子。用不着证明，肌肉的原理、眼睛的原理以及身体其他部分的原理，永远要连同质料来阐述。

既然存在着一种以分离着的、作为存在的存在为对象的科学，那就应该研究，这门科学和物理学到底作为同一门科学呢，或更应该是另外的科学。物理学所研究的是在自身内具有运动本原的东西，思辨的数学则是一种研究恒久对象的科学，但不研究分离的东西。所以，和这两门科学不同，有一门科学以分离的、存在而不运动的东西为对象。如若真有这样的实体，我说的是分离和不运动的实体，让我们尝试着加以证明。如若存在物中果然有这样的本性，这里必定是在
1064b 某处的神圣事物，它必定是最初的，高于一切的本原。现在说明了，思辨科学有三种，物理学、数学和神学。思辨科学在各科学中，是最高贵的，它的研究对象是存在物中最为显赫的。每一门科学因其自身所研究的对象而分高低。

有人还提出这样的难题，这种关于作为存在而存在的科学到底是不是普遍的。在数学中，各个学科以一种确定的领域为对象，而普遍的数学则对一切是共同的。如果自然实体在存在的东西中是最初的，那么物理学就是第一科学了。倘若还存在另一种自然，或分离的、不运动的实体，就必然有其他以此为对象的科学，它先于物理学，由于在先而是普遍的。

【8】 既然单纯的存在有许多种意义，其中的一种，就是就偶性而言的存在，让我们首先来研究这种意义的存在。人皆尽知，在现在的科学中，没有一门是投身于研究偶性的。建筑学并不研究住房屋的人将遇到的情况，如他们住起来是舒适还是不舒适。不论织造术、制鞋术还是烹调术都是一样。在各种科学之中，每一门都有自己所固有的研究对象，这就是它固有的目的。不论文雅的就是有文化的，还是由于有了文化就成为文雅的，虽然以前并不是，但两者同时发生，而存在的东西并不一直如此，故需经历生成，所以文雅的须得同时成为有文化的——这都不是众所公认的科学所研究的，除非是诡辩术。只有诡辩术才投身于研究偶性，所以，柏拉图说诡辩者把时间消磨在不存在上这话很中肯。如若知道了偶性到底是什么，就会清楚偶性的科学何以不可能。

宇宙万物，我们说有的恒久并出于必然（所谓必然的意思并不是强制，而是我们在证明中所用的那种方式），有的是经常的，有的既不经常，也不恒久并不出于必然，而是作为碰巧，例如仲夏伏日出现了霜冻，这事既非恒久，也不出 1065a 于必然，也不经常出现。偶性是什么，我们已经说明了，显然这是它不能成为科学对象的原因。一切科学都以恒久存在的或经常存在的东西为对象，这里决不包括偶性。

作为偶性的存在，显然不具有原因和本原，它们也不是就自身而言的存在；如若偶性也有原因和本原，一切都将要出于必然了。倘若这个的存在由于那个，那个又由于那个，这一那个又不是碰巧，而是出于必然，那么以它为原因的东西也将是出于必然，这样推上去，直到所谓终极原因（这个终极原因却作为偶性）。这样，一切都将出于必然，而所有的碰巧，可能的生成或不生成，都被从生成的东西中取消。即便假定原因尚在生成中，并非已经存在，其结果还是一样，宇宙万物都由必然生成。倘若这件事发生，明日就将发生日蚀；而倘若另一件事发生，这一件事便会发生；这个另一件事又要另一件事。以这样方式推论下去，倘若把从现在到明天的有限时间一点点抽去，就会达到现存状况。由于现存状况的存在，那么随之而来的一切都由必然而生成，所以，一切东西的生成都是必然的。

至于作为真的存在和作为偶性的存在，真乃是在思想的联合中，是思想上的规定，所以对这样的存在，人们并不寻求其本原，而只寻求那外在的、分离的东西的本原。另一方面，那种不必然的、无确定性的东西，我指的是作为偶性的存在，对这类存在其原因是无迹可寻的、不定型的。

“为什么”存在于自然生成的东西中，也来自思想。倘若某个东西由于偶性而生成，那就是机遇；正如有的东西由于自身而存在，有的东西由于偶性而存在，这都可以是原因。机遇是在有选择而生成的东西中的偶然原因。所以，机遇和思想所涉及的范围相同，因为没有思想就不能选择。那种机遇所由生成的原因，是不确定的原因。所以，机遇不能用

人力的计算来弄清，是偶然原因，在单纯意义上则不是任何事物的原因。如若善和恶出现了那就是好机遇或坏机遇，如 1065b
若这些机遇是大量的，那就是幸运和厄运。

作为偶性的事物，不能先于就其自身的事物。偶然原因当然也不能在先。如若机遇和自发果然是天的原因，那么理智和自然就是先在的原因。

【9】 有的东西以实现方式存在，有的东西以潜能方式存在，有的东西以潜能和实现两种方式存在。有的是存在，有的是数量，有的是其他。由于在事物之外没有运动，所以，变化只能按照存在的各种范畴而变化。在这些变化中没有共同之处，对每个范畴也无共同之处。每一范畴都以两重方式依存于相应的所有事物，例如，这个，有的是它的形式，有的是缺失。在性质方面是白和黑，在数量方面是完全和不完全，在移动方面是上和下、轻和重。所以运动和变化的形式和存在的种类一样多。

每一种东西都可分为潜能和实现。我把一个潜能上是如此的东西的实现叫做运动。从下面的例证就显然可见我们所说的真实性。一所能被建造的房屋，作为能被建造的东西我们说它自身存在着。然而要实现地存在，就须去进行建筑，这整个的过程就是建造活动。学习、医疗、行走、跳跃、老化、成熟等活动也是如此。只有在实现性作为自身而存在时，运动才出现，既不能早，也不能迟。一个潜能上存在的实现，在实现存在并实现着的时候，不是作为自身而是作为能被运动的东西，就是运动。我所说的作为是这样的，青铜在潜能上是雕像，但运动并不是青铜作为青铜的实现，因为作为青铜和作为对某物的潜能不是一回事情。如若在原理上笼统地说成一回事，那么青铜的实现也要是某种运动了，两者不是一回事情，如若这样，健康和疾病就是一回事了，不过健康和疾病的载体不论是分泌物还是血液却是同一个东西。因为它们并不一样，正如颜色和视觉不是一回事，只有作为可能的可能的实现才是运动。运动显然只能在实现作为自身不存在时才发生，既不能早，也不能迟。每一事物可能有时是实现的，有时则不是，例如一所作为可能被建造的可能被建造的房屋，作为可能被建造的可能被建造的房屋的实现就是建造，实现活动或者就是这样的房屋建造，或者是房屋。然而房屋如若一旦存在，它就不再是一所可能被建造的房屋了，因为可能被建造的房屋是在被建造的东西。既然现实性必然是建造，建造也就是一种运动。这同一原理也适用于其他各种运动。

从其他的人对这一问题的说明中，从对这一问题很难做另外的规定中可见，以上所说显然是正确的。因为没有人能够把它放在另外的种里面，这从人们所说的就可以清楚，有些人说它是相异性、不等性和非存在，但这些东西没有一个必然运动。而没有任何变化是变成这些东西或出于这些东西，而更多地是出自相反者。人们之所以把它放在这些东西里面，是因为运动看来是种无规定的东西，在另一行列中的那些本原由于是缺失而无规定。它们没有一个是这个或这样，或者属于其余的范畴。由于运动既不能归于为存在物的潜能，也不能归之于存在物的实现，所以，看起来它是无规定的。不论是一个可能的数量，还是一个实现的数量，都不必要运动。运动被认为是一种实现活动，不过尚未完成。其原因在于实现活动寓于其中的可能是未完成的。

由于这样的缘故，难以把握运动是什么，有时必然要把它归于缺失，或者归于潜能，或者归于单纯的实现，但看起来这些东西中没有一种是可能的。剩下来就是我们所说的了，即实现活动，是我们所说的那种实现活动，它虽然难于看到，但却可能存在。

运动显然存在于被运动的东西中，它就是被运动的东西为一个能运动的东西所实现。能运动的实现和被运动东西的实现没什么两样。实现性对两者都应该同样存在。一个能运动的东西是对被运动的东西而言。故实现活动对两者相同，这正如从一到二和从二到一是同一距离。向上的路和向下的路是同一条路，不过它们的存在并不是一个，这同样适用于运动者和被运动者。

【10】 无限或者是指由于在本性上就不可能穿透的东西不可穿透，正如声音的不可见一样，或者是具有不尽的穿透，或者是很少穿透，或者本性上虽然是可能的，但并不具 1066b

有穿透或限制。此外，或者是指无限地增加，或者是指无限地减少，或是两者。

无限决不是一种分离的自身存在，可感觉的东西。它既没有大小，也没有多少，无限自身就是实体而不是偶性，它是不可分的，因为可分的东西须有大小、有多少。然而如若它是不可分的，那也就不是无限了，除非它像声音不可见那样。不过人们并不这样说，我们的探索也不是这样，而是作为不可穿透的。

此外，无限怎样可能就其自身而存在呢？除非以无限为属性的数目和大小也就其自身而存在。如若它以偶性而存在，那么，作为无限就不是存在着的东西的元素，正如看不见的东西不是谈话的元素一样，虽然声音是看不见的。无限显然不以现实方式而存在，如若这样，不论取来它的任何部分也都是无限的了。如若无限是实体并且不述说主体，那么作为无限而存在和无限就相同了。从而无限也是不可分的，如若能分成部分，那么每一部分也都是无限的。同一事物不能是多个无限，但如若它是实体和本原，那么将要像气的部分是气一样，无限的部分也是无限了。它是不可分的，决不能分成部分。但是，无限也不能以现实的方式而存在，因为它必然是数量，它作为偶性而依存着。不过，如若这样，那它就要如我们说过的一样，不可能是本原，而是那种以它为偶性的东西，如气或偶数。

这种探索是普遍的，以下就会清楚，无限不存在于可感的事物中。如若把物体定义为被平面所限制的东西，那么物体就不是无限的，不论是感觉上的物体，还是思想上的物体。数目也不能分离存在和无限，因为不论是数目还是具有数目的东西都是可数的。由以下的论证自然就清楚了。不论它是组合物还是单纯物都不是无限的。如若元素在数目上有限，它就不是个组合的物体。因为对立的双方应该同等，其中没有一方是无限的，如若物体的一方能力较弱，那么有限的一方就要被无限的所消灭。每个元素也不可能是无限的，因为物体在各个方向全部延伸，而无限是无限延伸的，所以，如若无限是物体，它在全部方向上都将是无限的。无限也不可能是单一的单纯物体，如众人所说是某种在由它所生成的那些元素之外的东西（没有一种在元素之外的这样的物体，万物出自于它，消解后又回归于它，这种东西看来并不在单纯物体之外），既不是火，也不是其他元素。因为除去任何一种元素如何可能是无限外，全体或一切即或是作为一个有限的东西，也不能成为某一元素，如赫拉克利特所说，在某一时间一切都在变成火。这同样的道理也适用于一，许多自然哲学家们把它放在元素之外。一切都由于相反者而变化，例如由热变冷。

此外，可感物体是在某地，整体和部分在同一地点，例如土地。假如无限的物体是同种的，它就不被运动或者永远被运动。而这是不可能的。为什么在这里要向下而不是向上，或向其他什么地方呢？如果有一片云，它将向什么地方运动或是原地不动呢？与之同种的物体，其地点是无限的。它能占据这整个地点吗？又怎样去占据呢？它的停止是什么，它的运动又是什么？或者它在任何地方都停止不动，那它就不再运动了，或者它无处不在运动，那也就没有停止了。如若一切并不同种，各个部分的地点也就都不相同，那么首先全体或一切的物体就不是单一的，除非只是靠接触，其次，各个部分就或者是有限，或者是在属上无限。有限似乎不可能，不然有些将会是无限的，有些则将不是。宇宙可能是无限的，如火和水。但这样无限的部分将消灭它的相反者。如若部分是无限的和单纯的，各个地点也是无限的，那么元素也将是无限的。如若不能够这样，地点是有限的，那么宇宙也必然是有限的。

总而言之，如若一切可感物体有重有轻，那么物体和物体所占有的地点不可能是无限的。因为它要被移向中央或上面，无限不论是全体还是一半都不能接受这种区别，因为怎样把它分开呢？而无限又怎样有上、有下、有边限、有中间呢？此外，一切可感物体都占有地点，而地点有六种形式，它们都不可能存在于无限的物体之中。总而言之，既然地点不可能是无限的，物体也不可能。在地点中总有个某处，或是在上，或是在下，或在其他某个地方，这些东西每一个都是某种界限。

无限作为某一种本性在大小中，在运动中，在时间中并
1067b 不是同一的。而在后是对于在先而言，正如运动是在大小方

面，在这方面运动、变化、增长，通过运动才有时间。

【11】 变化的东西有时就偶性而变化，如文雅者在行走，有时由于其中的东西变化，而总体地称之为有了变化，例如在部分上的变化，身体变得健康了，因为眼睛变得健康了。有一种就其自身最初运动的东西，它同时也就是就其自身能运动的东西。这同样也适用于运动者，它有时是就偶性、有时是就部分、有时是就其自身而运动。存在着某种最初运动者，也存在着被运动者。并且要在时间中，既出于时间，又进入时间。被运动物的运动所达到的东西为形式，属性、地点却不被运动，正如知识和热一样，热并不是运动，加热才是运动。

那种非偶性的变化并不寓于一切之中，而存在于相反者、居间者和矛盾物之中。这一点从归纳就可确信。变化着的东西的变化，或者是从主体到主体，或者是从非主体到非主体，或者是从主体到非主体，或者是从非主体到主体。我所说的主体就是以肯定来表达的东西。变化必然分为三类，从非主体到非主体并没有变化，因为它们不是对立的，也不是矛盾的，这里没有相对的东西。从一个非主体变到相矛盾的主体就是生成，在总体上的单纯的生成，或者是某物的生成。从一个主体变为非主体就是消灭，或者是总体上的单纯的消灭，或者是某一事物的消灭。如若非存在有多种意义，那么凡是由组合或分割而成的事物，凡是在潜能上与单纯存在相对立的东西都不可能运动。（非白和非善可以在偶性方面运动，因为非白可以是个人。不过那单纯意义上的非这个，却不可能运动。）非存在是不能够运动的，如若事情是这样的，那么生成也不是运动，因为非存在是被生成的。尽管生成在很大程度上偶性地生成，然而说非存在在总体上表述生成，仍然是对的。这一道理同样适用于静止。这当然要碰到不少困难，并且，如若一切被运动的东西都占有地点，而非存在则不占任何地点，如若这样它就要是在某处了。消
1068a 灭也不是运动，因为运动的反面是运动或静止，消灭的反面是生成。一切运动都是变化，变化如上所说分为三类，在其中生成方面的和消灭方面的变化并不是运动。这些只是矛盾双方的转化，运动只能是从主体到主体，而且必然如此。主体或者是相反者，或者是居间者（缺失处于相反者的地位），而且是用肯定的词来表述，例如赤裸、豁出、黑色等。

【12】 如若范畴分为实体、性质、地点、动作或承受、相关和数量，运动必然有三种，即性质的运动、数量的运动和地点的运动。实体没有运动，因为实体没有反面，相关也不运动，因为相关的一方变化了，另一方尽管没有变化，其关系也不再真实，所以相关双方的运动是在偶性上运动。没有动作者和承受者的运动或没有运动者和被运动者的运动，也就说没有运动的运动，生成的生成，以及一般而言

没有变化的变化。运动的运动有两种，一种是作为主体，例如一个人在运动，也就是说，他从白变成黑，像这样的运动或者是加热，或者是冷冻，或者是地点转移，或者是增加。但这些都是不可能的，因为变化并不是某种主体。再者，作为另一种主体，从一种变化，变化为另一种形式，例如一个人从疾病变成健康，但除非在偶性上，否则这也是不可能的。所有运动都是从一物到他物的变化，生成和消灭也是这样。不过，生成和消灭是向一种对立面，而运动是向另一种对立面。在从健康变为疾病的同时，也从这种变化自身变到另外的变化。如若一人生了病，很清楚，他已经变成了另一种样子（因为也可能是静止），而且永远不会变成随便是个什么样子，因变化总是从一种东西变为另一种东西。既是变向对立面，也就是健康。但事情并非必定如此，例如从记记变为遗忘，因为其所依存的主体发生变化，有时成为有知识的，有时成为无知识的。

此外，如若有变化的变化，生成的生成，那么就要无穷后退。因为如果有了后者就必然要有前者，例如，有一个单 1068b
纯的生成在某个时间生成了，那么就要有一个被生成的东西的生成。虽然单纯的生成的东西并不存在，但某个被生成的东西已经作为被生成的东西。而这个东西是在某一时间被生成，所以被生成的东西也有一个时间不曾存在。既然在无限系列中没有某种最初的东西，那么在这里也没有最初的东西，也没有后继的东西。所以，既没有生成也没有运动，正如没有东西在变化一样。

此外，一个东西有着运动同时也有着其反面静止。有着生成，也有着消灭。所以一个被生成的东西，当被生成的东西生成的时候，也就是消灭的时候，消灭并不直接就是生成，也不在它之后，因为在消灭的东西也应该存在。此外，在生成着、变化着的东西下面，应该有质料存在着，它将是什么呢？什么是运动和生成着的被生成的东西，如像身体和灵魂的变化那样呢？此外，运动和生成应该是从某物到某物，到底是从运动到什么呢？又怎样运动呢？正如没有学习的学习，也没有生成的生成。

既然在实体、关系、动作和承受都没有运动，剩下来只有性质、数量和地点有运动了，因为只有在这些东西中，每一个都有其反面。我们说的性质，并不是在实体中的那种性质（因为差异也是性质），而是一种承受性，就这种性质，说一种东西承受或不承受。不被运动的东西，或者是一个东西完全不能被运动，或者是在长时间里难以运动，或者开始得缓慢，有的东西在本性是可运动的，但在自然的时间、地点上和方式中却没能运动。在各种不能运动的东西中，我只把这一种称为静止，静止是运动的反面，是接受运动能力的缺失。

凡在最初的地点同一的就是相接，地点不同的就是分离（直线距离最大的是地点相反）。端点在同一地方的是接触。所谓居间，就是一种在本性上连续的变化，在达到终点之前所自然到达之点（一切变化都在对立物中进行，它们或者是相反，或者是矛盾，矛盾没有中项，居间者显然是在相反者之间）。相继存在于始点之后，在位置、形式以及其他方式上都有了既定的安排，在相继事物之间没有同类的东西，如 1069a 线与线相连，单位与单位相继，房屋与房屋相继，但这并不妨碍有其他的居间者。因为相继是一种既继续又在后的东西，一不与二相继，初一也不与初二相继。而所谓接续①是既相继又相接触。连续② 也就是某种接续。当每个东西借以连接的界限同一的时候，我称之为连续。所以，连续显然存在于那些由于相互连接而本性变成为同一的东西之中。

相继显然是最初的，因为相继的东西并不须接触，而相接触的东西却须相继。如若是连续的，就须要接触，如若接触，却不一定连续。凡是在不相接触的东西中，就没有相通的本性。点和单元互不相同，点能够接触，单位却不能，而只是相继。而在点中有居间者，在单位中却没有。

---

① lekhomenon。

② Sunekhes。

第十二卷

【1】 对实体的思辨或观察，也就是对各种实体的本原和原因的探索。如果宇宙是个整体，实体就是最初的部分，如若它被看作是连续的，实体仍然是最初的，然后是性质，然后是数量。但这一切并不在单纯意义上同样存在，而有的是性质，有的是运动。若不然不白、不直也就是存在的了，不过我们总说这类东西“是”，例如“是不白的”。其他的范畴也没有分离的存在。事实上，古人就是个证据，他们在探索着实体的本原、元素和原因。现在有些人，由于从原理方面来进行探索，他们认为普遍更加是实体，因为种是普遍的，他们说它们更加是本原和实体。然而古人所主张的是个别的东西，诸如火和土，而不是共同的物体。

实体有三类，一种是可感觉的，在这里又分为永恒的和可消灭的两类。后一种所有的人都同意，如植物和动物，对此所要把握的是它们的元素。不论是单一的或者是众多的。另一种是不运动的，某些人说它是分离的，有的人把它分为两类，有的人则把形式和数学对象看成同一本性，有的人在这里只承认数学对象。前两类实体是物理的，由于它们伴随着运动，后一种是另一类，如若它们并没共同的本原的话。

可感实体是可变的，如若变化是来自对立和居间者，但并非来自所有的对立物，声音就不来自白，而是来自相反，这样必然有某种可变的东西潜藏在下面，变成相对立的东西，因为对立物并不变化。

【2】 有的东西是持久的，而相反者则不能持久，因此在相反者之外有一个第三者，即质料。假如变化有四种，在实体方面的，在性质上的，在数量上的和在地点上的，就这个而言，变化一般地是生成和消灭，数量的变化是增加和减少，属性方面是质变，地点上的是位移，每一情况变化都朝着对立方面。质料必然具有双向变化的能力。既然存在是双重的，那么万物就从潜在的存在变化为实现的存在，例如从潜在的白到实现的白。增加和减少也是如此。虽然不仅在偶性意义上事物可能从非存在生成，不过万物却由存在生成。是潜在的存在，而不是实现的存在。这就是阿那克萨戈拉的一，或是更确切地说，“万物为一”；或者是恩培多克勒和阿那克西曼德的混合物；或者如德谟克里特所说，“万物在潜能上是相同的，在实现上却不是”。他们所想象的大致是质料的东西。凡是变化的东西，都具有质料，不过不同事物的质料各不相同。在永恒的东西中，那些东西虽不生成，

但是能运动和转移。质料虽不生成，但能由一处到另一处。

有人要提出疑问，非存在有三种含义，生成是来自哪一种的非存在呢？如若某物因潜能而存在，这却不是随便什么东西的潜能，而是不同的东西出自不同的东西。说全部事物都是相同的并无充分理由，它们在质料上有所不同，不然为什么会生成无限事物而不是一呢？或者说，理智是单一的，所以假如质料也是单一的，那么一个其质料是潜在的东西便会实现地生成。原因有三种，本原也有三种，有两个是相反的，其中一个是原理或形式，另一个是缺失，而第三种是质料。

【3】 随后应看到质料既不形成，形式也不生成，不过我只是在近似的意义上讲。万物在变化，某物被某物所变，
1070a 又变成某物。被什么所变，被最初运动者；什么在变，质料；变成什么，形式。如若不仅青铜会成为圆形，而圆形和青铜也在变，那么就要步入无限，所以必然要有个停止。

接着来说一说，每一实体都从一同名事物生成，有些东西在本性上就是实体，有些东西则不相同。有的是由于技术而生成，有的是由于自然而生成，有的是由于机遇，有的是由于自发。技术是在他物之中的本原，自然的本原在自身之中（人由人所生成），其余的则是这些原因的缺失。

实体有三种，一是质料，由于它是某一这个而为一所共见，凡是接触而非结合存在的东西都是实体和载体，例如

火、肌肉、头都是实体，而最后一个是实体中最重要的。其次是本性或自然，它也是某一这个并且是某一状况。此外还有第三种，它是由前两种而来的个别事物，如苏格拉底、卡里亚斯。并且在某种意义上某一这个并不能离开由它组成的实体，例如房屋的形式除非作为技术就不能分离存在，也不生成和消灭。房屋、健康以及一切由于技术存在或不存在的东西是在另外的意义上与质料相分离，如若这里如此，那些出于自然的东西也是如此。所以，柏拉图说得并不错，形式和自然物一样多，如若形式与这些自然物是各异的话。

运动的原因，有的是在先生成的，有的则作为原理而同时存在。一个人健康了，这时健康也存在，青铜球的图形和青铜球同时存在，至于是否有什么东西以后还继续保留着，应加以研究。从某些方面看来倒是如此，例如灵魂就是这样，不是全部，而只是其中的理智，因为全部灵魂似乎是不可能继续保存的。由此显然理念并没有必要存在，一个人生出了一个人，是某个个别的人生了某一个人。在各种技术也是如此，医术是健康的原理。

【4】 就一方面说，不同事物的原因和本原也不相同，另一方面普遍地或在类比上说，它们对一切事物又都是相同的。有人可以提出疑问，实体和相关的各种本原和元素到底是相同的，还是相异的，同样包括其他每个范畴。如若说万物的本原和元素相同未免荒唐，这样相关和实体就要来自相 1070b

同的东西了。这种相同的东西是什么呢？因为在实体以及其他范畴之外，并没有什么共同的东西，元素先于以其为元素的那些东西。而且实体绝非相关的元素，相关的元素也绝非实体的元素。此外，万事万物的元素怎样可能是相同的呢？任何元素都不能与它所构成的事物相同，例如B或者A不与BA相同。思想上的东西并不是元素，例如一和存在，它们依存于个别事物以及各种复合物。这些元素中没有一个是实体和相关，而又必然是一或其他。所以，全部范畴并不具有相同的元素。

正如我们所说的，有时是这样，有时不是这样。就以可感物体的元素为例，作为形式是热，另一种方式是冷，是热的缺失，作为质料，最初的就其自身在潜能上是热和冷，这些是实体，那些以此为本原而构成的东西也是，也许还有某种由热和冷生成的单一物，如肌肉和骨骼，因为这类生成物与它们必然相区别。虽然不同事物的元素互不相同，但还是可以说，这些东西的元素和本原相同。虽然不能说一切都是这样，但作为类比却可以，人们可以说存在着三种本原，形式、缺失和质料。这些东西由于种的不同而不同，在颜色有白、有黑、平面，此外有日和夜由以生成的明、暗和气。既然原因不但寓于事物之内，而且存在于外部，如运动者，那么本原和元素显然是互不相同。两者都是原因。始点或本原分为两种，作为运动或者作为停止的始点，是某种实体。所以，就类比而言，元素有三种，原因和本原有四种。不同情况也不相同。最初原因作为运动者在不同情况也是不同的。健康、疾病、身体的运动者是医术、形式、某种无秩序，砖的运动者是建筑术。而且在自然物中，人的运动者是人，在来自思想的事物中，运动者是形式和相反，所以，在某种意义下原因是三种，在另一种意义下也可以是四种。可以说医术就是健康，建筑术就是房屋的形式。人是人所生。宇宙万物的运动者则在这些之外，作为万物之始。

【5】 既然有些东西是可分离的，有些东西是不分离的，而前者是实体，那么万物就有着相同的原因，因为没有实体就既没有属性也没有运动。下面将要看到，这些原因也许是灵魂和肉体，也许是理智、欲望和肉体。此外，换一种类比的方式讲，各种本原又是相同的，如实现和潜能。只不过它们对不同对象，以不同方式罢了。在某些情况下，同一事物有时因实现而存在，有时因潜能而存在，例如酒、肌肉和人（它们都属于所说的那些原因，形式作为分离物是现实的，还有两者的组合物和缺乏，如黑暗和疾病，质料则作为潜能而存在，因为它具有正反双方得以生成的能力）。但那些质料不同的东西中，其形式相异而不相同的东西中，实现上的和潜能上的差异也不相同。例如人的原因有的是元素，作为质料的火和土，以及特有的形式，此外，还有某种外在的东西，如父亲，除此之外，还有太阳和黄道，它们既不同于质料，也不同于形式和缺失，而是作为运动者。

此外，还应该看到，有些原因可以说是普遍的，有的则不能。万物的最初因是在实现上最初的这个，以及在潜能上的另一个。所以最初因不是普遍的。因为只有个别的东西才是那些个别东西的本原。“人”是普遍的本原，但没有一个人是“人”，只有庇留斯是阿克留斯的本原，这个父亲是你的本原，这个B是这个BA的、一般地B是单纯的BA的本原。再者，即或各实体的原因是普遍的，但除非是作为类比，不同的东西的原因和元素还是不同的，正如所说，它在种上不同，颜色、声音、实体和性质也各异。在同属的事物中原因不同，并不是属的不同，而是个别事物的不同。你有你的质料、形式和运动者，而我有我的，但在普遍原理上是相同的。

在探索实体、相关以及性质的本原和元素是什么、它们是相同还是相异的时候，它们中每一个显然有多种意义，如若加以区别那就不是相同而是相异了，只有在特定意义上，它们才是万物的本原和原因，在特定意义上，作为类比才是相同的，这就是质料、形式、缺失和运动者。并且在特定意义上实体的原因也就是万物的原因，因为实体消灭了万物也随之消灭。此外，还有在实现上最初的东西。在另一种意义上，最初因的不同正如相反者一样，它们既不能说成是种，
1071b 也不能以多种方式来表述。此外，还有各种质料。

可感事物的本原是什么，有多少，在什么意义上是相同的，什么意义上是相异的，已经说过了。

【6】 既然实体有三种，两种是自然的，一种是不运动的，应该来谈谈这最后的一种，必然存在着某种永恒的、不运动的实体。存在着的东西中，实体是最初的。如若实体毁灭了，万物也就毁灭了。运动既不生成也不能消灭，它是永恒的，时间也是既不生成也不消灭。如若时间不存在，也就没有先和后。运动和时间一样，都是连续的，时间或者同于运动，或者是运动的一种规定。运动除非是在地点方面，就不会是连续的，其中又有圆周运动。

尽管有了运动能力或创造能力，如果并不实现地运动或创造，就仍会没有运动。因为具有能力也可能并不去实现。倘若没有内在的某种能引起变化的本原，就是假设了永恒的实体也无济于事，如那些形式的主张者们。并且即使有了这样的本原也不够，再在形式之外加上另一个实体还不够，除非有了实现活动，才能有运动。进一步说，就是有了现实活动也还不够，如若这种实体是潜能的话，这样的运动不会是永恒的，因为潜在的存在也可能不存在。所以，应该有这样一种本原，其本质即是实现性。这些实体应该是没有质料的，应该是永恒的，如若还有什么永恒的东西的话。所以，它们当然是实现的。

在这里出现了一个难题，看起来凡是在作实现活动的都有活动能力，并不是所有能力都在实现活动，所以潜能在先。如若这样，存在着的东西都将不存在了，因为能够存在并不必定存在。或者如神学家们所说，万物由黑夜生成，或者如自然哲学家所说，“所有的事情是混合在一起的”，这同样不可能。如没有实现的原因，运动从哪里来呢？木料并不自己运动自己，而木工运动它，月经和土也不能自己运动，而是精液和种子运动它们。正因为如此，有些人认为实现是永恒的，留基波和柏拉图就是这样。他们说运动是永恒的。但他们并没说，什么东西，为什么运动，也没说是某某方式的运动，以及运动的原因。任何东西都不是碰巧而被运动，而永远有某种东西在那里，例如现在由于自然这样运动，或
1072a 者由于理智或强制或其他的原因而那样运动。那么，什么运动是最初的呢？这里有很大的争议。就是柏拉图也没说过，他有时想过存在自我运动的本原，他还认为魂灵居后，与世界同时产生。从一个方面看，认为潜能先于实现是有道理的，另一方面，又无道理，已经说过为什么这样。事实证明，阿那克萨戈拉就主张实现性在先（因为理智就是实现性），还有恩培多克勒的友爱和争吵。有些人还说，运动是永恒的，例如留基波。

故混沌或黑夜不是无穷时间，而同一些事物却一直如此，如果实现先于潜能，那它们就要以圆周方式，或其他方式活动着。如果圆周永远保持着自身，那就应该有一个东西持续存在，永远如此实现活动着。如果那要有生成和消灭，那还应该有另外的、互不相同的、永久的实现活动。这种活动必然在其自身是一个样子，在他物又是一个样子。当然还

可以按照其他的原因或最初的原因。必然要按照最初原因，若不然，还要有他物作为自身的原因，又要有他物的原因。所以，还是以最初原因为好。它是有规则运动的原因，其他的则是各种变化的原因。两者在一起揭示了永恒的多样性的原因。这就是运动的特点，还应当去寻求其他的本原吗？

【7】 所以，这是可能的答案，如果不是这样，那么存在就将出于黑夜，万物就成混沌，就将出于不存在，这一切都解决了。存在着某种被运动的东西，不停地运动着，是一种圆周运动，这是显然的事实，不只是用道理去讲清楚的。最初的天是永恒的。此外还要有某种运动着它的东西。既然被运动的东西又运动是一种居间者，那么某种不被运动而运动的东西，就是永恒的、实现的实体。

它以这样的方式来运动；像被向往的东西和被思想的东西那样运动而不被运动。最初的这些东西也是这样。被欲求的东西，只显得美好，被向往的东西，才是最初的真实的美好。欲求是意见的结果而不是相反。因为思想是本原。理智被思想对象所运动，只有由存在所构成的系列自身，才是思想对象。而在这个存在的系列中，实体居于首位，实体中单纯而实现的存在者在先（单一和单纯并不相同。单一表示尺度，单纯则表示自身是个什么样子）。而美好的东西，由于自身而被选择的对象，都属于思想对象的系列。在一系列中，最初的永远是最好的或者和最好的相类。

通过分析就可明白，何所为或目的因可以是不运动的东西。“何所为”有对于什么的、有由于什么的。这两种何所为中，一种是不运动的，另一种则不是，它作为一个爱的对象而造成运动，它运动其他能运动的东西。如若某种东西被运动，那就是承认它可能成为其他样子。所以，如若天的现实性是最初的运动，就其被运动而言，是允许变成别样，尽管在地点上，而不是在实体上。既然有某种运动而自身又不被运动的东西存在着，实现地存在着，它不允许变成别样。变化的最初形式是位移，而位移的最初形式是圆周运动，不被运动的东西作着圆周运动。它由于必然而存在，作为必然，是美好，是本原或始点。而必然性又有这所有含义，由于与意向相反而被强制，或者没有它好的结果就不可能，总须如此而不允许别样是最单纯的意义。

天界和自然就是出于这种本原，它过着我们只能在短暂时间中体验到的最美好的生活，这种生活对它是永恒的（对我们则不可能），它的实现就是快乐（因此，清醒、感觉、思维是最快乐的，希望和记忆也因此而是快乐）。就其自身的思想，是关于就其自身为最善的东西而思想，最高层次的思想，是以至善为对象的思想。理智通过分享思想对象而思想自身。它由于接触和思想变成思想的对象，所以思想和被思想的东西是同一的。思想就是对被思想者的接受，对实体的接受。在具有对象时思想就在实现着。这样看来，在理智所具有的东西中，思想的实现活动比对象更为神圣，思辨是最大的快乐，是至高无上的。如若我们能一刻享到神所永久享到的至福，那就令人受宠若惊了。如若享得多些，那就是更大的惊奇。事情就是如此。神是赋有生命的，生命就是思想的现实活动，神就是实现，是就其自身的实现，他的生命是至善和永恒。我们说，神是有生命的、永恒的至善，由于他永远不断地生活着，永恒归于神，这就是神。

有些人，像毕达戈拉斯派中人和斯潘西波，认为最美好和最善良不在本原之中，不在事物之始。其论据是，虽然本原是植物和动物的原因，然而美好和完满却在它们的产物中，他们这种看法是不对的。因为种子出于另一些完整的生物，这些生物是先在的。所以，并不是种子最初，而是这个完整物最初。正像有的人所说，人先于精子，不是从精子产生的人，而是精子由之产生的另一个人。

从上面所说的，显然有某种永恒而不运动的实体，独立于可感事物而存在。这种实体没有体积，没有部分，不可分(因为它在无穷时间中运动着，有限的东西是不可具有无限潜能的。一切体积，不是无限的就是有限的。因此，它不是有限的体积，它也不是无限的，由于体积根本不可能是无限的)。此外，它不承受作用，不被改变。一切其他运动都在地点的震动之后。这一切都说明这种实体的特性。

【8】 切不可忽略这种实体是一个还是多个，并且到底有多少个的问题，要回顾一下其他人所作的断言，不过关于

实体的多少并没有人加以清楚地说明。在关于理念的那些论断中，对此并没有什么特有的见解，那些主张理念的人把理念说成是数目，而关于数目，一会儿说它们是无限的，一会儿又只限制到十个。至于为什么数目只有这么多，其原因并没有人用严格的证明来说明。我们的说明则须从预设和已有的规定出发。

存在物的最初本原不论就其自身还是就其偶性都是不被运动的，但它只作一种单一的永恒的最初运动。既然被运动的东西必然被某种东西所运动，最初运动者就其自身是不运动的，而永恒运动是被永恒的事物所运动，单一运动是被单一的东西所运动。所以我们看到，万物的单纯移动，我们说，是由最初的不动实体所运动，在此之外还有其他移动，如永恒行星的移动，因为一个作圆周运动的物体是永恒的，不停止的。关于这些问题在物理学中已经证明过了。这些位移每一个都被就其自身的不被运动的运动者或永恒的实体所运动。既然星辰是实体，它们的本性就是永恒的。永恒的运动先于被运动者，在实体之先的东西必然也是实体。所以显
1073b 然必然存在这样一些实体，在本性上是永恒的，就其不被运动并且没有体积。原因前面已经说过了。

它们显然都是些实体，按照诸星辰移动的次序，有的是最初的，有的是其次的。至于这些位移的多少，须由数学中与哲学相近的一门科学，由天文学来研究。这一支科学所考察的是可感的永恒实体，而其他支科学如算术和几何学则不

以实体为对象。移动的数目多于被移动者，这对中等水平的人也显然可见，因为每一个行星都不只以一种方式移动。至于这些移动恰好有多少，为了对此有一些了解，现在我们引用某些数学家所说过的话，这样就可在心中把握一个确定的数量。在其余的部分，一方面我们要自己进行探索，另一方面应熟悉其他的探索者，如若那些从事这些问题研究的人的意见与我们现在所说看起来相抵触，要两者都珍爱，但相信那更确切的。

优多克索斯[①]设定太阳和月亮每一个都以三个圆球而运行，在这里最初的圆球是恒星的圆球，其次一个圆球则穿过黄道带的中间，第三个圆球则在黄道的广度中斜穿，与太阳的斜度相比月亮运行的斜度更大一些。至于行星，每个都以四个圆球运行，在这里，最初的圆球和第二个圆球，如前面所说的一样，是相同的（因为恒星的圆球带动了所有的圆球，被安排在之下的圆球则通过黄道带，这是行星所共有的运行方式）。一切行星的第三个圆球在通过黄道带时都有轴，第四个球的运行向第三个圆球的中线倾斜。第三个圆球自身有着与其他圆球不同的轴，但金星和水星的轴则是相同的。

卡利波斯[②]设定的各个圆球的位置与优多克索

① 优多克索斯（Eudoksos，前 408—前 355），柏拉图的学生，是一位著名的数学家。

② 卡利波斯（Kallippos），公元前四世纪下半叶人，据说曾在亚里士多德帮助下修正了优多克索斯的理论。

斯相同。这是指对间距的安排。至于数目，虽然对木星和火星与优多克索斯相同，但他认为，如若想说明现象，就还要给太阳和月亮再加上两个圆球，而给其余的行星再加一个。

1074a 但是要想把所有的圆球合起来说明现象，每个行星就必然要有另一些圆球，它们在数目上要少一个，与所说的相对，把与永远处于下位的那颗星的最初的圆球保持在同一位置上。因为只有这样，才能汇合起来造成行星的运行。行星在其中运行的那些圆球有的是 8 个，有的是 25 个，这些圆球中，只有那些运动处于下位的星的行星，才不须相对。与最初 2 颗星的圆球相对的圆球将是 6 个，与其余 4 颗星的圆球相对的圆球将是 16 个，运行的圆球和相对的圆球合起来总数是 55 个。如若不把我们所说的那些运动加于月亮和太阳，那么圆的总数将是 47 个。

让圆球的数目就是这样多，并且有充分的理由认为，那些不运动的实体和本原也是同样的多。至于为什么必然是这样，就让给那些更有能力的人去讲吧。

倘若没有移动不引起一个星体的移动，并且一切本性和实体是不受作用的，就其自身而恰好导致至善，应该称之为目的，那么在这些实体之外就不会有其他的本性。各种实体的数目必然是这样多。如若存在着其他实体，作为移动的数目，那么它们将会引起运动。不过在已经说过的之外，决不可能有其他的移动。从那些被移动的东西就可以很好地把握这一点。如若一切移动的东西自然是为着被移动的东西，一切移动都是为了某个被移动的东西，所以没有任何为着自身和其他移动的移动，而只能是为了那些星辰。设若这一移动是为了另一移动，而另一移动又是为了另一移动，而这一系列又不可能陷入无限，那么一切移动将有一个目的，即某种在天上运动着的神圣物体。

天显然只有一个。如若像人那样是众多的，每一个的本原在种类上是同一的，尽管在数目上是众多的。凡在数目上是众多的东西都具有质料（因为原理是一个，众多事物具有同一原理，例如人的原理，苏格拉底是单一的）。最初的所以是的是没有质料，它是种实现能力。所以，不被运动的最初运动者在数目和原理上都是单一的，故永恒的和连续的运动者也只有一个，所以，天只有一个。

一个传说从古老的祖先以神话的形式传给后代，说这些天体都是神，神圣事物包围着整个自然。这种神话后来又不断增添，以便说服大众并用于立法和方便，人们说这些神都是人形的，或者与某些其他活动相同，还添加了其他的一些说法，或者与以上所说相近。如若我们把最初的部分分离出来单独地看，把最初的实体看成神，这样的说法是很有意思的。这使人想起，每种技术和哲学都曾多次达到可能的高度，然后又消灭了。他们的这意见一直残留至今。父辈祖先们传下来的意见我们所能明了的只有这么多。

【9】 关于理智的问题，有许多困难。在各种现象之

中，它似乎是神圣的，但它为什么是这个样，这里难以说清。如果什么也不思想，那么它的尊严在哪里呢？仿佛是个睡着了的人一样。如若它思想，而别的东西主宰着它的思想，不是以思想为实体的东西，而是以潜能，那么，它不能是最好的实体，因为归于它的荣誉来自思维。此外，它以思想为实体也好，以思维为实体也好，但它所想的是什么呢？或者是自己想自己，或者想别的什么东西。如果在想别的东西，那么它就或者永远想同一个东西，或者在不同的时间想不同的东西。想美好的事物和随意而想到底有区别呢，还是无区别？或者要去思索某些事情是荒唐的呢？很清楚，它把最神圣的东西、最尊贵的东西作为思想对象，并且不会发生变化。变化只是变成坏的，而且这种变化也就是某种运动。如若理智不是思想而是潜能，那么，首先，就有理由说连续地思想对它是件劳苦的事情了。其次，显然，还有一个比理智尊贵的东西，即思想对象。因为即使最浅陋的思想者也拥有思维和思想。如果想避免这一结论（正如看见了某些东西还不如不看见），思想就将不再是至高无上的了。如若它是最好的，那就思想它自己，思想就是对思想的思想。

知识、感觉、意见、理解看来各有不同的对象，而只是
1075a 偶然地以自身为对象。此外，如若思想和被思想互不相同，凭什么说它具有优越性呢？思想和被思想的存在是不相同。不过，一些情况下，对象即是知识，在创制科学中，如若撇开质料，就以实体或所以是的是为对象；在思辨科学中，原理

和思想就是对象。既然在没有质料的东西中被思想的是或存在和思想是或存在并不两样，两者就相同了，思想和被思想的东西是同一的。

现在还剩下一个难题，思想对象是组合物吗？那样的话，在整体的各种部分中，思想就要变来变去了。不过一切没有质料的东西是不可分的。作为人的理智，或者说作为复合物的理智，它在一段时间之中（但并不是在这时或那时好，而是在整个过程中，都在追求那个异在的至善）。正因为如此，以自身为对象的思想才是万古不没的。

【10】 现在应该研究，善和至善怎样在整个自然中，它是种分离的东西，就其自身而存在；还是秩序的安排。或者两者都是。像一支军队那样，一支军队的长处，既在于它的秩序，也在于它的将领，而更多地是在将领。因为不是将领依靠秩序，而是秩序依靠将领。万物都是依靠某种次序安排的，但不是以同一次序，例如鱼类、鸟类和植物。它们绝不是这一个和那一个互不相关，而总存在着某种关联。万物都是与一个东西相关联着而安排起来的，例如，在家中自由人极少有自由随便行事，而对全部至少是大部活动都要有所安排。而奴隶们和牲畜们很少参与公共事务，大部分活动是随意进行的。每种原则，就是他们的本性。我举例来说，一切都必然要分解，然而另一方面，一切也都对整体有益。

还必须不能忽视，那不同意见站不住脚和荒唐的地方，以及更加有些头脑的人们说了些什么，什么样的意见所遇困难最少。所有的人都承认，万物由对立物构成。但说什么万物，说什么由对立物构成，统统不对，他们也没有说明，那些具有对立物的东西，为什么由对立物构成，因为相反的东西不能相互作用。我们则用第三个东西的存在，把这难题彻底解决了。还有些人，把对立的一方当作质料，例如，不相等是相等的质料，众多是单一的质料。这种观点同样也站不住脚，因为单一的质料并不与任何东西相对立。此外，还有人主张，除了一之外，一切部分都有劣质，因为恶自身是元素中的一个。有些人，既不承认善是本原，也不承认恶是本
1075b 原，尽管在万物之中，善是最高的本原。有些人是正确的，把善当作本原，但没有说它怎样才是本原，是作为目的，或是作为动力，还是作为形式。

恩培多克勒也极为荒谬，他把友爱当作善，友爱是本原，既是动力（因为它在结合），又是质料（因为它是混合物的一部分）。如若事情果然如此，那本原就既是质料又是动力了。而实际上两者的存在是不同的。而所谓友爱是就什么而言呢？而争吵永不休止也甚荒唐，它自身就是邪恶的本性。

阿那克萨戈拉把善作为动力，说成是本原。因为理智在运动着，但运动要有个为什么，这样就有另一个善了，只能像我们所说那样，医学在某种意义上就是健康。而他认为善和理智都没有相反的东西，这也毫无根据。所有的人都在谈

论对立物，却没有人运用对立物，除非把它理出一个线索来。为什么有的东西可消灭，有的东西不可消灭呢，他却只字不提。他们认为，万物都是由相同的本原构成。有些人认为一切存在着的东西都由不存在构成，有人为了避免这一论点，把万物说成是一。此外，为什么生成永远存在，生成的原因又是什么，没有人来说明。

对于那些主张两个本原的人来说，必定还会有另一个更加主要的本原。对于那些主张形式的人来说，情况也不两样。过去分有的原因是什么，现在分有的原因又是什么呢？在有些人看来则没有，最初原因没有对立物，因为一切对立物都有质料，而凡是具有质料的都是潜在地存在。倒是无知把人引导到智慧的反面，最初因并没有对立物。

如若在可感事物之外一无所有，那么，什么本原、秩序、生成、天体等等，也将统统不存在。然而，在所有的神学家们和自然哲学家们看来，本原永远来自本原。如若形式和数目存在，它们也不能作为任何东西的原因。即或能够，至少不能作为运动的原因。

其次，从没有体积的东西，怎样生成体积和连续呢？不论把数目作为动力，还是作为形式，它总制作不出连续来，而且对立物决不会有运动能力和创制能力，因为它可能不存在。而创制活动就要后于潜能。存在着的东西都不是永恒的。如若是，其中的某个也必然要消灭。其理由已说过了。

再次，凭什么说数目是一，灵魂和躯体或一般地形式和

事物是一，没有人说一句话。倘若不像我们这样，也没有人
1076a 能说乃是动力因把它们造成一。有些人说，数学数是最初的，并永远有其他实体随之产生，每一实体都有不同的本原，这样所有实体之间就被弄得不相连续了（不论存在还是不存在，实体都不能相互影响），于是有了众多本原。而事情应该有好的管理。

主事人多了糟糕，
还是一人当家为好。①

① 荷马：《伊利亚特》，Ⅱ，204。

第十三卷

【1】 在有关物理学的著作中论及质料问题时，已经讨论过可感实体是什么，后来又讨论了现实上的实体。问题既然是，与可感实体相并行是否存在不被运动的永恒实体，如若它存在，它到底是什么，那么首先就要对其他人的意见加以考察。若他们说得不对，我们就不会犯同样的错误，若他们的意见有的和我们相同，我们自己就不必多费周折。如若我们有些说得更好些，有些至少不坏，也就应该满足了。

关于这些问题有两种意见，有些人说数学对象、数目、直线以及诸如此类的东西是实体，另一些则认为理念是实体。同时有的把数目和理念当作两个不同种类的东西，另一些人则认为两者本性是一个。另外还有些人说只有数学对象才是实体，所以应该首先研究数学对象，而对它们不增添任何本性，例如去讨论它们到底是否是理念，到底是不是存在物的本原和实体。只是探讨那些数学对象，到底存在还是不存在，如若存在，怎样地存在；在此之后按照惯例还要分别地探讨理念问题，这在公开的著作中已说过多次了。我们的讨论大部分针对着方才所提出的问题。也就是要讨论存在着的东西的实体和本原是否为数目和理念，因为在讨论了理念之后，这是所遗留的第三个问题。

如若数学对象存在，那么，它们就要像某些人所说，或者存在于可感事物中，或者与可感事物相分离（如像某些人所说的那样）。如若这两者都不是，那么，它们就或者不存在，或者以另外的方式存在。所以我们所争论的就不是它们的存在，而是它们存在的方式。

【2】 在以上的辩难之中，已经指出数学对象不能存在于可感事物中，同时这番道理也是虚构的，因为两个固体不
1076b 能在同一地方并存，而且按照这个理论，其他的潜能和本性都存在于可感事物，但都不可分离存在，这在前面已经说过了。除此之外，它还表明，任何物体显然都是不可分割的。因为物体可以分割成面，面可以分成线，线可以分成点，如点不可分，那么线也不可分，如果这样，其他东西也同样不可分割。不论这些东西的本性如此，还是它们自身并不如此，而是居于这样的本性之中，那有什么区别呢？所得的结论反正都是一样的，如若可感事物可分，它们也可分，或者是可感事物根本不能被分割。

而这类的本性是不能分离的。如若存在着一种与可感物体不同并先于它们的物体，在可感物体之外，并与它们相分离，按照这同一道理，那么显然，在平面之外必然存在着另

一个平面，并与之相分离，点和线也是如此。如若事情是这样，那么在数学立体的平面、点和线之外，也要有另外的与之相分离的东西。同时非组合物先于组合物，如若那些先于可感物体的物体是不可感知的，按照同一道理，就其自身而言存在的平面就会先于不运动的立体中的平面。所以在那些与相分离的立体同时并存的面和线之外还存在着其他的面和线。前者与数学立体同时并存，后者则先于数学的立体。那么再进一步，在这些平面之中，也还要有线，在它们之先还应该有其他的线，按照同一道理，先于在先的线中的点还有其他的点，虽然先于它们并没有其他的点。这样引申当然是荒唐的，因为这会得出结论，在可感觉的立体之外，只有一种立体，在可感觉的平面之外却有三种平面（一种是可感觉平面之外的，一种是在数学立体之中的，一种是在数学立体中的平面之外的），有四种线，五种点。而数学研究的到底是它们中的哪种呢？它所研究的当然不是在不运动的立体的面、线和点，因为科学所研究的总是先在的东西。这同一道理也适用于数目，在每一类点之外将有其他的单位，而且在每一类的存在物之外，不论它们是可感觉的，还是可被思想的，这样数学数的种类将是无限的了。

此外，我们归于难题的这些问题怎样得到解决呢？就以 1077a 天文学对象而论，它们也会在可感事物之外，几何学的对象也是如此，那么，天及其部分，或者其他具有运动的东西，如何可能离开可感觉的天而存在呢？光学对象与和声学对象也是如此，因为光和声音都是在可感事物和个别对象之外的。那么，其他的感觉和其他的可感对象也显然是相互外在的，这些东西又比那些东西有什么不同呢？如若事情是这样，那么动物也将像感觉那样是分离存在的。

此外，在这些实体之外还有些数学的普遍定理，同时也还有这样其他的实体，它居于理念和居间者之间，并与它们相分离，它既不是数目，也不是点，也不是大小和时间。如若这是不可能的，那么显然，那些东西也不能与可感事物相分离而存在。

总而言之，如若把数学对象置于某种分离存在的本性的地位，所得的结论就要与真理和公认的观点相反。因为若是这样，它们必然先于可感的大小而存在，实际则是后于。不完全的大小，只是从生成的角度看来，是在先的，在实体上则在后，正如无生物对生物那样。

此外，那些数学的大小，凭什么是一呢？在此岸世界中，事物因灵魂或灵魂的部分为一，或其他充足的理由，如若没有灵魂，事物就要分解成为众多。而那些东西既然是有数量的、可分的，什么原因使它们成为一，相互结合呢？

此外，数学对象的生成也表明了这一点。首先生成的是长度，其次生成的是宽度，最后以生成高度而完成。如若生成上是在后的，实体上是在先的，那么物体就要先于面和线，由此它就更圆满更完整，因为它能成为有生命的东西。线和面怎样成为有生命的呢？这样的论断是超乎我们的感觉的。

此外，物体是一种实体，它确实具有某种完满性。而线怎样是实体呢？它既不像灵魂可能的那样，作为形式或形状，也不像物体那样，作为质料。从来没有看到过任何东西能够由线、面和点构成。如若它们能够是某种具有质料的实体，显然就会有能由它们构成的事物。 1077b

假定这些东西原理上在先，但并不是所有原理上在先的东西都是实体上也在先。那些在实体上在先并且分离着的东西优先存在。在原理上在先的东西，其他事物的原理由这些原理构成，这两种性质并不同时相从属。如若属性，如运动和白色不在实体之外，那么白色只是在原理上先于白色的人，而不是在实体上，因为它不可能分离存在，而永远与组合物同时存在，我所谓的组合物就是白色的人。所以，那由抽象而来的东西显然并不在先，由增添而来的东西也不在后，因为我们就是增加了白色来说白色的人的。

已经充分说明了，数学对象并不比物体更是实体，也不在存在上先于可感事物，而只是原理上在先，也不能在某处分离存在。既然这些东西不可能存在于可感事物之中，那就很显然，或者是完全不存在，或者只是以某种方式存在，而不是一般而言的存在，因为我们说，存在有多重含义。

【3】 既然数学中的普遍定义并不涉及在大小之外的分离的东西，它们研究数目和大小，但不是作为具有大小和可

分的东西的事物，所以，原理和证明是可能涉及可感对象的，但不是作为可感对象而是作为某种性质。正如有很多原理，所涉及的只是作为运动的东西，而不理会它们中每一个是什么或有一些什么偶性。但从这里并不必然得出结论，存在着与可感事物相分离的某种运动的东西，或者在它们之中有某种特殊的本性，与此相同对运动的东西也有原理和科学，但不是作为运动的东西，而是作为物体。或者是仅仅作为面、作为线、作为可分的，或者不可分但具有位置的东西，或仅仅是不可分的。

所以，不论对可分离的东西，还是不可分离的东西，一般地加以说明都是真实的。例如，运动的东西存在，但一般地说数学对象存在也是真实的，人们就是这样来说这些东西。正如其他的科学一般地说这一东西存在是真实的，但不管其偶性的存在（例如说一个白色的健康的东西是白、科学的主题是健康而不是白），而是只涉及每种科学的主题。如若作为健康就以健康而论，如若作为人，就以人而论。几何学也是这样。尽管其对象在偶性上是可感觉的，但是并不把它们作为可感觉的东西，那么，这样的数学也不是研究可感事物的科学，当然也不是在此之外分离存在的东西的科学。

有很多属性就其自身作为特别的属性依存于事物，例如动物作为雌和作为雄是特有的属性，没有什么雌和雄是离开动物而存在的。同样有的属性也只是作为线或作为面。那在原理上更为先在、更为单纯的，也具有更大的精确性，因为单纯性就是精确性。所以，没有大小的比有大小的更精确，而没有运动的最为精确。如果运动，那就是最初运动最精确。因为它最单纯，在原初运动中就是和谐运动最单纯。同样的道理也适用于和声和光，没有一种科学是考察作为和声或作为光的对象的，而是作为线和数目，它们是光和和声所特有的属性，机械学也是这样。

如若把事物当作是与偶性相分离的，而把它们作为分离的东西加以研究，并不会因此而犯错误。正如他在地上画了一尺长的线，却说是一尺长那样，因为错误并不在前提之中。最好的办法是在个别的考察中把不分离的东西当作是分离的，正如算术家和几何学家们所做的那样。人作为人是单一不可分的，算术家设定了人的单一不可分，然后考察人是否有作为不可分的属性。几何学家则既不把人作为人，也不把人作为不可分的，而是作为立体。因为有一些属性即或人不是不可分的也可以依存于他，所以，显然即使他既不是人，也是不可分的，立体也可以依存于他。几何学家们研究那些真实存在着的东西，他们的话是正确的，这些东西的确存在。存在有两种方式，或者以现实的方式，或者以质料的方式。

既然善和美是不同的，善永远居于实践之中，美则是在不运动的东西中，那些说数学科学并不涉及善和美的人就是错误的。这些科学谈论并指出了很多，虽然并不直接说出它
们的名字，而是指出了它们的结果和原理，不能说没有涉及 1078b

它们自身。美的最高形式是秩序、对称和确定性，数学正是最明白地揭示它们。由于它们（我说的是秩序和确定性）是许多东西的原因，所以，很显然，数学在谈论这些东西时，也就是以某种方式谈论美的原因。在其他地方我们还要更明白地谈到这些事情。

【4】 关于数学对象，我们已经说明了它们是存在的东西和它们怎样存在，以及怎样是在先的，怎样不是在先的。关于理念首先应考察对理念自身的意见，而不涉及它和数目本性的关系。正如最初说理念存在的人们一开始所认为的那样。

人们之所以提出了关于理念的意见，由于他们相信赫拉克利特的道理是真实的。一切可感事物都在不断地流变着，如若某种知识和思想果然存在，那在可感事物之外，就应该存在着某种不变的本性。因为，不会有不断流变着的东西的知识。苏格拉底投身于研究伦理上的善时，首先寻求对它们作出普遍定义（在自然哲学家中，德谟克里特接触到的东西甚少，他仅以某种方式给热和冷作出规定。在此之前毕达戈拉斯派研究了少数几个有关的问题，他们把这些事物原理与数目联系在一起，例如什么是机会、什么是公正、什么是婚姻），前者以优美的言辞来探索事物的是什么，因为他尝试着推理，而是什么正是推理的始点或本原。当时辩证法尚没有足够的力量使人能够离开是什么来研究对立物，来研究对立的双方是否属于同一门科学。有两件事情公正地归于苏格拉底，归纳推理和普遍定义，这两者都与科学的始点相关。

然而苏格拉底并没有把普遍和定义当作分离存在的东西。他的后继者们把它们当作分离存在的东西，并把它们叫做理念。根据他们所用的几乎同样的道理将会得出，凡是被普遍述说的东西都有理念。这正如有人想要计算少数的东西，认为自己不可能，却把它加多了来计算。正如所说的那样，理念多于那些个别可感事物。正是为了寻求可感事物的 1079a 原因，人们才由此而进到理念的。对每一事物都有一个同名者并且在实体之外，对于另外的事物，它是凌驾于多之上的一，既凌驾于可感事物，也凌驾于永恒的事物。

其次，人们用来证明理念存在的各种方式中，没有一种是显而易见的，有一些并不能必然地推论出结论，另一些他们认为有形式的东西却没有形式。按照从科学而来的道理，那么凡是有科学的东西便都有理念。按照多上之一的道理，那么否定的东西也有理念了。按照某个消灭的东西可思想的道理，那些消灭了的东西也有理念，因为对它们也存在某种表象。那些最确切的说法，有一些制造出相关的理念，然而他们却说它们就其自身并不是个种，有一些则提出第三者。总而言之，那些关于理念的理论，取消了其主张者们认为比理念的存在更重要的东西。在他们看来，双数不是最初的，而是数目，相关先于数目，又先于就其自身存在的东西。那些对有关理念意见的追随者们，其结论全部走向其出发点的反面。

此外，按照那些人们因之认为理念存在的判断，不但实体有形式，其他许多东西也都有形式（因为，不仅只对于那些实体有单一的思想，同时也对于那些非实体的东西，同样也不仅仅是实体才有知识。这样的结论，真是举不胜举），按照有关理念的意见，必然会得出结论，如若形式是些可分有的东西，那么必然是只有实体才有理念，因为它们并不是在偶性上分有，只有作为不述说主体的东西，每一事物才能分有理念。我说的是，如若某物分有倍自身，它也就分有了永恒，但只是在偶性上，因为这个倍自身在偶性上是永恒的。所以形式将是实体。同一个理念既表示此界的实体，也表示彼岸的实体；而所说的在个别事物之外的存在，所说的多上的一到底是什么呢？如若理念和它的分有者是同属的，那么它们就有某种共同的东西。为什么在可消灭的双数事物和在众多但永恒的双数事物之上，二是同一的，而在二自身
1079b 和某个二之上却不能呢？如若理念不是相同的，它就不过是个共同名称。正如把卡里亚斯和一块木头都叫做人。在它们之间找不到任何共同的东西。

如若在另一些方面，我们认为可以把共同原理加于理念，例如把平面以及原理的其余部分加于圆自身，不过还要进一步指出它是什么东西的理念，并且应该想一想这是否完全是空话。到底要加之于什么东西之上呢？加之于中心，

之加于平面，还是加之于一切之上呢？因为一切在实体中的东西都是理念，例如动物、两足等。此外，理念显然是某种自身存在的东西，正如平面一样，是某种本性，像种那样寓于一切属之中。

【5】 最重要的是人们要疑问，形式对可感事物到底有什么用处，不论它们是永恒的，还是可生成、可消灭的，因为它对它们既不是运动的原因，也不是变化的原因。它甚至对其他事物的认知也无所帮助（它并不是这些事物的实体，不然它就会在它们之中）。它对它们的存在也没有帮助，因为它并不寓于其分有者之中，如若那样，就可以认为，它是原因了，像白的混合物是白的东西的原因那样。阿那克萨戈拉在先，优多克索斯在后，以及其他一些人在解决难题时都这样说，但是这种道理实在站不住脚。对这样的意见，很容易引申出许多不可能来。

同时，其他东西也不以通常所说的任何方式出于理念。说理念是模式为其他东西所分有完全是空话和诗的比喻。按照理念进行的仿制是什么呢？即使不用模仿某物也可以存在和生成，正如不论苏格拉底存在还是不存在，像苏格拉底这样的一个人还是可以生成（即或存在着永恒的苏格拉底，显然也没有什么两样）。同一事物有许多模式，形式也是这样，例如人的模式有动物的两足，同时还有人自身。此外，形式不仅是感性事物的模式，而且还是它们自身的模式，正

如种是它的属的模式一样。所以同一个东西既是模式又是摹本。此外，人们还认为，实体和它作为其实体的东西不能分
1080a 开存在，如若理念是与事物分开的，怎么会是事物的实体呢？

《斐多篇》里这样说，形式是存在和生成的原因。如若不是作为运动者，尽管形式存在着，还是不会有生成，而许多其他东西生成了，如房屋和指环，他们却说这些东西没有形成。所以他们说有理念的那些东西，显然可以通过方才提到的那些原因而存在和生成，而不是通过形式。关于理念还可以收集到更多的与已经考察过的相类似的反驳，不论以此种方式，还是通过更严密、更精确的推理。

【6】 既然对这些问题已作出了规定，最好还是再回头来考察一下有关数目的问题，看一看说数目是可分离的实体，是存在着的东西的最初原因，会得出什么结论。如若数目是某种本性，正如有些人所说的那样，它除了自身之外，不以任何其他东西作为实体，那么就必然有的最初、有的其次，每一个在属上各不相同。这也直接地适用于单位，任何一个单位都不能和另外的任何单位相合并。或它们全部是直接连续着，任何一个单位都可以和另外的单位相合并，正如人们所说的数学数那样，因为在数学数中是没有区别的，单位之间没有差异。或者是有些单位可以合并，有些单位不能合并，如二在一以后，三在二之后，其他的数目也是这样。在

每个数目里单位都是可合并的，例如在最初的二中的各单位可相互合并，在最初的三中各单位也可以互相合并，其他的数目也是这样。不过在二自身中的各单位与在三自身中的各单位却不能合并，其他的连续数也是这样。所以计算数学数目，在一之后是二，即另外的一加于前一个一之上，三则是把另一个一加于这个二之上，其余的数目也是这样。理念数则是在一之后是另外的二，而不含最初的一，三则不含二，其他数目也是如此。一种数目像我们开始所说的那样，另一种则如数学家们所说的，这最后所说的是第三种。

此外，这些数目有的和事物相分离，有的则不分离而是在可感事物之中，它们不是如我们在开始所讨论的那样，这些可感事物是由寓于自身中的数目所构成，它们之中或者有的如此，有的并不如此，或者全部如此。这些方式必然是数目由以存在的唯一方式。有些人说，一是万物的本原、实体和元素，而数目是由一和某个其他的东西所构成，他们中每人以这某种方式描述过数目，不过没有人说，所有的单位是不可合并的。这是很有道理的，因为从以上所说的看来，也不可能有其他的方式了。有一些人说两种数目都存在，一种为理念具有在先和在后，一种数学数则与理念和可感事物相并行，两者都是与可感事物分离开的。另一些人则认为，唯有数学数存在，在存在物中它是最初的，并与可感事物相分离。

毕达戈拉斯派也说数目只有一种，那就是数学数，不过它不是分离存在的，而可感实体由这种数目组合而成。他们用数目装备整个的天，但不是单位的数目，而他们认为单位是具有大小的。不过这个最初的、具有大小的一是怎样构成的，似乎还是个没有解决的难题。另外的人则认为，唯一存在的是原始数，也就是理念数。某些人把它看作是和数学数同等的。

关于直线、平面和立体也是这样。有一些把数学对象和相随理念的东西区别开来。在那些以另外的方式谈论问题的人之中，有的以数学的方式来谈论数学对象，他们并不把理念当作数目，甚至说理念并不存在，另一些人则不以数学的方式来谈论数学对象，他们认为并不是所有的大小都可被分割为大小，并非任何两个单位都能成为二。除了毕达戈拉斯派，所有说一是存在物的元素和本原的人，全部都设定数目是由单位构成的，正如上面已经说过的，前者认为数目具有大小。

关于数目到底可能以多少方式来说明，以及全部的说明方式，从以上这些已经清楚了。这全都是不可能的，其中一些也许比另一些更加不可能。

【7】 首先来研究一下，单位可以合并，还是不能合
1081a 并，如若不能合并，如我们所区别的那样，它以什么方式。可能是任何一个单位不能和任何一个单位相合并，也可能是在二自身中的单位不与三自身中的单位相合并，这样在每个

数目中的和原始数目中的单位，就不能相互合并了。

如若一切单位都相合并，并没有区别，那么只有一种数目得以生成，那就是数学数，理念不能是这种数目。人自身或者动物自身或者任何一个理念怎样会是数目呢？每一事物有一个理念，例如人自身有一个理念，动物自身有另一个理念，数目则是彼此相同，没有区别并且无限多。与其他数目相比，这个三决不会比另外的三更多是人自身。如若理念不是数目，那么它们整个地也就不能存在了。理念将来自什么样的本原呢？数目来自一和无规定的二，人们说这是数目的本原和元素，理念则不能排在数目之前，也不能排在数目之后。

如若单位不相合并，也就是说任何单位都不能与任何单位相合并，那么就既不能有数学数，也不能有理念数。（因为数学数是由无差别的单位构成，对它所进行的证明也和这一特点相符合。）二将不是由一和无规定的二所构成的最初的数目，随后还有其他数目，例如二、三、四。在最初的二中的各单位同时生成了，或者如起初的人所说，是一个单位先于另一个单位，那么二由以构成的单位也就先于二。因为凡是某物在先某物在后的地方，由它们所构成的东西就将是在后者之先，在先者之后。

再者，既然最初是一自身，然后是与其他数目相比为最先、与一自身相比在后的某个一，然后是第三个一，它对第二个一是第二，对第一个一是第三。所以单位要在它们由之被称谓的数目之先，这也就是说，在三存在之前，在二中将有第三个单位，在三中将有第四个、第五个单位，在这些数目存在之前。

虽然并没有人以这种方式来说数目的单位是不可合并
1081b 的，然而按照他们的原则，像这样说是很有道理的，虽然实际上并不可能。假定果然存在着最初的单位或最初的一，那么就很有理由说，单位的存在有先有后，如若存在着最初的二，那么对于二也是这样。因为有很好的理由说，在第一之后必然存在着第二，在第二之后必然是第三，其他的连续也是这样。因为不可能同时说，在最初的一之后有一个单位还有第二个单位，却又有最初的二。那些制定了单位和最初的一的人，却不承认第二个一，第三个一，制定了最初的二，却不承认第二个二，第三个二。

如若所有的单位都不能相合并，那也很清楚，二自身，三自身以及其他的数目都不会存在。各单位或者是无区别的，或者是每一个都互不相同，但对数目的计数都必然是相加。二就是一加上另一个一，三就是二加上另一个一，四也是如此。事情既是这样，数目不可能像这样生成，让它们出于二和一。因为二成为三的一部分，三成为四的一部分，这样的方式也同样适用于后继的数目。然而他们却说四是从最初的二和无规定的二生成，这样在二自身之外又有两个二。如若不然，那么四将出于二自身再加另外一个二，二则是出于一自身和另外一个一。如若这样，无规定的二就不成其为另一个元素，因为它只可以产生一个单位，而不是确定的二。

此外，在三自身和二自身之外怎样还能有其他的三和二呢？它们以什么方式由在先和在后的单位来组成？所有这一切都是荒唐和虚构的，既不可能存在最初的二，也不可能存在三自身。但如若一和无规定的二果然是元素，那么这将是必然的。如若这个结论不可能，那么，这些东西统统不可能是本原。

如若任何单位和任何另外的单位都是相异的，那么也必然得出相同的和其他相类似的结论。如若各单位在其他数目中是不同的，而只是在同一数目中是彼此相同的，即使如此，所遇到的困难也不会少些。例如在十自身中有十个单位，十既是由十个单位也是由两个五构成的。既然十这个数目不是随意的，十也不是由随意的五所构成，以及随意的单位在十自身中的单位必然有区别。如若单位没有区别，那么构成十的那些五也没有区别，既然它们有区别，那么那些单位也有区别。如若它们是有区别的，是否在十中除去这两个五外就再没有其他的五，还是有其他的五？如若其中没有，那是荒唐的，如果说在其中有，由它们将构成什么样的十呢？在十自身之外十之中没有其他的十。

而四绝不是由随意的二所构成，正如他们所说，无规定的二得到确定的二，形成了双数，它本来就能把所得的东西加倍。其次，二怎样可能是在两个单位之外的某种本性，三是在三个单位之外的某种本性呢？或者是由于相互分有，正如白的人，由于分有了白和人，而在白和人之外，或者在它们相互有着某种区别，正如人在动物和两足之外那样。

再说，为一的事物有的由于接触，有的由于混合，有的由于放置，但构成二和三的单位却不能是这几种方式中的任何一种。这正如两个人不能是在两人之外的某种单一，单位也必然是这样。即使它们是不可分的，也不能因此有什么不同。点是不可分的，然而其中的两个点，同样不在二之外。

且不可忘记，由此得出的结论是二有先、有后，其他的数目也是这样。即或在四中的二是彼此同时的，然而它们先于在八中的二，正如二产生了它们，它们也产生了在八自身中的四。如若最初的二是理念，它们也都将是某种理念。这同样的道理也适用于单位，最初的二中的单位产生了四中的单位。所以，单位全部变成了理念，于是理念由理念构成。
1082b 因此很显然，那些以此为理念的东西也是组合而成的，例如人们可以说动物由动物构成，如若动物有理念的话。

整个说来，那种使单位相区别的做法是一种荒唐和虚构（我所说的虚构是捏造出来支持一种假设的东西）。因为不论从数量上还是从性质上，我们都看不出一个单位和另一个单位有什么区别。一个数目必然是相等或者不相等，一切数目，特别是作为单位的数目都是如此。假若既不多、也不少，那就是相等，在数目中，我们认为相等且完全无区别的东西就是等同。如若不是这样，那么即或二是相等的，它们在十自身中也将有区别。说它们是无区别的人，会找到什么原因呢？

再者，如若一切单位加上另一单位是二，来自二自身的单位和来自三自身的单位，将作为不同的单位构成二，那么它是先于三呢，还是后于三？看来必然是先于，因为在两个单位中，一个是与三同时，一个是与二同时，我们认为，二总是一加一，不论它们是相等，还是不相等，例如善和恶，人和马，持这种意见的人们就无所谓单位了。

如若数目三自身不大于数目二，那是令人奇怪的，如若更大些，那么，在其中显然存在着一个数目与二相等，从而这个数与二自身并无区别。然而，如若数目有第一和第二，这将是不可能的。理念也将不是数目，正如前面所说的，如若理念存在，那些主张单位是有差异的人，在这一点上说对了。因为形式是单一的，如若单位没有区别，那么二和三也就没有区别。他们必然要这样说，因为我们计数都从一、二往下数，而不是加于已存的数目上。如若这样，数目就不能来自无规定的二了，数目也就不可能是理念了。因为一个理念将寓于另一理念之内，所有理念都是一个理念的部分。所以，就其假设来说他们的意见是对的，整个说来却是不对的，因为他们毁掉了许多东西。他们得承认，这种意见自身有着某种疑难，在我们计数说一、二、三的时候，到底是递增呢，还是按照部分。这两种办法我们都用。因而把这夸大成为实质的差别是可笑的。

1083a **【8】** 最好是首先去规定数目的差别以及单位的差别，如果其差别存在的话。其差别必然或者是数量上的，或者是性质上的，但看起来可能两者都不是。但作为数目，在数量上有差别。如若单位果然在数量上有差别，那么，尽管单位的多少是相等的，数目和数目仍然有差别。此外，那些最初的单位是更大些还是更小些呢？后来的那些单位是加大了还是相反呢？这一切都是无道理的。然而单位也不可能在性质上相异，因为没有类似属性的东西依附于它们。人们说数目是在数量之后才赋有性质的。并且它们的性质既不能来自一，也不能来自二，因为单一并没有性质，而二所生成的是数量，它的本性就是使存在着的东西成为众多。如若还有其他什么方式，那么在开始就应该着重说明这一点，应该对单位的差别作出规定，尤其是它何以必然存在，如若不然，他们所说的是什么呢？

更进一步说，如若理念是数目，那么所有的单位显然既不可能合并，也不能以这些方式全部不相合并。然而另外一些人关于数目说得也不好，这样一些人并不相信理念存在，既不一般地存在，也不作为某种数目存在，不过相信数学对象存在，在存在的东西中数目是最初的，一自身是它们的始点或本原。如若真像那些人所说，存在着各个一的某个最初的一，却没有各个二的最初的二、各个三的最初的三，这是荒唐的，因为同一道理应适用于所有情况。如若关于数目是这样，有人只设定数学数的存在，一并不是始点或本原。因为像这样的一和其他单位必然有区别，如若这样，那么各个二要有某个最初的二，接着其他数目也是如此。倘若一是本原，关于数目必然更像柏拉图所经常说的那样，存在着最初的二和最初的三，数目是不相合并的。不过，如果有人这样主张，像以前所说，就要带来许多不可能的结论。事情必然是非此即彼，倘使两者都不是，数目就不可能分离存在。 1083b

由此显然可见，还有第三种方式，也是最坏的方式，这就是把理念数和数学数相等同，因为必然是两种错误合于一种见解之中。数学数不可能是这样的方式，然而人们却一定要坚持自己所独有的设定的东西，他们也必然碰到所有那些把数目说成理念会遇到的困难。

毕达戈拉斯派的方式，其困难一方面比前面所说的要少一些，另一方面又有自身所独有的其他困难。由于不使数目成为分离的，他们避免了许多不可能的结论，然而他们说物体是由数目组成，而这种数目就是数学数，却是不可能的。说大小不可分是不真实的，即或它完全是这样的，那些单位也还是没有大小，大小怎么可能由不可分的东西构成呢？实际上算术的数是具有单位的。而毕达戈拉斯派把数目说成是存在着的东西，至少是把各种命题加于物体之上，好像它们是由那些数目构成一样。

再者，如若数目在存在的东西中是就自身而言存在的，它必属于上述的方式中的某一种，它既不属于这些方式，那么数目显然并不具有那些以它为分离存在的人们为它所准备的本性。

此外，在单位相等的时候，是每一个都是来自大和小，还是一个来自小、一个来自大呢？如若这样，那么就不是每一事物都来自全部元素了，各单位也就不是没有区别了。有的赋有了大，有的赋有了小，本性上是相对立的。此外，在三自身中的那些单位又怎样呢？这里多了一个单位。也许正是因为这个缘故他们把一自身放在奇数中的中间位置。倘若在相等的时候单位中的每一个都来自两者，二怎会是某一由大和小所组成的本性呢？它怎样和它的一个单位相区别呢？此外，单位先于二，因为单位消灭了，二也随之消灭。单位必然是理念的理念，它在理念之先，因而也在先生成。那么，它从哪里生成呢？无规定的二只能形成倍。

此外，数目必然是有限的或者是无限的，因为他们把数
1084a 目当作分离存在的东西，在这两者之中非此即彼。而数目显然不可能是无限的，因为无限既不是奇数也不是偶数，而数目却永远或者由奇数生成，或者由偶数生成。一方面，把一加到偶数之上就得到奇数；另一方面，把一乘以二就得到倍数二，再者，用奇数来乘倍数二，就得到了其他的偶数。此外，一切理念都是某物的理念，数目是理念，故无限的数目也是某物的理念，或者是可感事物或者是其他某种东西的理念。如若他们像这样来看待理念，不论在设定上，还是在理

论上都是不可能的。

倘若数目是有限的，它的界限在哪里呢？这不但应该说它是什么，还要说明它为什么。若像某些人所说，数目只是达到十，那么理念首先就不够用了，例如若人自身是三，那么马自身是什么数目呢？如若一直到十，每个数目都是自身或理念，那么马自身必然是这些数目中的某一个，因为只有它们才是实体或理念。而这样数目就不够用了，因为动物的形式是数不过来的。同时很明显，如若三像这样是人自身，其他的三也是这样，因为在同样的数目中，它们是相似的，这样人也就是无限的了。如果每个三都是理念，那么每个人也是理念，假如不是，就仍然是一些人。当较大的数目是来自在同一数目中那些可合并的单位时，如果较小的数目是较大数目的部分，以及四自身是某物的理念，例如马的或者白的，那么人就要是马的一个部分，倘若人是二的话。从而说只有十是理念，而十一和其余的数目都不是，是荒唐的。此外，有些东西存在和生成，它们的形式却不存在。它们的形式为什么并不存在呢？所以，形式当然不是原因。

此外，如若到十之前的数目比十自身更为真实、更是形式是荒唐的。因为十以前的数不是作为单一的东西而生成，十则是。他们试图把直到十的数目当作完满的数目，至少他们让那些随之而来的东西，例如虚空、比例、奇数以及诸如此类，在十中生成。他们把运动、静止、善和恶归于本原，而把其他东西归于数目。因此把一当作奇数，因为如 1084b

若奇数依赖于三，那么五又怎么是奇数呢？此外，他们还在数量的界限内说明大小以及诸如此类的东西，例如不可分的最初的线，然后是二，如此一直到十。

此外，如若数目是分离的，人们就可以提出疑问，到底哪个在先，是一、是三、还是二。数目作为组合物，则一在先，而作为在先的普遍和理念，则数目在先。因为每个单位作为质料是数目的一个部分，而数目是形式。直角可以先于锐角，因为它是规整的并且在原理上如此，锐角也可以先于直角，因为它是直角的部分，直角可以分割成锐角。作为质料，锐角、元素、单位在先，但在形式上，在理性实体上[①]则直角和由质料和形式所组成的整体在先。两者的组合物虽然生成上在后，但它与形式更加接近，而原理就是形式的原理。

一怎样是本原或始点呢？人们说它是不可分的。但是普遍、部分和元素也是不可分的。不过方式不同，有的在原理上，有的在时间上。二以什么方式而是本原呢？正如所说过的那样，直角可以先于锐角，锐角也可以先于直角，而每个都是一。人们以两种方式把一当作本原，但这是不可能的，因为一方面它是作为形式和实体，另一方面则是作为部分和质料。每一个都可以一种方式成一，实际这只是在潜能上，如若像人们所说，数目是某种单一的东西，不是堆积而成的

① he ousia he kata ton logon。

东西，不同单位构成的数目彼此不同，在现实上则没有一个是单一的。

造成错误的原因，在于同时从两种立场来考察，一是从数学，一是从普遍原理。从数学方面把一和本原当作点，因为单位就是没有位置的点。这些人也和其他某些人一样，从最小的东西来构成存在物。由于单位是数目的质料，所以同时先于二，反过来，作为整体，作为一，作为形式又后于二。由于所寻求的是普遍的东西，所以他们把能起表述作用的一当作部分，但这两者不能同时属于同一事物。

如若唯有一自身是无位置的（因为除了是始点或本原外它没有其他差别），那么二是可分的，单位则不可分。所以，单位更加和一自身相同。如若是单位，那么与二相比，单位自身就更加与单位相似。所以每个单位都先于二，但他们不这样说，至少认为二是最初生成的。此外，如若二自身、三自身是某种一，两者就构成了二。这个二从什么东西而来呢？

【9】 既然数目是不相接触的，而其间没有居间者的单位是连续的，如在二和三中，那么有人就要发生疑问，它是否与一自相连续呢？并且在连续的数目中到底是二还是二之中的某一个单位在先。

后于数目的那些种，即直线、平面、立体，也遇到同样的困难。有些人把它们从大和小的形式中制作出来，例如从长和短制作出线，从宽和窄制作出面，从高和低制作出体。这一些都是大和小的形式。至于相应于一的始点或本原，不同的人的看法也不相同。人人都可见到，在这里有举不胜举的不可能性、虚构，与全部的完满理性相反对。因为其结果，这些形式是不相互联属的，除非把这些本原结合起来，这样宽和窄就是长和短。如若这样，那么，平面就是直线，立体就是平面了。此外，对于角、图形以及诸如此类的东西应如何解释呢？对于数目的种种观点也遇到同样的问题。这一些都是大小的属性，但大小却不由此构成，正如线不由直和曲，立体不由光滑和粗糙构成一样。

这些人也共同遇到了当人们设定了普遍时，在种的不同属上所遇到的问题。在动物中的是动物自身呢，还是与动物自身不同的另一种动物。倘使普遍不是分离存在的，这并不会造成困难。然而正如那些主张者所说，一和数目是分离的，问题就难以解决了，如果能把不可能称做“不容易”的话。当一个人思想在二中的，或总的说来在数目中的一的时候，他所思想的是某种自身呢，还是其他别的什么？

这些人把大小从这种质料中产生出来，另一些人则从点中（在他们看来点并不是一，而是类似一的东西）和另一种类似大小而不是大小的质料中生产出来。这些观点所遇到的难题也不更少些。倘若质料只有一种，那么线、面、体就要等同了（因为从相同的东西中所产生出来的东西是同一
1085b 的）。倘若质料有多种，一种是线的质料，另一种是面的，

再一种是体的，那么它们相互之间就或者相通或者不相通，随之而来的结论还是同样的。或者面并不含有线，或者它将是线。

此外，也没有人着手解决数怎样可能来自一和多的问题，就在他们作这样的谈论的时候，他们遇到了那些让数目出于一和无规定的二的人所遇到的同样困难。有的人把数目从普遍称谓中产生出来，而不是从某种众多，有的人是从某种众多，但是从最初的众多，因为二就是最初的多。可以说两种观点没有区别，随之而来的是同样的一些难题，不论是混合、设定、归并，还是产生以及其他诸如此类的方式。

最重要的是进一步探索，如若每个单位都是一，它由什么构成呢，因为每个单位并不是一自身。它必然是出于一自身和多，或者多的一部分。既然单位是不可分的，就不能说它是多。说它来自多的一个部分，也有许多困难。因为每个部分必然是不可分的，不然单位就是多，就是可分的了。一和多就不会是元素，因为每个单位并不是由一和多构成。此外，说这种话的人，除了制造出另一种数目之外，并没作别的事情，因为不可分割的众多也是一个数目。

此外，从这些人所说的，还应该探索，数目到底是无限的，还是有限的，看起来似乎存在着有限的多，有限的单位出于它和一。多自身和无限的多则有差别。那么，什么样的多和一在一起成为元素呢？

也许同样要探索点的问题，人们把它当作元素而从每一个制造出大小来，这当然不是一而只是点。人们不禁要问其他的点是从什么来的呢？它当然不能来自有间距的东西，也不能来自点自身。正如那些构成单位的众多的部分一样，有间距的东西的部分，不可能是不可分的部分。所以数目是不可分的部分构成的，大小则不是。

这全部以及其他类似难题，使数目和大小显然不可能分离存在。此外，那些权威人物关于数目问题的分歧表明了这些事情本身的不真实给他们带来了混乱。有些人只使数学数处于可感事物之外，他们看到了理念论的困难和牵强，所以放弃了理念数，而只承认数学数。有些人希望同时承认理念数和数学数两者，但没有看到如有人把这两者都设定为本原或始点，数学数和理念数怎样相并行，便把理念数与数学数等同起来，但这不过是在理论上，在事实上他们消灭了数学数。因为他们所讲的独有的预设并不是数学的。那第一个设定形式存在、数目是形式、数学对象存在的人，理所当然地要把它们分开。其结果是，这全部就某一方面说是正确的，整个说来是不正确的。就是这些人自己，也不是对所说的一切意见一致，而是彼此对立。其原因是，这些预设、这些本原的虚假。从不正确的预设很难说出正确的话来。正如埃比哈尔莫斯所说："话一旦说得不好，错误随即出来。"

关于数目问题，这些讨论和分析也就足够了。虽然已经信服的人从更多的讨论中还可以更为信服，但对于不相信的人，说得再多他也不会信服了。关于最初本原、最初原因和元素，只讨论可感实体的那些人所提出的那些意见，有一些在物理学中已经说过了，有一些现在还排不上议程。至于那些关于可感实体之外其他实体所提出的意见，需要在已说的这些之后加以考察。由于有一些人说这些实体就是理念和数目，而它们的元素也就是存在物的元素和本原，所以应该研究他们说的是什么以及是怎样说的。

那些只承认数以及数学数的人们留待以后讨论，对于那些关于理念的说法，要对其方式以及有关他们的疑难同时加以考察。他们不但把理念当作普遍实体，同时还把它们当作分离存在的和个别的。前面已经讨论过，这些说法是不可能的。那些说普遍是实体的人之所以把两者归并在一起，是由于他们不把可感觉的东西当作实体。他们认为个别的可感事 1086b
物都在流变之中，它们中没有什么东西持久不变，普遍则存在于它们之外，是某种与它们不同的东西。正如我们前面所说，这种观点是由苏格拉底通过定义而提出来的，不过他并没有把普遍和个别相分离，使它们不分离是对的。事实很明显，离开了普遍就不可能获得科学知识，分离是理念论所遇种种困难的原因。还有些人认为，如若在感性的、流变的东西之外存在着某种实体，那就必然是分离的，不过这并不是什么别的，而只是把分离加于普遍称谓而已。由此可见，普遍和就个别而言的东西几乎是同等的本性。这一点自身就是所说的那些观点中的困难所在。

【10】 我们现在再说一个那些主张理念论的人和不主张理念论的人都遇到的难题，这在前面讨论开始时已经说过了。如若不把实体设定为可分离的，人们说这是个别存在物的存在方式，那么就会把我们所想要说的实体消灭了。然而如若设定实体是分离的，那又怎样设定它们的本原和元素呢？如若不就普遍而是只就个别而言，那么这些存在着的东西，就会和一个个元素一样，对元素也就没有知识了。若在声音中的音节成为实体，音节的元素也就是实体的元素。所以BA必然是单一的，每个音节也必然是单一的，即它不是普遍的，在形式上也不相同，但每一个在数目上是一，是这个而不是一个共同名称。此外，他们还设定每个为自身的东西都是单一的。如若音节是如此，那么音节由之构成的成分也是如此。所以，决没有什么比一个A更多，也决没有什么比其他字母更多。按照同一道理，在各个音节中决没有另一个与自身不同。如若事情是这样，在字母之外决没有其他东西，而只有这些字母。

此外，对元素是没有知识的，因为它不是普遍的，知识是对普遍东西的知识。从这些证明和定义显然可见，倘如一切三角形不是两直角，就不能形成这一三角形是二直角的推论。倘若不是一切人都是动物，也就不能推论出这个人是动物。

1087a 况且，倘使本原果真是普遍的，那么或者本原构成的实体也是普遍的，或者在实体之前将有不是实体的东西。因为普遍的东西并不是实体，而元素和本原是普遍的。元素和本原先于那些以它们为元素和本原的东西。这全部结论都是理所当然的，如若他们使理念由元素构成，而且在具有相同形式的实体之外，主张有某一个分离存在的理念。不过，倘若像声音的元素那样，并不妨有多个 A 和多个 B，而在多个 A 和 B 之外，并不存在 A 自身和 B 自身，那么由于这种缘故就将有无限多的相同音节了。

说一切知识都是对普遍的知识，从而存在东西的本原必然是普遍的，而非分离的实体，这些话里存在着一个最大的难题。这种说法尽管在一方面似乎是真的，但在另一方面又不是真的。科学的知识，正如知晓[①] 这个词一样，有双重含义，一者是在潜能上，一者是在实现上。潜能作为质料是普遍的和无规定的，属于普遍和无规定的事物，现实则是确定的并属于确定的事物，作为这个，它属于某一这个。由于所看到的这个有颜色的东西是颜色，所以视觉只是就偶性而言看到了普遍的颜色。又如，文法家所观察的这个 A 是 A。所以如若本原必然是普遍的，那么由此而来的东西也必然是普遍的，正如在证明中所见到的那样。如若事情是这样的，那么就将没有什么分离存在的东西，也就没有实体。所以科学知识，一方面显然是普遍的，另一方面又不是。

---

① to epistasthai。

第十四卷

【1】 关于这种实体我们就说这么多罢，所有的人都把本原当作是对立物，如像在自然的东西中那样，关于不被运动的实体也无不同。既然一切事物的本原不允许有先在的东西，如若有其他东西存在，那么本原也就不可能是本原了。这正像有人说白作为自身而不作为他物是本原，然而白却依存于主体，作为他物而是白，主体是先在的东西，而且万物都从对立物生成，如像从某种载体那样，从而在这些对立物中必然有着载体。全部对立物都永远依存于载体而不能分离。正如看起来那样，没有任何东西与实体相对立，这同时也为理论所证明。所以，从主要意义上讲，对立物决不是万物的本原，本原是另外的东西。

有些人把相反者的一方当作质料，有些人把不等和一相反对，因为不等是多的本性，有些人又把多和一相反对。在一些人看来，数目从不相等的二元，即从大和小生成，有人则认为是从多生成。但两者都承认数目是由一的实体生成的。因为就是那些说不等和一是元素，说不等由大和小构成的人，也把不等，即大和小，当作是一。他并不区别这是在原理上的，而不是在数目上的。

不过他们对其称为元素的那些本原并没作出很好的说明，有些人把大和小与一在一起，共为三，说成是数目的元素，前两者是质料，后者是形式。有些人则说是多和少，因为大和小更像是大小所固有的本性。在这些上面，有些人用了更为抽象的词项，如超过和被超过的东西。但对某些结论来说，这种意见没有什么不同，它们只与理论困难有关。这些人想避免这些困难，因为他们自己所进行的证明也是理论的。除非有这样的道理存在，超过和被超过的是本原，而不是大和小。数目先于二由元素构成。因为这两者[①]是更为普遍的。所以现在他们这样说而不那样说。

有些人把相异和其他[②]与一相对立，有些人则把多与一相对立，如若同人们所愿望的那样，存在着的东西都是出自相反者，那就没有什么东西和一相反了，如果一定要找个对立的东西，那就是多。不等与相等对立，相异与相同相反，他物与自身相反。那些把一和多看做对立的人，虽然理由并不充分，但尤能令人相信，因为一就会是少。而多[③]是和少性相对立，多数[④]才是和少相对立。

① 即超过与被超过的东西。

② allo。

③ plethos。

④ polu。

所以，一所表示的显然是尺度。在一切情况下都存在着另外的载体，例如在和声中有四分之一音符，在大小中有寸和尺以及诸如此类的东西，在韵律中有韵脚和音节，在重量中有某种限定的量。在一切事物中所用的都是同样的方式。
1088a 在质中它是质，在量中它是量（尺度是不可分的，或者在属上是不可分的，或者对感觉来说是不可分的）。一就其自身而言并不作为某种实体而存在。这只是在道理上说，一表示着众多的尺度，数目表示着已经被度量过的多和诸尺度的多（所以，很有理由认为，一并不是数目，因为一个尺度不能是多个尺度，一是尺度、是本原）。尺度在一切之中都保持其自身等同，例如马的尺度就是马，人的尺度就是人，如果既有人，又有马，又有神，那或许就要以生物为尺度，他们的数目将是生物。如果既是人，又是白，又行走，那就很难有个数目，因为这一切都属于同一个东西，在数目上是一，它们的数目将是各个种的数目，或其他类似的称谓。

那些把不相等当作一，而把二当作大和小的无规定者，他们的话是远不可信的，也是不可能的。因为这些名称更多地是属性和偶性，而不是数目和大小的载体，多和少属于数目，大和小属于大小，正如奇和偶、光滑和粗糙、直和曲一样。其次，除了这种错误之外，大和小以及这类的词项都必然是相关的词项。而在全部范畴中，相关的本性或实体最少，它居于质和量之后。正如我们所说相关是量的属性，而不是质料，因为不论对一般、部分还是属，相关都有某种不同的东西。如果没有另外一种东西作为多和少、大和小或相关而存在着，也就没有什么东西是大小、是多少、或是相关的。相关之最不是实体及某种存在物还表现于唯有它既没有生成，也没有消灭和运动。而在量上则有增加和减少，在质上则有变化，在地点上则有位移，在实体上则有一般的生成和消灭，在相关方面却不如此。因为，如若另一方在量上运动着，那么它不须运动，也就会时而大，时而小，时而相等。因为每一事物的质料，正如实体的质料一样，必然在潜能上为他物，而相关既不在潜能上、也不在实现上是实体。

把非实体当作实体的元素，并且在先，这是荒谬的，甚至是不可能的，因为全部范畴都是在后的，此外，元素不能表述那些以它为元素的东西，而多和少却能分别地或共同地表述数目，长和短都表述线，面则或是宽的，或是窄的。如若果然存在着众多，其中之一项就要永远被说成是少，例如一（因为如若它是多，那么一就要是少），也许还存在着单纯的多，例如设比十更多的数目存在，十就是多，或者一万。以上这样说，数目怎能是出于多和少呢？因为两者或者都可以表述它，或者都不可以。现在看来只有两者之一可以用来述说。

【2】 总的说来，我们还应该研讨那些永恒的东西，它们是否可能由元素组成，它们有着质料，因为所有的复合物都由元素构成。如若永恒存在和生成，那么就必然从它生成

的那个东西中生成。万物都是从它所生成的那个潜在的东西生成（没有东西能从没有这能力或不是这种元素的东西生成）。因为可能的东西既可能实现也可能不实现。即使数目和其他某种有质料的东西是永恒的，也不是可能不存在，正如某种数年生的东西也可以只有一天。如若是这样，那么在时间上是无限的东西，也可以如此。如若能够不存在的东西都不是永恒的，那么它们也不是永恒，正如我们在别的地方所讲的那样。如若我们所说的这些——实体除非作为实现的东西就不能永恒——是普遍正确的，而且元素是实体的质料，那么一个永恒的实体就不能由寓于其中的元素组成。

有这样一些人，把与一相联合的元素当作无规定的二，他们很有理由对不相等不满，因为在所推出的结论中，有很多的不可能。只不过他们也要摆脱由于把不相等和相关当作元素所不可避免的困难。这些困难即使离开这种意见，对其他的人也同样难免，不论由这些元素所组成的是理念的数目，还是数学的数目。

1089[a] 对此作这样解释的原因很多，最主要的是它的提问方式是原始的，除非有人能推翻和驳倒巴门尼德的道理：

永远也无法证明，非存在的东西存在。

那么他就会相信一切存在着的东西都是一，是存在自身。如若众多存在，那么人们就必须证明非存在存在着，一切存在着的东西就是出自这种存在和其他别的什么。

首先我们要问，如若存在是多义的（它有时表示实体），有时表示性质，有时表示数量，以及其他的各个范畴），倘使非存在不会存在，那么一切存在物将是种什么样的一呢？所表示的是实体、属性，或是其他这类的范畴，还是所有这一切范畴呢？如若是这样，那么“这个”、“这样”和“这些”以及其他表示存在的述语就都是一了。然而这是荒唐的，甚至是不可能的。同一个自然本性都成为某种原因，使得存在一会儿是“这个”，一会儿是“这样”，一会儿是“这些”，一会儿是“何地”。

其次，存在着的东西出于什么样的非存在和存在呢？非存在正如存在一样是多义的，不是人表示他不是这个，不是直表示它不是这样，不是三肘尺，表示它不是这长。众多的存在着的东西出于什么样的存在和什么样的非存在呢？在谈到非存在时，人们的意思是，那些和存在一同组成众多存在着的东西的非存在是虚假的以及本性如此。所以有人说应该设定虚假，正如几何学家们假定不是一尺长的线为一尺长那样。但事情不可能是这样的，几何学家们并不设定虚假（因为这样的命题不在推理之中），存在着的东西既不由这样的非存在生成，也不由此消灭。此外，非存在在许多场合它的意义和那些范畴一样多，并且虚假和潜在的东西还被说成是非存在，而生成正是由此而发生，从没有人、潜在的人生出人来，从不是白、潜在的白转化为白，不论所生成的是某一事物还是众多事物，却不两样。

很显然，对存在怎样为多的探索，讲的是就实体而言如何为多。因为那被生成的东西乃是数目、线条和形体。如若探索作为某物而存在的存在怎样是多，而不是去探索性质和数量怎样是多，那就无聊了。因为无限定的二以及大和小并 1089b 不是二种白或多种颜色、气味、形状的原因。不然这些东西便会是数目，是单位。如若有人反对这些观点，就会看到其原因就在那些实体之中，因为原因总是相同的或是类似的。

由于这样的分歧，所以在探索存在物所从出的存在和一的对立物、存在和一时，他们设定了相关和不等，但它们既不是存在和一的对立物，也不是其否定，只不过是众多存在物的某种本性，正如实体和性质一样。人们应该探索这样的问题，为什么相关是多而不是一。而现在所探索的是为何在原初的一之外存在众多的单位，而不是探索为何在不相等之外存在着众多的不相等。而且在他们的说明中，使用了数目由以构成的大和小、多和少，线段所由以构成的长和短，平面所由以构成的宽和窄，立体所由以构成的高和矮，他们还说到很多种类的相关。在这些相关中，哪一种是多的原因呢？

正如我们所说，必须相对每个事物设定一种以潜在方式的存在。持这种观点的人，更进一步宣称，以潜在方式存在着的某物是这个和实体，而不是就自身而言的存在，因为它是相关的，他也可以说是性质。这东西既不是潜在方式存在的单一和存在，也不是单一和存在的否定，而是诸多存在物中的某一个。正如我们所说，更重要的是，如若人们探索那些存在着的东西怎样是众多就不能局限于同一范畴，探索实体怎样是众多，性质怎样是众多，而应探索那些存在着的东西怎样是众多，它们或者为实体，或者为属性，或者是相关。而在其他的范畴上怎样是众多也有某种其他的障碍。因为这些范畴是不能独立存在的，性质和数量之所以是多，因为载体变为多或就是多，对于每种事物都应该有一定的质料，尽管它不能与这些实体相分离。但在这里对这个倒是有道理可说，这个怎样是多，除非把某物同时当作一这个和某种本性。从这里产生的更大的难题是，那些实体怎样在现实上是多而不是一。

更进一步说，如若这个和数量不是同一个东西，那么就不能说明那些存在着的东西怎样并且为什么是众多的，而只能说明数量怎样是众多的。而一切数目都表示某种数量，而单位如若不是一种尺度，那也是种在数量上不可分的东西，假如是这样，数量和实体果然是两种东西，那么就无法说实体从哪里、怎样地是多。而假若数量同于实体，持这样观点的人仍面临许多矛盾。

我们应对数目加以切实的研究，从这里可以得到关于它们存在的信念。对于理念的主张者来说，这种信念提供了实体存在的一定的原因，如若每个数目都是某种理念，那么理念对于其他事物就以这样或那样的方式是存在的原因，就让这种意见作为他们的根据吧。有的人不同意这样的方式，由于他看到了理念化的内在困难（所以不以这种方式来制定数目），而是把数目当作是数学的，我们凭什么要去相信这样的数目存在，而对其他的事物又有什么用处呢？有的虽然主张数目，却并不同时像这样把它说成是其他事物的原因，而宁愿把它说成是某种就自身本性而言的实体，同时也看不出它是事物的原因，正如我们所说，数学家的理论也适用于一切感性的东西。

【3】 那些认为理念存在并把它与数目等同的人，在对个别事物作阐释的时候，他们在众多之外提出某种单一，并试图说明它是怎样存在的。然而他们的这番道理既没有必然性，也没有可能性，也就不能因此肯定地说数目存在。毕达戈拉斯派则看到数目有很多属性隶属于感性物体，他们认为存在着的东西是数目，不过不是分离的，而是说存在物由数目构成，为什么呢？因为数目的属性寓于和声之中，寓于天穹之中，也寓于许多其他事物之中。

对于那些只承认数学数存在的人，按照他们的设定是不能说这种话的，而是说科学不以这些东西为对象。正如前面所说，我们承认这些东西存在。数学数是显然不可分离的，否则这些属性就不能寓于物体之中。毕达戈拉斯派在这方面无可指责，不过他们让自然物体出于数目，从没有轻和重的东西中造出轻和重来，他们似乎在说着另一重天上的物体而不是感性物体。那些把数目当作可分离的人认为它们是存
1090b 在的，并且是可分离的，因为数学公理并不是对可感事物

的，但所述说的道理是真实的并使灵魂愉悦。数学上的大小也是这样，相对立的理论，所说的话显然也是对立的，不过对那些像这样说话的人，近来所提的难题可能得到解决，这就是为什么数目从不寓于感性物体之中，它们的属性却寓于其中。

有一些人，他们由于点是线的界限和终端，线是面的界限和终端，面是体的界限和终端，于是就认为这些东西必然都是些自然物。我们必须看一看这种道理是不是太软弱。终端并不是实体，不如说一切终端都是界限，散步有界限，总的说来运动都有界限，说它是这个和某种实体，但这是荒唐的。即使它们都是实体，也将全部都是这些感性事物的实体，因为这道理正是针对着这些感性事物而言的，它们怎么会是分离的呢？

其次，如果一个人不是太易于满足，那他就要进一步追询关于一切数目和数学对象的问题，它们相互都得不到什么，而前者对于后者也毫无补益。对于那些只承认数学对象存在的人来说，数目若是不存在，大小也不会存在，即使这些东西都不存在，灵魂和感性物体却存在着，从现象上看，自然并不是一些插曲，也不是一场拙劣的悲剧，那些理念的主张者逃避了这一困难，他们让大小出于质料和数目，线出于二，面出于三，体出于四，或者是出于其他数目，因为这并没有区别。然而理念怎么会是大小呢？它们以什么方式存在，对于实在又有什么益处呢？毫无益处。正如数学对象对此无益一样。而且也没有理论可适用于它们，除非有人想改变数学并且制造出某种独有的意见。但是随便提一个设定并不难，编织出一串长长的结论也不难。

这些人的错误在于想把数学对象和理念拼凑在一起。这些人最初造出了两种数目：理念数目和另一种数学数目，然而他们从不曾说出也不可能说出数学数目怎样存在和出于什么而存在。他们把数学数目当作理念数目和感性数目的居间物。如若它是由大和小构成，那么它就和另一种理念数是一样了。（怎样从另外的大和小制造成大小呢？）如果所说的是
1091a 另外一种东西，那么他们所说的元素也就太多了，如果每类数目的本原都是一，那么一对它们就是某种共同的东西了。还必须探索单一怎样会是众多，以及在他们看来，除了从一和无规定的二之外，数目不可能以其他方式生成。

这一切都是不合理的，不但与它们自身相矛盾，也和健康理性相矛盾，这似乎同西蒙尼德的长故事一样，当人们说不出什么像样的东西来的时候，奴隶就编造这种长故事。就是那些元素自身，即大和小，看来也在抱怨，因为除了把一加倍外就不可能产生出数目来。

给永恒存在物制造出生成与其说是荒唐的，还不如说是一种根本不可能。毕达戈拉斯派是否制造了这种生成是无须怀疑的，因为他们曾明确地说，当一不论是从平面、表面、种子以及某些说不清的东西构成的时候，无限中最相近的部分就引进来被有限所界限。不过他们在这里构造宇宙，谈论

自然。在物理学他们的解释也许是正当的，但却离开当前所讨论的主题。因为我们所探索的是在不运动事物中的本原，研究的是这一类数目的生成。

【4】 人们说奇数不是生成的，清楚表明偶数是生成的，有人认为偶数首先是由不等造成，也就是把大和小相平均。不均等性必然是在均等之前就依存于它们了，如若它们永远是均等的就不存在先在的不均等，因为没有东西能先在于永远存在的东西。因此他们之所以制造出数目的生成显然并非由于理论的需要。

人们对元素和本原怎样和善与美相关，提出了疑难，并对那把这种关系说得轻松的人提出诘问。困难在于，到底在我们说到善和至善自身的时候，它们就是这样的，还是并非如此，即善和至善乃是后来生成的。有些有神论者似乎和现在某些人相一致，他们不这样认为，而主张只有在物的本性进步了的时候，善和美才显现。这种主张使某些坚持单一是 1091b
本原的人们避免了所遇到的困难。这种困难并不在于对单一赋予善的属性，而在于把一当作一种作为元素的本原，而从一派生出数目来。古时许多诗人也同意这种观点，他们说在最初统治和主宰着的不是黑夜和昊天，混沌和海洋，而是宙斯。他们之所以这样主张只不过因为存在的主宰者或本原是变化。所以，在他们中那些持折衷观点的人，就不再以神话方式来说明一切了。如费来库德斯以及其他人就把最高的善当作最初的生成者，玛基派以及后来的哲人们也是如此主张，例如恩培多克勒就把友爱当作元素，阿那克萨戈拉把心灵或理智作为本原。在那些认为不动实体存在的人们中，有人说一自身就是善自身，不过他们认为善的实质就是单一。

难处就在于，到底应该持何种观点。如若原初的东西，永恒和最自足的东西，在最初并不作为善而拥有自足和自存，那就是件怪事了。它之所以不消灭并且是自足的除非它是处于最善状态，别无其他原因。所以人们很有理由说本原是如此，也可能的确如此。不过说这本原只能是一，如若不是一那就是个元素，或是那些数目的一个元素则是不可能的。这会带来很多困难，为了避免困难，一些人放弃了这种理论，他们同意最初本原和元素是一，但只是数学数目的本原和元素。因为这样一来，一切单一都变成了某种善，那么就会有一大堆的善了。其次，如若形式是数目，那么一切形式都是某种善。人们可以随意设想某物理念的存在。如若它们仅只是善的理念，那么理念将不是实体。如若它是实体的理念，那么一切动物、植物、分有理念的东西就都是善了。

这种荒唐的结论不但由此得出，而相反对的元素也是一样，不论是众多和不等，还是大和小，都是恶自身。为了避免这一困难，有人不把善和一相连在一起，因为这必然会得出结论，既然生成来自相反者，那么众多的本性就是恶。有些人说不等是恶的本性，并且由此得出结论，除了一和一自
1092a 身外，一切存在的东西都分有恶，与大小相比数目的分有则

更加纯净，恶是善的活动场所，它分有并趋向于毁灭，因为相反就是相反者的毁灭。如若如我们所说，每一事物的质料在潜能上是那事物，例如实现火的质料就是潜在的火，从而恶自身也将是潜在的善。

这一切反驳之所以得出，有的是由于把一切本原都当作元素，有的是由于把相反者当作本原，有的是由于把一当作本原，有的是由于把数目当作最初实体，当作可分离的东西，当作形式。

【5】 如若本原不包括着善，或以这种方式包括着善都是不可能的，那么这样给定本原显然是不正确的，它们也就不是最初的实体。如果有人把整体的本原与动物和植物的本原相类比，也是不正确的，他认为，更加完满的东西总是来自不确定、不完满，这个道理也同样导向那些原初东西，以至可以说一自身并不是某种存在。不过在这里，这些事物所由生成的本原有一些是完满的，例如是人生出了人，种子并不是最初的。把地点和数学上的立体同时造成，是荒唐的(因为，地点乃个别事物所固有，所以事物在地点上是可分离的，数学对象则不在任何地方)，虽然也可以说它在某处，却不是指某一个地点。

那些说存在着的东西都来自元素，并且主张对存在着的东西来说数目是最初的人就必须区别，此者怎样出于彼者，必须说明数目以什么方式来自本原。是混合吗？但并非一切东西都是混合的，混合所生成的只是差异，一并不是可分离的，也不具有特殊的本性，他们则希望那样。它像音节那样，是组合物吗？那么，它必然要具有位置，而思想就得把单一和众多想作是分离的。数目就是这样的，单元与众多，或者一与不相等。

那些由某物而存在的东西，有的是寓于其中，有的则不寓于其中，数目是哪种情况呢？只有那些生成的东西，所由构成的东西才寓于其中。那么是由种子生成吗？然而任何东西都不能出于不可分的东西。或者是出自并不经久的对立物
1092b 吗？凡是出于这种方式存在的东西，必定出于某种经久的东西而存在。所以有的人把一当作多的相反者，另外的人，把一当作相等，而与不等相反，总之数目是出于相反者。所以，当然存在着另一种经久的东西，其他的东西出于它以及它的相反者而存在和生成。

此外，到底是为什么另一些由相反者生成，有相反者存在的东西却消灭了，甚至全部相反者已用尽于生成，而数目却并不消灭呢？关于这个问题却没有作出说明。无论是寓于还是不寓于事物之中，相反者都能施毁灭。例如争吵毁灭混合物。不过不应该如此，因为混合物并不是争吵的对立物。

此外，数目怎样会是实体和存在的原因也不明确，要么它们是界限，如像点是大小的界限一样，优吕特斯（Eurutos）把数目分配给事物，这一数目是人，那一数目是马，用骰子块来模仿那些自然物，正如用数目来形成三角

形、四边形一样。要么由于和谐是数目的比例，而人和其他东西也是这样吗？白色、甜味、温热这些属性怎样是数目的呢？所以，数目显然不是实体，也不是形式的原因，正如火的三份，土的二份；它总是某种东西的数目，例如火的、土的、单位的，而实体是混合物中一定数量与一定数量的比例。它已经不再是数目了，而是数目相混合的比例，不论属于物体还是其他什么。数目既不是制作的原因，也不是整个数目和单位数目，既不是事物的质料也不是它们的原理和形式，同时也不作为何所为或目的因。

【6】 有人还要提出疑问，来自数目的东西到底好在哪里，不论由于混合而成的数目是易于计算的，还是奇数。事实上，三与三的比例的蜜水并不见得完美，和数目上的好处相比，也许不用比例而随意调制会有更好的效果。此外，混合物的比例是在数目的相关中，而不是在数目中，例如它是三对二，而不是三个二。在乘积中因子必须是同种的，所以ABC之积必定为A所度量，DEZ之积必定为D所度量，其他一切也同样由自身的因子所度量。若水的数目是二乘三、冰的因素决不会是二乘五乘七。

如若一切事物都必然共有某个数目，那么就必然得出结论，许多东西是相同的，同一个数目既可属于这个也可属于那个东西。数目果然就是原因吗？事物果然是通过数目而存在吗？还是并非显然的呢？例如太阳的运转是数目，月亮的运转是数目，乃至每个生物的生活和成熟都是数目。在这些数目中，为什么某一些不能成为四边形和立体，另一些不能成为相等和双倍呢？没有东西能妨碍它们。而且事物必然地包含在这些东西里面，假如一切事物都共有某个数目，并且诸多差异可能由同一数目造成的话。如若事物恰巧有着同一数目，在有些人看来那些东西相互是同一的，因为它们具有了数目的同一形式，譬如说太阳和月亮是同一的。然而它们由于什么原因而同一呢？希腊字母有七个元音，和声有七个音程，昴宿座有七颗星，孩子七岁掉牙（有的是这样，有些不是这样），七英雄攻打忒拜城。也许数目在本性上是这样的，那些东西而成为七，而昴宿座有七颗星吗？攻打忒拜城的英雄所以有七人，也许因为城有七座门，或其他原因。是我们这样数昴宿星，正如我们数大熊座为十二颗星，别人可能认为更多。人们说 Ks、Ps、Z 这些辅音也是和谐，那些和谐有三个，因而双辅音也有三个。因为 C 和 R 都是单音节。也许是由于这三个辅音每一个都是和其他音拼合成双的，而其他的辅音则不是，这是因为在口腔中有三个部位，而在每一个部位都与 S 相拼合，所以双辅音才只有三个。然而并非和谐只有三个，实际上和谐有很多个，而双辅音则不能。

这些人像古时候的荷马专家一样，他们看到了那些小的相似之点却忽视了大的方面。有些人说，有许多情况与此相
1093b 类似，例如中弦分别是九和八，而史诗有十七个音节，其数

目与此恰恰相等，诗句的前一半有九个音节，后一半有八个音节。他们还指出在字母 Alpha 到 Omega 之间的距离，与一支笛子从最低音到最高音的距离相等，它的数目又和周天相等。必须看到在永恒事物中不论是谈论，还是发现这种类似，都不会有人提出疑问，因为它们也存在于可消灭的东西之中。

不过在数目中的那些可敬的本性，以及它们的相反者，总的说来在数学中的那些属性，像某些人所宣称并把它们当作自然的原因那样，在这些研讨中似乎都化为乌有了。因为它们没有一个在任何方式上是我们对本原所确认的原因。不过照他们这样作，显然可见美好是属于这些东西的，奇数、直线、平方以及某些数目的乘方也都在美好之列。就是季节也与某个数目相并行。此外还有另一些人从数学理论中所归纳出的观点，也都具有这样的性质。这些看来是巧合的，因为它们都是些机遇，不过它们相互之间都很适合，因为在类比上是一个。类比在存在的每一个范畴之中，例如在长度中有直，在广度中有平，也许还可以说，在数目中有奇，在颜色中有白。

此外，理念数并不是和谐以及诸如此类事物的原因（由于单位不同，理念数就是相等的时候，相互之间也是有区别的），由于这一缘故，所以用不着制造出理念来。

这一些就是所得的结论，甚至于可引申出更多的来。从理念数的生成所遇到的诸多麻烦以其不能以任何方式自圆其说，就表明数学对象和可感事物不像一些人所说是相分离的，而他们所说的东西也不是本原。

后　记

本卷中编入了《论麦里梭、克塞诺芬和高尔吉亚》等两种。亚里士多德的《形而上学》是希腊哲学以至于西方文化的一块基石，这几乎是人所共识的。可是在我国自西学东渐以来，只有到了本世纪50年代末才有吴寿彭先生的一个全译本。吴先生在这本书上所下的功夫是令人钦敬的。在这里我们为编译《亚氏全集》提出自己的译本，似乎也不应认为是多余。经典作品有多种译本是古今常理，佛典中《心经》一卷虽然有了玄奘的译本，也并不妨碍其他六种译本的出现，也还有像在北京云居寺中所看到的完全音译的译本。《形而上学》一书也是这样，它在全球各国到底有多少种译本，只有版本专家才能够告诉我们。

在提供这个译本时，我们所循的原则，除在全集的序文中提出的以外，还力求使用现在理论文章中的通用语言，不改变当前已经约定俗成的词汇。例如idea一词虽然各家各派都有自己的译法，我们仍然从俗译作“理念”。在这里我们只是斗胆向学术界提出一个新词，那就是“所以是的是”，因为现所通用的“本质”一词，既不能和亚里士多德所用的toti en einai词组相对应，又不足以表达原词组那古朴的形式和深邃的内涵。直译这一词组正好与亚里士多德另一个早已普遍流行的词组形式的词汇to on hei on（作为存在的存在）相并而立。为此，我们打破了在全集中不作长注的惯例，在本书第一卷中加了一个较长的注文，以说明其理由。总之，既想便于国内的读者阅读，也想通过译文给我国的学术界提供一种新的理解。这是不是妥当呢？唐高宗李治评价玄奘的两句话，“引大海之法流洗尘劳而不竭，传智灯之长焰皎幽暗而恒明”，一直激励着我们对这部《全集》的编译工作。

《论麦里梭、克塞诺芬和高尔吉亚》其实是由三篇短文组成的，在贝克尔的目录中只题为《论克塞诺芬》（peri Ksenophanous）。这篇文章是否出自亚里士多德本人之手或口，甚为考据家们所怀疑。但无论如何，它是我们了解这三位早期希腊哲人的一个主要材料来源。

为了这部书稿的完成，颜一君投注了很大的精力，除整理译稿，复查原文之外，还承担了其他种种事务。编译组的其他成员余纪元、秦典华、徐开来、李秋零、喻阳、申明、崔延强等也在不同方面参与了本书的翻译工作。最后，让我们编译组的全体成员向人民大学出版社为本书出版竭尽辛劳的有关人士致以衷心的感谢。

1991年11月